山川 日本史一問一答
YAMAKAWA

日本史一問一答編集委員会 編

山川出版社

まえがき

　本書は，新課程の教科書日本史Bに準拠して，日本史の学習に必要な重要歴史用語・人物・年代などを網羅した，一問一答形式の問題集である。現在日本史を学んでいる人たちが，普段の学習内容をどの程度理解しているか，何が重要事項であるかを知り，その定着を図ることができるようにした。また，大学入試をひかえた受験生が，今まで学習してきたことを総ざらいして，基本的な重要事項が自分のものになっているか，そして，不充分な点があればそれを補って，大学入試に臨めるように考慮して作成している。日本史の学習にあたって，基本的で重要な知識をまず身につけることが必要なことはいうまでもない。また，大学入試，とくに大学入試センター試験は，広範な基本的かつ正確な知識と理解力，そして適確な判断力とスピードを要求している。これにそなえる場合にも，まず基本的重要事項を身につけることが必要となる。本書では，現在発行されている高校の日本史Bの教科書を手掛りに，重要事項と考えられるものを問題の正答となるようにした。

　さて，次に本書の利用法を簡単に提案したい。本書は，教科書と併用して授業の学習効果を高めるとともに，大学入試の準備に役立つように作成してある。常に教科書を手元におきながら，教科書→一問一答→教科書→一問一答というサイクルで勉強して欲しい。用語の理解は，一度でものにするのは難しいので，反復練習をすることが望ましい。授業後の復習に，定期試験前の重要事項チェックに，入試前の総復習に大いに活用して欲しい。そしてその際に，解答は必ず紙に書いて欲しい。マーク方式の入試でも，確実な知識を持っていないと，それを組み合わせた正誤問題などで高得点は期待できない。知識を確実なものにするには，手を動かすことが大切である。

　また，論述問題対策として，解答から逆に説明の文章を書いてみることも大切な勉強である。ケアレスミスをしないように，集中して1点を大事にする勉強をつづければ，実力は必ず向上すると確信している。本書を充分活用して，日本史に対する理解を深めて欲しい。

　2015年1月

編者

本書の使用にあたって

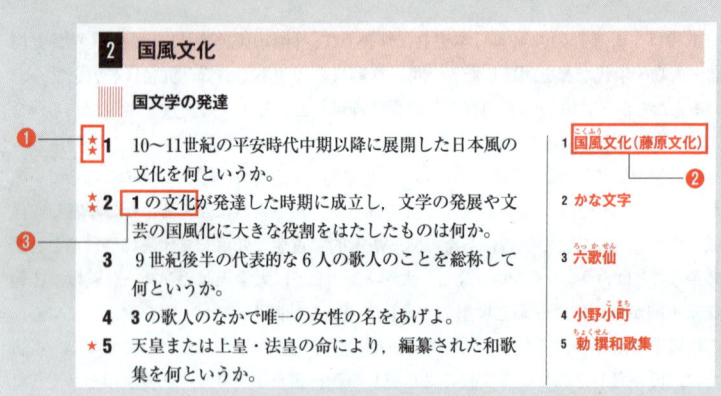

❶ 問題番号の左側に付されている★印は，用語の内容や教科書に取り上げられる重要度を考慮して，3つのランクに分けて表示をしています。

　　★★＝基本用語（約 1980 問）
　　★＝標準用語（約 1360 問）
　　無印＝その他の必要用語（約 1250 問）

❷ 解答欄の赤色の文字は，付属の赤色シートを利用すれば隠すことができますので，シートをずらしながら一問ずつ解答していきましょう。

　本書を読みすすめるだけでなく，解答を紙に書いていくことで，よりいっそうの学習効果が期待できます。

❸ 問題文は小見出しごとに通し番号になっています。同じ小見出しのなかで，前出の解答がその問題以降の問題文に含まれている場合には，適宜「1の人物」「1の事件」のように表記しています。

＊本書の目次構成は『詳説日本史』（日B 301）に準じています。
＊本書は，教科書や用語集と併用することで授業の学習効果を高めるとともに，大学入試の準備にも役立つように配慮してあります。

目次

まえがき
本書の使用にあたって

第1章 日本文化のあけぼの —— 1
1. 文化の始まり●1
2. 農耕社会の成立●4
3. 古墳とヤマト政権●9

第2章 律令国家の形成 —— 16
1. 飛鳥の朝廷●16
2. 律令国家への道●19
3. 平城京の時代●27
4. 天平文化●32
5. 平安王朝の形成●37

第3章 貴族政治と国風文化 —— 43
1. 摂関政治●43
2. 国風文化●46
3. 地方政治の展開と武士●50

第4章 中世社会の成立 —— 56
1. 院政と平氏の台頭●56
2. 鎌倉幕府の成立●62
3. 武士の社会●66
4. 蒙古襲来と幕府の衰退●70
5. 鎌倉文化●73

第5章 武家社会の成長 —— 83
1. 室町幕府の成立●83
2. 幕府の衰退と庶民の台頭●93
3. 室町文化●99
4. 戦国大名の登場●106

第6章 幕藩体制の確立 —— 112
1. 織豊政権●112
2. 桃山文化●120
3. 幕藩体制の成立●123
4. 幕藩社会の構造●135

第7章 幕藩体制の展開 —— 141
1. 幕政の安定●141
2. 経済の発展●143
3. 元禄文化●150

第8章 幕藩体制の動揺 —— 157
1. 幕政の改革●157
2. 宝暦・天明期の文化●161
3. 幕府の衰退と近代への道●168
4. 化政文化●174

第9章 近代国家の成立 —— 181
1. 開国と幕末の動乱●181
2. 明治維新と富国強兵●191
3. 立憲国家の成立と日清戦争●205
4. 日露戦争と国際関係●219
5. 近代産業の発展●227
6. 近代文化の発達●232

第10章 二つの世界大戦とアジア —— 246
1. 第一次世界大戦と日本●246
2. ワシントン体制●251
3. 市民生活の変容と大衆文化●256
4. 恐慌の時代●264
5. 軍部の台頭●268
6. 第二次世界大戦●273

第11章 占領下の日本 —— 282
1. 占領と改革●282
2. 冷戦の開始と講和●288

第12章 高度成長の時代 —— 292
1. 55年体制●292
2. 経済復興から高度成長へ●296

第13章 激動する世界と日本 —— 301
1. 経済大国への道●301
2. 冷戦の終結と日本社会の動揺●304

第1章 日本文化のあけぼの

1 文化の始まり

日本列島と日本人

1. 地球上に人類があらわれたのは，地質学でいう新第三紀の中新世後期ころと考えられているが，今から約何百万年前のことか。 — **1 約700万年前**

★★ 2. 第四紀に日本列島でも人類が生活を始めた。この時期の大半を占める，およそ1万年前までの期間を地質学では何というか。 — **2 更新世（洪積世）**

★ 3. 2の期間は，寒冷な時期と比較的温暖な時期とが交互におとずれたが，これを何時代というか。 — **3 氷河時代**

★ 4. 3の時代には寒冷な時期が数回おとずれたが，これを何とよぶか。 — **4 氷期**

5. 3の時代には寒冷な時期の間に比較的温暖な時期があったが，これを何とよぶか。 — **5 間氷期**

★★ 6. 更新世の日本列島はまだ大陸と陸つづきで，大型動物が往来していたが，長野県野尻湖の湖底から発見されているのは何の化石か。 — **6 ナウマンゾウ**

★★ 7. 人類は進化の段階で4つに分けられるが，古い順にあげよ。 — **7 猿人・原人・旧人・新人**

★★ 8. 日本列島で発見された更新世の化石人骨は，いずれも新人段階のものとされるが，更新世の化石人骨が発見されたのは静岡県のどこか。 — **8 浜北（現，浜松市）**

★★ 9. 沖縄県で発見された更新世の化石人骨を何というか。2つあげよ。 — **9 港川人骨・山下人骨など**

10. 東アジアに分布する黄色人種をモンゴロイドというが，そのうち，日本人の原型と考えられる南方系のものを何というか。 — **10 古モンゴロイド**

11. モンゴロイドのうち，弥生時代以降に日本列島に渡来してきた北方系のものを何というか。 — **11 新モンゴロイド**

12. 日本語の語法は，朝鮮語やモンゴル語などと同じアジア大陸北方の語系に属するが，この語系とは何か。 — **12 アルタイ語系**

旧石器時代人の生活

1. 人類の文化は使用する道具，特に利器の材質で3段階に分けられるが，その最初の時代を何というか。 — **1 石器時代**
★★ 2. 更新世の時期に人類が使用した，石を打ち欠いただけの道具を何というか。 — **2 打製石器**
★★ 3. 狩猟・採取を主な生活手段とする時代を，文化区分の上で何というか。 — **3 旧石器時代**
★★ 4. 相沢忠洋による赤土層中の石器発見と1949(昭和24)年の学術調査で，日本の旧石器文化解明の端緒となった遺跡は，何県の何という遺跡か。 — **4 群馬県岩宿遺跡**
★ 5. 相沢忠洋によって石器が発見された更新世の赤土層を何というか。 — **5 関東ローム層**
6. 旧石器時代の石器で，打撃用の楕円形石器を何というか。 — **6 ハンド＝アックス（握槌）**
★★ 7. 旧石器時代の石器で，獲物の肉・皮の切り取りなどに用いた石器を何というか。 — **7 ナイフ形石器（石刃，ブレイド）**
★ 8. 旧石器時代の石器で，槍先など刺突用の石器を何というか。 — **8 尖頭器（ポイント）**
★★ 9. 旧石器時代の末期に，木や骨の柄にはめこんで使われた小形の剝片石器を何というか。 — **9 細石器（マイクロリス）**
10. 細石器文化の遺跡として知られているのは北海道の何という遺跡か。 — **10 白滝遺跡・置戸安住遺跡**

縄文文化の成立

★ 1. 氷河時代は，今から約何年前に終わったか。 — **1 約1万年前**
★★ 2. 氷河時代が終わると，温暖な気候による海面の上昇で日本列島が形成され，今日とほぼ同じ自然環境になった。この時期を地質学では何とよぶか。 — **2 完新世（沖積世）**
★★ 3. 磨くことによって整形された石器を何というか。 — **3 磨製石器**
★★ 4. 完新世の時期で3の石器・土器の使用，家畜の飼育，農耕を特徴とする人類の新しい文化が展開した時代を何というか。 — **4 新石器時代**
★ 5. 4の時代の文化を特色づける新しい生産技術は何か。 — **5 農耕**
★ 6. 今から約1万3000年前に日本で展開した，磨製石器の出現や土器の使用などを特徴とする文化を何とい — **6 縄文文化**

7	遺物の絶対年代測定法の1つで、樹木の年輪の幅が気候の変化に応じて異なることを利用して測定する方法を何というか。	7 年輪年代法
★ 8	生物遺体に残存する放射性炭素14の量を測定し、死後経過した年数を算出する年代測定法を何というか。	8 炭素14年代法（放射性炭素年代測定法）
★★ 9	縄文文化の生活で、食料を確保するための方法をあげよ。	9 狩猟・漁労・採取
10	約1万3000年前から紀元前4世紀ころまでの期間にわたった縄文時代を、時期区分するための基準は何か。	10 縄文土器の変化
★★ 11	縄文文化の6区分のうち最初と最後の時期を何というか。	11 草創期・晩期
12	縄文時代晩期の東日本を代表する土器は、青森県の遺跡名をつけてよばれるが、この遺跡名を答えよ。	12 亀ヶ岡遺跡

縄文人の生活と信仰

★★ 1	縄文時代にあらわれた新しい狩猟具は何か。	1 弓矢
★★ 2	縄文時代の狩猟用具として、矢の先端につけたものを何というか。	2 石鏃
★ 3	打製と磨製があり、縄文・弥生両時代を通じて木の伐採や土掘り具として最も多く使用された石器は何か。	3 石斧
★ 4	縄文時代に、動物の皮などをはぐのに用いられた石器を何というか。	4 石匕（いしさじ）
★★ 5	縄文時代に、木の実や球根類をすりつぶすことなどに用いた石器は何か、2つあげよ。	5 石皿・すり石
★★ 6	縄文時代に、貝などの食物を捨てた場で、埋葬の場でもあった遺跡は何か。	6 貝塚
7	1877（明治10）年に日本ではじめて貝塚の発掘調査を行った、アメリカ人の動物学者はだれか。	7 モース
8	7の人物が1877年に発掘した遺跡を何というか。	8 大森貝塚
★ 9	動物の骨や角でつくる釣針や銛などの道具を何というか。	9 骨角器
★★ 10	縄文時代の一般的な住居は、地面を掘りくぼめ、その上に屋根をかけた住居で、集落の広場を囲んで環	10 竪穴住居

	状に営まれることが多かった。この住居のことを何というか。	
★★11	縄文時代前期から中期の大集落遺跡で，多数の竪穴住居，大型掘立柱建物，国内最多の土偶の出土，クリ林の管理などで知られるのは何県の何という遺跡か。	11 青森県三内丸山遺跡
★★12	縄文時代の交易を示すものとして，特定の場所を産地とするガラス質の石器の広範囲な分布がある。北海道の十勝岳，長野県の和田峠を産地とするものは何か。	12 黒曜石
★★13	まじないなどの超自然的な力で災いを防いだり，豊かな収穫を祈る行為を何というか。	13 呪術
★14	あらゆる自然物や自然現象に精霊があるとする信仰を何というか。	14 アニミズム(精霊崇拝)
★★15	縄文時代の精神生活を知ることができる遺物とされ，女性をかたどったものが多い土製品を何というか。	15 土偶
★★16	縄文時代の精神生活を知ることができる遺物とされ，男性を表現したと思われる石製品は何か。	16 石棒
★17	縄文時代の人骨に見られ，当時の成人になるための通過儀礼と考えられている風習は何か。	17 抜歯
★★18	死者の手足を折り曲げた，縄文時代に見られる埋葬方法を何というか。	18 屈葬

2 農耕社会の成立

弥生文化の成立

★★1	紀元前4世紀初めころに西日本で成立し，その後北海道と南西諸島を除く日本列島の大部分の地域に，紀元3世紀ころまで展開した文化を何というか。	1 弥生文化
★★2	生産面での弥生文化の特徴は何か。	2 水稲耕作の普及
★3	縄文時代晩期の水田や水路が発見され，この時期からすでに水稲耕作が始まっていたことが知られるようになった，福岡県で発見された遺跡をあげよ。	3 板付遺跡
★4	縄文時代晩期の水田や水路が発見された佐賀県の遺跡をあげよ。	4 菜畑遺跡
★★5	弥生文化は北海道にはおよばず，食料採取文化がつ	5 続縄文文化

- ★★ 6 弥生文化は南西諸島にはおよばず、食料採取文化がつづいていたが、この文化を何とよぶか。 | 6 貝塚文化
- ★★ 7 弥生文化は、土器の形式により何期に区分されるか。 | 7 3期
- 8 弥生土器の名称は、1884(明治17)年、この様式の土器が東京の本郷弥生町で発見されたためであるが、この貝塚を何というか。 | 8 向ヶ岡貝塚
- ★★ 9 弥生土器は縄文土器とくらべてどんな特徴があるか、2つあげよ。 | 9 薄手・赤褐色
- ★10 弥生土器は、用途に応じていくつかの基本形があったが、煮炊き用のものを何というか。 | 10 甕
- ★11 弥生土器で貯蔵用のものを何というか。 | 11 壺
- 12 弥生土器で食物を蒸すためのものを何というか。 | 12 甑
- 13 弥生土器で盛り付け用のものを何というか。 | 13 高杯(坏)
- ★★14 金属器のうち、木製農具を製作する工具として、また武器などの実用の道具にも使われたものは何か。 | 14 鉄器
- ★★15 金属器のうち、主に宝器・祭器・装身具として使われたものは何か。 | 15 青銅器

弥生人の生活

- ★ 1 弥生時代初期の水稲耕作は低湿地を利用して行われたが、この初期の水田を何というか。 | 1 湿田
- 2 弥生時代後期になると、地下水位が低く、灌漑を行う生産性の高い水田がつくられ始めたが、この水田を何というか。 | 2 乾田
- ★★ 3 弥生時代に水田の耕作用に使われた木製農具を2つあげよ。 | 3 木鍬・木鋤
- 4 弥生時代の低湿地の水田で、足がしずむのを防ぐために使われた木製農具をあげよ。 | 4 田下駄
- 5 水田に堆肥や青草などを踏み込む道具として使われた木製農具は何か。 | 5 大足
- ★★ 6 弥生時代には、直播や田植えも始まっていたが、収穫時に使用された磨製の石器を何というか。 | 6 石包(庖)丁
- ★ 7 弥生時代前期から中期にかけて行われていた、6を用いた稲の刈り取り方法を何というか。 | 7 穂首刈り
- 8 弥生時代後期になると農業技術が発展し、鉄製農具 | 8 鉄鎌

	もあらわれたが，稲の刈り取りに使用された道具は何か。	
9	弥生時代後期から始まった，8の道具を用いた稲の刈り取りの方法を何というか。	9 根刈り
★★10	弥生時代に，刈り取った稲は，木臼や竪杵を使って脱穀されたが，収穫物の貯蔵のために建てられたものは何か。	10 高床倉庫
★11	日本最大級の環濠集落で，多数の木製農具が出土した例として，弥生時代前期から後期にわたる奈良県の代表的な遺跡をあげよ。	11 唐古・鍵遺跡
12	住居・倉庫・水田跡などで知られる弥生時代後期の静岡県の遺跡をあげよ。	12 登呂遺跡
13	水田遺構の発見により，弥生時代に稲作が本州北端近くまでおよんだことを示す青森県の代表的な遺跡を2つあげよ。	13 垂柳遺跡・砂沢遺跡
★14	朝鮮半島や九州北部に見られる，大きな平石を数個の石で支え，その下に埋葬した弥生時代の墓制を何というか。	14 支石墓
★★15	九州北部で見られる，土器を用いた弥生時代の墓制を何というか。	15 甕棺墓
16	甕棺墓の棺から，大量の副葬品が発見された福岡県春日市にある遺跡をあげよ。	16 須玖岡本遺跡
17	板を組み合わせた棺に埋葬した弥生時代の墓制を何というか。	17 木棺墓
18	九州北部に多い墓制で，板石を組み合わせてつくった棺によるものを何というか。	18 箱式石棺墓
★19	弥生時代後期から古墳時代に見られる墓制で，土壙（墓穴）のまわりに方形の溝をめぐらしたものを何というか。	19 方形周溝墓
★20	弥生時代中期から後期の西日本で，周囲を削ったり，盛土をしたりして，大きな丘陵の形をした墓がつくられたが，これを何というか。	20 墳丘墓
21	弥生時代中期から，吉備・山陰・北陸の各地方で行われた墓制で，方形墳丘墓の四隅がヒトデのように飛び出した特異な形の大型墳丘墓を何というか。	21 四隅突出(型)墳丘墓
22	屈葬に対し，弥生時代には手足を伸ばした形の葬法	22 伸展葬

23 弥生時代に農耕が成立し社会に大きな変化がおきたが，このことを示す埋葬方法の変化をあげよ。 — 23 多量の副葬品

★★24 弥生時代の国産青銅器のうち，九州北部を中心に分布するものを2つあげよ。 — 24 銅矛(鉾)・銅戈

★★25 弥生時代の国産青銅器のうち，近畿地方を中心に分布するものを1つあげよ。 — 25 銅鐸

26 弥生時代の国産青銅器のうち，瀬戸内海地域を中心に分布するものを1つあげよ。 — 26 平形銅剣

27 358本の銅剣，6個の銅鐸，16本の銅矛がまとまって出土した島根県出雲市斐川町にある弥生時代の遺跡をあげよ。 — 27 (神庭)荒神谷遺跡

小国の分立

★★1 弥生時代の集落には，まわりに濠や土塁をめぐらした防御用の施設を持つものが少なくない。このような集落を何というか。 — 1 環濠集落

★2 弥生時代中期から後期にかけて，香川県紫雲出山遺跡のように，山頂や丘陵上に軍事・防衛的機能を重視してつくられたと考えられる集落が存在するが，これを何というか。 — 2 高地性集落

★★3 二重の環濠を持つ巨大な環濠集落の遺跡で，大きな墳丘墓や多くの甕棺墓，望楼と推定される掘立柱の建物跡などが発見された，「クニ」の形成をうかがわせる佐賀平野にある大遺跡をあげよ。 — 3 吉野ヶ里遺跡

★★4 中国の歴史書に登場する弥生時代の日本人は，どのような名称でよばれているか。 — 4 倭人

★★5 紀元前後の倭(日本)が百余国の小国にわかれていて，定期的に中国に使者を送ってくると記す，倭に関する最古の記録がある中国の歴史書は何か。 — 5 『漢書』地理志

★6 紀元前108年におかれた，朝鮮半島の4郡のうち，今のピョンヤン(平壌)付近にあった郡を何というか。 — 6 楽浪郡

7 紀元前108年に朝鮮半島に4郡を設置した中国の王朝と皇帝をあげよ。 — 7 漢(前漢)の武帝

★★8 紀元57年にある小国の使者が朝貢し，中国の皇帝から印綬を与えられたことを記す，中国の歴史書は何 — 8 『後漢書』東夷伝

	か。	
★9	8の歴史書に記されている，印綬を与えられた倭の小国の名は何というか。	9 奴国（なこく）
★10	紀元57年に，9の国の使者に印綬を与えた中国の王朝と皇帝をあげよ。	10 後漢の光武帝（こうぶてい）
★11	1784（天明4）年に九州北部から，『後漢書』東夷伝に記されている金印が発見されたが，その発見地は何県のどこか。	11 福岡県志賀島（しかのしま）
★12	11で発見された金印には，どのような文字が刻まれているか。	12 漢委奴国王（かんのわのなのこくおう）
13	『後漢書』東夷伝には，紀元107年に，倭の国王らが奴隷160人を献上したことが記されているが，この倭の国王とされる人物の名を何というか。	13 帥升（師升）（すいしょう）
★14	『後漢書』東夷伝には，奴隷と考えられるものが何と記されているか。	14 生口（せいこう）

邪馬台国連合

★1	後漢につづく三国時代に，30国ほどの小国の連合体が倭（日本）に存在し，中国に朝貢している。このことを記す中国の歴史書は何か。	1 「魏志」倭人伝（ぎしわじんでん）
★2	中国の三国時代の三国の国名をあげよ。	2 魏・呉・蜀（ぎ・ご・しょく）
★3	中国の三国時代に，倭で約30カ国の連合体の盟主となった国を何というか。	3 邪馬台国（やまたいこく）
★4	239年に魏に朝貢した3の女王を何というか。	4 卑弥呼（ひみこ）
★5	4の人物は「景初二年」に，朝鮮半島におかれた中国の郡を通じ，魏の皇帝に使者を送った。「景初二年」は「景初三年」の誤りだが，それは西暦何年にあたるか。	5 239年
★6	4の人物が使節を送った，中国が支配する朝鮮半島の今のソウル付近を中心とする郡を何というか。	6 帯方郡
★7	4の人物に，魏の皇帝はある称号と金印・銅鏡を与えたが，どのような称号か。	7 親魏倭王（しんぎわおう）
8	4の人物は呪術にすぐれ，呪術的権威を背景とする巫女的な王であったようだが，「魏志」倭人伝では卑弥呼の呪術のことを何と記しているか。	8 鬼道（きどう）
9	邪馬台国には身分秩序があったことを示す記述があ	9 大人と下戸（たいじんとげこ）

るが，どのような身分秩序か。

★10 邪馬台国で卑弥呼の死後，その地位を継いだとされる一族の女性の名を何というか。 | 10 壱与(台与)

11 奈良県桜井市の三輪山西麓に広がる3～4世紀の巨大遺跡で，2009(平成21)年に整然と配置された大型建物跡が発見されて，邪馬台国との関係が注目されている遺跡は何か。 | 11 纒向遺跡

★12 邪馬台国の位置について，対立する2つの説をあげよ。 | 12 近畿(大和)説・九州説

3 古墳とヤマト政権

古墳の出現とヤマト政権

★★1 3世紀後半，西日本を中心に各地に出現した，大量の土を高く盛り上げて造成した墓を何というか。 | 1 古墳

★★2 大量の土を高く盛り上げた墓制を持つ文化が発達した時代を何というか。 | 2 古墳時代

★★3 2の時代は前期・中期・後期の3期に区分されているが，中期はほぼ何世紀に相当するか。 | 3 5世紀

★★4 古墳のうち，円形の墳丘の一端に方形の墳丘を連接させた高塚式古墳を何というか。 | 4 前方後円墳

★5 出現期の古墳としては最大規模を持つ，奈良県にある4を何というか。 | 5 箸墓古墳

★6 出現期の古墳の分布などから，4世紀ころまでに大和地方を中心とする政治連合が形成されたと考えられている。この政治連合を何というか。 | 6 ヤマト政権

前期・中期の古墳

★★1 古墳の墳丘上には，素焼の土製品がめぐらされていることが多いが，これを何というか。 | 1 埴輪

★★2 1は，その形から，土管状の単純な器形のものと，家や器財・人物・動物などさまざまな形をあらわすものとに大別されるが，それぞれ何というか。 | 2 円筒埴輪・形象埴輪

★★3 前期・中期の古墳に多い棺の収蔵施設で，長方形の石室をつくり，上部から棺をおさめ，天井石をのせて閉鎖し，土をかぶせたものを何というか。 | 3 竪穴式石室

	4	古墳で、直接木棺を埋めて周囲を厚く粘土でおおったものを何というか。	4 粘土槨(ねんどかく)
★★	5	前期古墳の副葬品には呪術的性格が強く、この時期の各地の首長たちが司祭者的性格を持っていたことを物語っているが、どんなものが副葬されているか。2つあげよ。	5 銅鏡・腕輪形石製品(うでわ)など
★★	6	中期古墳には巨大な規模を持つものが目立つが、大阪府堺市の百舌鳥古墳群にある国内最大規模の古墳を何というか。	6 大仙陵古墳(だいせんりょう)(仁徳天皇陵)(にんとくてんのうりょう)
★★	7	大阪府羽曳野市(はびきの)の古市古墳群(ふるいち)のなかで、最大規模の古墳を何というか。	7 誉田御廟山古墳(こんだごびょうやま)(応神天皇陵)(おうじん)
★	8	中期古墳の副葬品は、前期と異なり、権力的・武人的性格が強いとされるが、どんなものが副葬されているか。2つあげよ。	8 馬具・鉄製武器や武具
★★	9	畿内の巨大古墳は5世紀のヤマト政権の盟主の墓と考えられるが、この盟主のことを何というか。	9 大王(おおきみ)(だいおう)
★	10	古墳の築造は東北地方から九州南部にまでおよんだが、特に大規模な古墳が数多くつくられた群馬・栃木県地方、岡山・広島県地方はそれぞれ古い地名で何とよぶか。	10 毛野(けの)・吉備(きび)
	11	古墳の築造は東北地方から九州南部にまでおよんだが、特に大規模な古墳が数多くつくられた島根県地方、宮崎県地方をそれぞれ古い地名で何とよぶか。	11 出雲(いずも)・日向(ひゅうが)

東アジア諸国との交渉

★★	1	中国で、三国時代のあと国内を統一した王朝の名をあげよ。	1 晋(しん)(西晋)
	2	4世紀初め、中国では匈奴(きょうど)をはじめとする北方諸民族の侵入を受けて晋が江南に移り、南北の分裂時代になった。この時代を何というか。	2 南北朝時代
★★	3	朝鮮半島では、中国東北部から南下した勢力が、313年に楽浪郡(らくろう)を滅ぼしたが、この勢力とは何か。	3 高句麗(こうくり)
★★	4	4世紀半ばに朝鮮半島南部では、韓族の小国家連合を統一して2つの国家が成立したが、このうち、南西部の小国家連合名と、これを統一して成立した国家名をあげよ。	4 馬韓(ばかん)・百済(くだら)(ひゃくさい)

★★ **5** 朝鮮半島東南部の小国家連合名と、4世紀半ばにこれを統一して成立した国家名をあげよ。

5 辰韓・新羅(しんかん・しらぎ/しんら)

★★ **6** 朝鮮半島南部のもう1つの小国家連合は何とよばれたか。

6 弁韓(弁辰)(べんかん/べんしん)

★ **7** 6の諸国は統一が遅れ、鉄資源を求めて倭の勢力も進出したが、この地域は4世紀には何とよばれたか。

7 加耶(加羅)(かや/から)

★ **8** 朝鮮半島南部の7の地域は、『日本書紀』では何とよばれているか。

8 任那(みまな)

★★ **9** 倭が「辛卯年」に朝鮮半島に進出し、高句麗と交戦したことを記す高句麗王の石碑を何というか。

9 好太王碑(広開土王碑)(こうたいおう/こうかいどおう)

★ **10** 9の碑文に記されている「辛卯年」は、西暦何年にあたるか。

10 391年

11 9の碑文は、鴨緑江(おうりょくこう)の北岸、中国吉林省集安市(きつりん/しゅうあん)の高句麗の都であった場所にあるが、この都を何というか。

11 丸都(がんと)

★★ **12** 南北朝時代の中国の南朝に次々と倭の王が使いを送り、朝貢したことを記す中国の歴史書をあげよ。

12 『宋書』倭国伝(そうじょ/わこくでん)

★ **13** 倭の王が中国の南朝に朝貢したのは、主として何世紀のことか。

13 5世紀

★★ **14** 中国の南朝に朝貢した倭の王を総称して何というか。

14 倭の五王

★★ **15** 中国の南朝に朝貢した14の王の名を順にあげよ。

15 讃・珍(弥)・済・興・武(さん・ちん・み・せい/ぶ)

★★ **16** 『宋書』倭国伝には、「東は毛人を征すること五十五国、西は衆夷を服すること六十六国……」という国内統一の状況を述べた倭王の上表文がのせられているが、この倭王はだれか。

16 武

★★ **17** 16の人物は『日本書紀』の何天皇にあたるか。

17 雄略天皇(ゆうりゃく)

★ **18** 埼玉県の古墳から出土した鉄剣銘に「獲加多支鹵大王(わかたけるのおおきみ)」という名があり、17の天皇と同一人物と考えられているが、この古墳名をあげよ。

18 稲荷山古墳(いなりやま)

★ **19** 倭の五王のうち、済と興にあたると推定されている天皇の名をそれぞれあげよ。

19 允恭天皇・安康天皇(いんぎょう/あんこう)

大陸文化の受容

★★ **1** 朝鮮や中国との交流が盛んになると、この地の人々が近畿地方を中心に移住してくるようになり、大陸

1 渡来人(とらいじん)

3. 古墳とヤマト政権

の新技術や文化を伝えた。このような人々を何というか。

★ 2 ヤマト政権は，1の人々を技術者集団に組織し，各地に居住させたが，その例を3つあげよ。
2 韓鍛冶部・陶作部・錦織部

★ 3 応神天皇の時に，秦の始皇帝の子孫が渡来したことに始まるという伝承を持つ近畿地方の豪族で，養蚕・機織・開拓に従事した氏族を何というか。
3 秦氏

4 始皇帝の子孫という伝承上の人物で，3の氏族の祖先とされるのはだれか。
4 弓月君

★ 5 応神天皇の時に，後漢の皇帝の子孫が17県の民を率いて渡来したという伝承を持つ豪族を何というか。
5 東漢氏

6 後漢の皇帝の子孫という伝承上の人物で，5の氏族の祖先とされるのはだれか。
6 阿知使主

7 漢字の伝来に関連して，応神天皇の時，『論語』『千字文』を持って百済から渡来したと伝えられる人物はだれか。
7 王仁

★ 8 百済から渡来した7の人物を祖先と称している豪族を何というか。
8 西文氏

9 日本における漢字使用の始まりを示す遺品について，熊本県出土のものをあげよ。
9 江田船山古墳出土の鉄刀

10 日本における漢字使用の始まりを示す遺品について，和歌山県の神社に伝えられたものをあげよ。
10 隅田八幡神社の人物画像鏡

★ 11 日本における漢字使用の始まりを示す遺品について，埼玉県出土のものをあげよ。
11 稲荷山古墳出土の鉄剣

★ 12 日本における漢字使用の始まりを示す遺品について，奈良県天理市の神社に伝えられたものをあげよ。
12 石上神宮七支刀

13 6世紀初め，百済から渡来した儒教の学者を何というか。
13 五経博士

★ 14 仏教公伝は，百済の王が日本の天皇に仏像・経論を贈ったという伝えによるが，百済の王の名と天皇名をそれぞれあげよ。
14 聖明王（聖王）・欽明天皇

★ 15 仏教公伝を「戊午年」(538年)とする文献を2つあげよ。
15 上宮聖徳法王帝説・元興寺縁起

★ 16 仏教公伝を「壬申年」(552年)とする文献をあげよ。
16 日本書紀

17 『扶桑略記』によると6世紀初め，仏教公伝より先に日本に渡来して仏像を崇拝した，鞍作鳥の祖父
17 司馬達等

と伝えられる人物をあげよ。
- ★18 5世紀末から6世紀前半にかけて，朝廷でまとめられたとされる大王の系譜で，のちの『古事記』『日本書紀』のもとになったものを何というか。 — 18 帝紀
- ★19 5世紀末から6世紀前半にかけて，朝廷でまとめられたとされる朝廷の説話・伝承を何というか。 — 19 旧辞

古墳文化の変化

- ★★1 6世紀の古墳時代後期になると，古墳の埋葬施設は従来の竪穴式にかわり，朝鮮半島と共通のものが普及した。何とよばれるものか。 — 1 横穴式石室
- ★2 1は，遺体をおく主室と通路とで成り立っているが，それぞれ何というか。 — 2 玄室・羨道
- 3 九州や茨城県・福島県などの古墳には，墓室に彩色あるいは線刻された壁画を持つものが見られるが，これを何というか。 — 3 装飾古墳
- 4 福岡県宮若市にある後期の円墳で，横穴式石室の奥壁に竜・馬・船などを黒・赤2色で描いた彩色壁画が見られる古墳名をあげよ。 — 4 竹原古墳
- ★★5 5世紀の終わりから6世紀にかけて，奈良県新沢千塚古墳群のように，1カ所に十数基から数百基もの小さな古墳がつくられるようになるが，これを何というか。 — 5 群集墳

古墳時代の人びとの生活

- ★1 古墳時代には，それまでの住居のほかに，どのような住居が見られるようになったか。 — 1 平地住居
- 2 群馬県高崎市で日本で最初に発見された古墳時代後期の豪族居館跡として最大級の遺跡は何か。 — 2 三ツ寺Ⅰ遺跡
- ★★3 古墳時代に使われた土器のうち，弥生土器の系統をひくものを何というか。 — 3 土師器
- ★★4 5世紀になると，朝鮮半島から伝えられた技術により，1000度以上で焼成される灰色の硬質の土器があらわれたが，これを何というか。 — 4 須恵器
- ★★5 日本の民族宗教として，さまざまな農耕儀礼が発達したが，その年の豊作を祈る春の祭りを何というか。 — 5 祈年の祭(祈年祭)

★★ 6	稲の収穫を感謝し、翌年の豊作を祈る秋の祭りを何というか。	6 新嘗の祭(新嘗祭)(しんじょうさい)
★ 7	一族の祖先神や守護神としてまつられる神を何というか。	7 氏神
★★ 8	三重県にあり、大王家の祖先神とされる天照大神をまつる神社を何というか。	8 伊勢神宮
9	島根県にあり、大国主神をまつる神社を何というか。	9 出雲大社
10	奈良県にあり、三輪山を神体として崇拝する神社を何というか。	10 大神神社
★ 11	古墳時代にはさまざまな呪術的風習があったが、鹿の肩甲骨を焼いて吉凶を占うことを何というか。	11 太占(太占の法)
★★ 12	古墳時代の呪術的風習で、水に入り、穢れを除くことを何というか。	12 禊
★★ 13	古墳時代の呪術的風習で、種々の儀礼により悪霊をとりはらうことを何というか。	13 祓
★★ 14	古墳時代の呪術的風習で、熱湯に手を入れさせ、手がただれるかどうかで真偽を判断するものは何か。	14 盟神探湯

古墳の終末

1	千葉県印旛郡栄町にある7世紀前半ころ築造の終末期古墳は何か。	1 龍角寺岩屋古墳
2	墳丘の平面が八角形の終末期古墳を何というか。	2 八角墳

ヤマト政権と政治制度

★ 1	ヤマト政権が諸豪族を服属させて、全国統一を進めていく過程でつくりあげた支配の仕組みを何というか。	1 氏姓制度
★★ 2	ヤマト政権下で、統一された諸豪族が、血縁にもとづいて構成する同族集団を何というか。	2 氏
★ 3	2の集団の首長を何というか。	3 氏上
4	2の集団の一般構成員を何というか。	4 氏人
★★ 5	ヤマト政権の職務を分担した諸豪族に与えられ、その地位を示す称号を何というか。	5 姓
★★ 6	大王家としばしば婚姻関係を結んだ大和の有力豪族や、地方の伝統ある豪族が持つ称号を何というか。	6 臣

★	7	6の称号を持つ豪族の例をあげよ。
★★	8	特定の職能を持って朝廷に仕える有力豪族が持つ姓は何か。
★	9	8の姓を持ち，軍事を担当した豪族を2氏あげよ。
	10	8の姓を持ち，祭祀を担当した豪族を2氏あげよ。
★	11	氏姓制度で，主として地方の有力豪族に与えられた姓を何というか。
★★	12	ヤマト政権の大王の下で，国政を担当する中央豪族に与えられる姓のうち，特に最有力なものを何というか。2つあげよ。
★	13	ヤマト政権下で，特定の技術・職業を持って朝廷に奉仕する集団を何というか。
★★	14	13の集団を統率して朝廷に仕える中・下級豪族を何というか。
★	15	ヤマト政権下で，地方官として，それぞれの地方の支配を認められた豪族を何というか。勢力の大きいものから順に2つあげよ。
★	16	地方豪族支配下の民の一部を割いて設けた，ヤマト政権の直轄民を何というか。
★	17	ヤマト政権の直轄地を何というか。
	18	17を耕作するためにおかれた部を何というか。
★	19	大化改新前の諸豪族の私有地を何というか。
★★	20	諸豪族の私有民を何というか。
	21	諸豪族が所有する奴隷を何というか。
★	22	品部・名代・子代・部曲など，ヤマト政権や豪族が所有し支配していた人々を総称して何というか。
★★	23	大王権力の拡大に対し，6世紀初めに新羅と結び，九州北部でヤマト政権に対する反乱をおこした人物はだれか。

解答欄：

7　葛城氏・平群氏・蘇我氏　など
8　連（むらじ）
9　大伴氏・物部氏
10　忌部氏・中臣氏
11　君（公）
12　大臣・大連
13　品部（しなべ／ともべ）
14　伴造（とものみやつこ）
15　国造・県主（くにのみやつこ・あがたぬし）
16　名代・子代
17　屯倉（みやけ）
18　田部（たべ）
19　田荘（たどころ）
20　部曲（かきべ）
21　ヤツコ（奴婢／ぬひ）
22　部（部民／べのたみ）
23　（筑紫国造）磐井（つくしのくにのみやつこ・いわい）

3. 古墳とヤマト政権

第2章 律令国家の形成

1 飛鳥の朝廷

東アジアの動向とヤマト政権の発展

1. 6世紀初めに加耶西部の地域(『日本書紀』では「任那四県」と表記)を百済に割譲し,のちにその責任を問われて大連の地位を退いたとされる人物はだれか。
2. 加耶諸国を併合していった国を2つあげよ。
3. 2の国により加耶諸国が滅ぼされたのは西暦何年のことか。
4. 朝廷内の豪族間の争いが高まるなかで,大伴金村失脚後に勢力を強め,対立するようになった豪族は何氏と何氏か。
5. 4の両氏の争いは,あるものの受容をめぐって激化したが,それは何か。
6. 蘇我氏と物部氏の争いは,587年に蘇我氏が物部氏を滅ぼすことで決着した。この時の両氏の氏上はだれか。
7. 蘇我氏の力は,渡来人と結び財政権を握ったことにあったが,当時,朝廷の財物をおさめた蔵を総称して何というか。
8. 592年に蘇我馬子によって暗殺された天皇はだれか。
9. 8の人物が暗殺された後に即位した,最初の女性天皇はだれか。
10. 9の人物の甥で,蘇我馬子と協力して国政を担当し,改革を進めた人物はだれか。
11. 603年に,姓とは異なり,才能や功績に応じて個人に与えられる新しい位階制度がつくられ,人材登用がはかられた。この制度を何というか。
12. 11の制度に用いられた徳目を上位から順にすべてあげよ。
13. 604年に,「和を以て貴しとなし……」で始まる,豪族・官人に対する道徳的訓戒がつくられた。これを

---

1. 大伴金村
2. 新羅・百済
3. 562年
4. 蘇我氏・物部氏
5. 仏教
6. 蘇我馬子・物部守屋
7. 三蔵
8. 崇峻天皇
9. 推古天皇
10. 厩戸王(聖徳太子)
11. 冠位十二階(の制)
12. 徳・仁・礼・信・義・智
13. 憲法十七条

14	7世紀初めに編纂されたが，645(大化元)年の蘇我氏滅亡の際に焼失したという歴史書を2つあげよ。	14 天皇記・国記
★15	「日出づる処の天子，書を日没する処の天子に致す」という，中国皇帝に臣属しない形式の国書を持った外交使節が派遣されたのは，西暦何年のことか。	15 607年
★16	15の年に外交使節として中国に派遣された人物はだれか。	16 小野妹子
★17	16の人物が任じられた外交使節を何というか。	17 遣隋使
★18	607年に派遣された17の外交使節についてが記載されている，中国の歴史書を何というか。	18 『隋書』倭国伝
★19	小野妹子が隋に派遣された時の隋の皇帝の名と，608年に日本へ国使としてつかわされた隋の使者の名をあげよ。	19 煬帝・裴世清
★20	608年に，再び隋に派遣された小野妹子に同行した，留学生を1人あげよ。	20 高向玄理
★21	608年に，再び隋に派遣された小野妹子に同行した，学問僧を2人あげよ。	21 南淵請安・旻
★22	中国では618年に隋が滅び，新しい王朝が成立し，高度に発達した中央集権国家を築いた。この王朝を何というか。	22 唐
★23	22の王朝に派遣された使節を何というか。	23 遣唐使
★24	23の使節が最初に派遣されたのは西暦何年か。	24 630年
★25	23が最初に派遣された時の使節はだれか。	25 犬上御田鍬

飛鳥の朝廷と文化

★1	推古朝を中心に，大化改新のころまで大王の宮殿が営まれた，奈良盆地南部の地名を何というか。	1 飛鳥
★2	6～7世紀の推古朝を中心とした時代の文化を何というか。	2 飛鳥文化
3	2の文化はそれまでの古墳文化に，百済・高句麗を通じてもたらされた，中国のある時代の文化の影響が加わって成立したものであるが，ある時代を何というか。	3 南北朝時代
★4	仏教の普及にともない，諸氏が一族のために建てた寺院を何というか。	4 氏寺

★★ 5	厩戸王(聖徳太子)の発願で，奈良県斑鳩の地に建てられた寺院を何というか。	5	法隆寺(斑鳩寺)
6	5の寺院の建物は，670年の焼失後，7世紀後半に再建されたものといわれるが，その根拠とされるものを何というか。	6	若草伽藍跡
7	5の寺院の建築に見られる柱の中央部のふくらみを何というか。	7	エンタシス
★★ 8	厩戸王の発願になるという大阪市の寺院を何というか。	8	四天王寺
★★ 9	蘇我氏の発願になる奈良県飛鳥の寺院を何というか。	9	飛鳥寺(法興寺)
10	飛鳥大仏ともいわれる日本最古の仏像は何か。	10	飛鳥寺釈迦如来像
★11	10の仏像の作者はだれか。	11	鞍作鳥(止利仏師)
★12	飛鳥時代の仏像彫刻には，銅に金メッキしたものが多いが，これを何というか。	12	金銅像
13	飛鳥時代の仏像彫刻には，中国南北朝の影響があるが，特に北朝系の様式を何というか。	13	北魏様式
★14	13の様式の代表である，鞍作鳥が制作した法隆寺金堂の仏像は何か。	14	釈迦三尊像
15	厩戸王の等身仏と称する法隆寺の秘仏は何か。	15	夢殿救世観音像
★★16	南朝系の様式の代表で，長身でやわらかい感じの姿態で立ち，左手に水瓶をさげた法隆寺の仏像を何というか。	16	百済観音像
★★17	片足を組み，手を頬にあてて思索にふける姿の仏像を何というか。	17	半跏思惟像
★18	奈良県斑鳩の尼寺で，17の姿の仏像を本尊とする寺院を何というか。	18	中宮寺
★★19	17の姿の美しい木像がある，京都市太秦の秦氏の氏寺を何というか。	19	広隆寺
★★20	法隆寺にある宮殿形の，仏像をおさめるための仏具で，すぐれた工芸品としても知られるものを何というか。	20	玉虫厨子
★21	厩戸王の死後，その妃によってつくられ，中宮寺に伝わる絵画刺繍を何というか。	21	天寿国繡帳
22	7世紀前半に，暦法を伝えたという百済僧はだれか。	22	観勒
★23	7世紀前半に，紙・墨・絵の具の製法を伝えた高句麗僧はだれか。	23	曇徴

2 律令国家への道

大化改新

★★1	父である蘇我馬子のあとを継ぎ、大臣として権力を握ったのはだれか。	1 蘇我蝦夷
★2	643年に、厩戸王(聖徳太子)の子で有力な皇位継承候補者が襲われて自害する事件がおこった。その人物とはだれか。	2 山背大兄王
★★3	2の人物が襲われて自害する事件がおこったが、この事件をひきおこした人物はだれか。	3 蘇我入鹿
★4	蘇我蝦夷・入鹿の父子が滅ぼされた事件を何というか。	4 乙巳の変
★5	4の事件は西暦何年におこったか。	5 645年
★★6	4の事件を計画・実行した中心人物を2人あげよ。	6 中大兄皇子と中臣鎌足
★7	4の事件の時の天皇で、この事件後に退位した女性天皇はだれか。	7 皇極天皇
★8	7の女性天皇はのちに重祚(再び天皇になること)して何天皇とよばれたか。	8 斉明天皇
★★9	乙巳の変後に、新しく即位した天皇はだれか。	9 孝徳天皇
★★10	乙巳の変後に、中大兄皇子はどのような地位についたか。	10 皇太子
★11	乙巳の変後に、中臣鎌足はどのような地位についたか。	11 内臣(ないしん)
★★12	乙巳の変の前に中国から帰国して東アジアの新情勢を伝え、新政府の政治顧問となった人物を2人あげよ。	12 旻・高向玄理
★★13	12の人物の新政府における役職は何か。	13 国博士
★14	新政府で左大臣に就任した人物はだれか。	14 阿倍内麻呂
★15	新政府で右大臣に就任した人物はだれか。	15 蘇我倉山田石川麻呂
16	乙巳の変後、日本ではじめて年号(元号)が立てられたが、何という年号か。	16 大化
★17	乙巳の変後、都はどこに移されたか。	17 難波(長柄豊碕)宮
★★18	646(大化2)年正月に発せられた4カ条からなる改革の基本方針を何というか。	18 改新の詔

★★19	18の詔の第1条の内容は何か。	19 公地公民制
★★20	18の詔の第2条の内容は何か。	20 新しい地方行政区画
★★21	18の詔の第3条の内容は何か。	21 戸籍・計帳・班田収授法
★★22	18の詔の第4条の内容は何か。	22 新しい統一的税制
23	私有地・私有民を廃止する代償として、豪族に一定数の戸を指定して、そこからの租税の大部分を与える制度を何というか。	23 食封
24	23の制度のために指定される一定数の戸を何というか。	24 封戸
★★25	蘇我氏打倒に始まる一連の政治改革を何とよぶか。	25 大化改新

律令国家への道

★★1	朝鮮半島では百済、ついで高句麗が滅びたが、滅ぼしたのはどのような勢力か。	1 唐・新羅の連合軍
★★2	百済復興を支援するため派遣された倭の大軍が、朝鮮半島南西部の錦江の河口で、1の軍に大敗した戦いを何というか。	2 白村江の戦い（はくすきのえ）
★★3	2の戦いは西暦何年のことか。	3 663年
★4	2の戦いに敗れた後、大宰府の西北、御笠川流域の平地に約1kmにわたる土塁をつくったが、この土塁を何というか。	4 水城
★5	大宰府北方の大野城など、九州北部から瀬戸内海周辺の山上に防御目的で築かれた城を何というか。	5 山城（朝鮮式山城）
★★6	中大兄皇子は、白村江の戦いの後、内政に力をそそぎ、正式に即位して改新政治を推進したが、667年に飛鳥から移した新しい都はどこか。	6 近江大津宮
★★7	中大兄皇子は668年に即位して、何天皇となったか。	7 天智天皇
★8	7の天皇が中臣鎌足らに命じて編纂させたという法令を何というか。	8 近江令
★★9	670年につくられた最初の全国的戸籍を何というか。	9 庚午年籍
★★10	天智天皇の死後におこった皇位をめぐる内乱を何というか。	10 壬申の乱
★★11	10の内乱は西暦何年に発生したか。	11 672年
★★12	10の内乱で、皇位をめぐって争った天智天皇の子と天智天皇の弟をそれぞれあげよ。	12 大友皇子・大海人皇子

★★ 13	10の内乱に勝利した大海人皇子は即位して，何天皇とよばれたか。	13 天武天皇
★★ 14	13の天皇が672年に新しくさだめた都はどこか。	14 飛鳥浄御原宮
★★ 15	13の天皇のもとで684年に制定された，皇親を最上位とする新たな姓の制度を何というか。	15 八色の姓
★ 16	15の制度のうち，上位2つの姓をあげよ。	16 真人・朝臣
★★ 17	天武天皇により制定が命じられ，その死後，次の天皇により施行された法令を何というか。	17 飛鳥浄御原令
★ 18	天武天皇の皇后で，天武天皇の次に即位した天皇はだれか。	18 持統天皇
★ 19	18の天皇が飛鳥浄御原令にもとづいて作成させた，農民支配の根本台帳となった戸籍を何というか。	19 庚寅年籍
★★ 20	18の天皇は694年，中国の都の制度にならって，飛鳥から本格的な宮都に遷都した。この都を何というか。	20 藤原京
21	天皇の住まいや政務・儀式が行われる朝堂院などからなる宮城と，官人や民衆が居住する碁盤目状に区画された京とで都を構成するという，中国の都の制度を何というか。	21 都城制
★★ 22	天武朝のころに，「大王」にかわって新しく用いられるようになった称号は何か。	22 天皇

白鳳文化

★★ 1	天武・持統天皇の時代を中心にして，大化改新から平城京遷都にいたる時期の文化を何というか。	1 白鳳文化
2	1の文化に影響を与えたのは，主に中国のどの時期の文化か。	2 初唐
★★ 3	白鳳期に建てられた官立の寺院のうち，天武天皇が皇后の病気平癒のため発願して建立された寺院は何か。	3 薬師寺
★ 4	舒明天皇の建立に始まるといわれ，のち百済大寺となり，天武天皇の時に官立の大寺院となり，さらに奈良に移り大安寺となった寺院は何か。	4 大官大寺
★ 5	薬師寺の建物で，白鳳期の代表的な建築物とされているものをあげよ。	5 東塔
★ 6	薬師寺金堂の本尊で，白鳳期の代表的な仏像彫刻を	6 薬師三尊像

7	薬師寺東院堂にある，白鳳期の代表的な仏像彫刻をあげよ。	7 聖観音像
★8	奈良県桜井市にある，蘇我倉山田石川麻呂が641年に創建した寺院跡から，この当時の回廊の建築部材が発掘されたが，この寺院名をあげよ。	8 山田寺
★★9	8の寺院の本尊で，のちに他の寺院に移されて今日に伝えられている彫刻は何か。	9 興福寺仏頭
★10	インド・中国の様式を取り入れたスケールの大きい画風で知られる白鳳期を代表する絵画で，1949(昭和24)年に火災で失われたものは何か。	10 法隆寺金堂壁画
11	10の絵画と似た壁画を持つ，インドの石窟寺院の所在地をあげよ。	11 アジャンター
★★12	奈良県明日香村で発見された古墳内部の壁画で，天井には星宿図(天文図)，壁面には四神や男女群像が極彩色で描かれている壁画を何というか。	12 高松塚古墳壁画
★13	『万葉集』にすぐれた作品を残した宮廷歌人で，「大君は神にしませば天雲の雷の上にいほりせるかも」という歌を詠んだのはだれか。	13 柿本人麻呂
★14	天智・天武天皇のころの女流宮廷歌人として，すぐれた歌を残したのはだれか。	14 額田王
15	天智天皇の時以後，宮廷では漢詩文をつくることが盛んになったが，この時期の代表的な作者で，謀反の疑いで自殺に追い込まれた天武天皇の皇子はだれか。	15 大津皇子

大宝律令と官僚制

★★1	8世紀初頭に完成した国家の基本法を何というか。	1 大宝律令
★★2	1の基本法が完成したのは西暦何年か。	2 701年
★3	1の基本法が制定された時の天皇はだれか。	3 文武天皇
★★4	1の基本法を編纂した中心人物を2人あげよ。	4 刑部親王・藤原不比等
★5	718(養老2)年の元正天皇の時に，新たにまとめられた国家の基本法を何というか。	5 養老律令
★★6	5の基本法編纂の中心人物はだれか。	6 藤原不比等
★7	5の基本法が施行されたのは西暦何年か。	7 757年

★★ 8	8世紀初めに，中国にならって制定された基本法のうち，今日の刑法にあたるものを何というか。	8 律
★★ 9	8世紀初めに，中国にならって制定された基本法のうち，行政組織や税制その他，国家統治に関する諸条項を規定しているものを何というか。	9 令
★★ 10	律令で定められた中央の官制を，官庁の数でまとめて何というか。	10 二官八省一台五衛府
★★ 11	律令で定められた統治組織のうち，神々の祭りをつかさどる機関は何か。	11 神祇官
★★ 12	律令で定められた統治組織のうち，一般政務をつかさどる最高機関は何か。	12 太政官
★★ 13	12の機関を構成する官職を上から順にあげよ。	13 太政大臣・左大臣・右大臣・大納言
★★ 14	12の機関を構成する高官を総称して何というか。	14 公卿
★ 15	12の機関の事務局を管轄する官職は何か。	15 少納言
★★ 16	12の機関のもとで，政務を分担する各省を総称して何というか。	16 八省
★★ 17	16の省のうち，民政・財政をつかさどる役所は何か。	17 民部省
★★ 18	風俗の取締りや官吏の監察にあたる律令制の独立機関は何か。	18 弾正台
★★ 19	宮都の警備にあたる律令制の諸官庁を総称して何というか。	19 五衛府
★★ 20	都の周辺の一定地域の行政区域を，特に何というか。	20 畿内(五畿)
21	20の国名をすべてあげよ。	21 大和・山背(山城)・摂津・河内・和泉
★★ 22	20以外の全国の国々を区分する行政区を，まとめて何というか。	22 七道
★ 23	22の行政区をすべてあげよ。	23 東海道・東山道・北陸道・山陽道・山陰道・南海道・西海道
★★ 24	律令制下の地方行政区分を，大きなものから順に3つあげよ。	24 国・郡・里
★★ 25	律令制で，中央から諸国に派遣されて，司法・行政をつかさどる地方官を何というか。	25 国司
★★ 26	律令制で，諸国におかれた政庁とその所在地を何というか。	26 国衙・国府

★27	律令制で、もとの国造など在地豪族から任命された地方官は何か。	27 郡司（ぐんじ）
28	27の地方官が政務を行う郡庁・正倉（しょうそう）・館などからなる郡の役所を何というか。	28 郡家（郡衙）（ぐうけ・ぐんが／ぐんげ）
★29	「郡」は、大宝律令が施行されるまでは、何と表記されていたか。	29 評（こおり・ひょう）
★30	律令制で、里は原則として何戸からなるか。	30 50戸
★★31	住民から選ばれ、里の行政にたずさわる地位を何というか。	31 里長（りちょう・さとおさ）
★32	里は717（養老元）年頃に改称されたが、新しく何とよばれたか。	32 郷（ごう）
★★33	律令制で、特別地域である京の司法・行政・警察などを担当する官庁を何というか。	33 左・右京職（さ・うきょうしき）
★★34	律令制で、外交の要地である難波におかれた官庁を何というか。	34 摂津職（せっつしき）
★★35	律令制で、九州におかれ、西海道の統轄と外交をつかさどった特別官庁を何というか。	35 大宰府（だざいふ）
★36	律令制で、4つのランクに分けられた諸官庁の上級職員を総称して何というか。	36 四等官（しとうかん）
★37	長官・次官・判官・主典はそれぞれ何と読むか。	37 かみ・すけ・じょう・さかん
38	律令制で、官吏には位階が与えられ、それに応じた官職に任命された。この制度を何というか。	38 官位相当制
★39	上級官吏などに位階に応じて与えられる田地を何というか。	39 位田（いでん）
★40	上級官吏などに官職に応じて与えられる田地を何というか。	40 職田（しきでん）
41	功績により与えられる田地を何というか。	41 功田（こうでん）
42	天皇の命により特別に与えられる田地を何というか。	42 賜田（しでん）
43	上級貴族に対し、一定数の戸からの租税の大部分を給与として与える食封（じきふ）という制度があったが、この食封の対象とされた戸のことを何というか。	43 封戸（ふこ）
44	食封のうち、位階によって与えられるものを何というか。	44 位封（いふ）
45	食封のうち、官職によって与えられるものを何というか。	45 職封（しきふ）

46	律令制で、春夏・秋冬の2季に分けて支給される、絁・綿などの俸禄を何というか。	46 季禄(きろく)
47	律令制で、高位高官の者に支給される従者を何というか。	47 資人(しじん)
★★48	五位以上の貴族の子(三位以上は孫も)に、父祖の位階に応じて21歳になると一定の位階が与えられる制度を何というか。	48 蔭位の制(おんいのせい)
★49	律に規定された五種の刑罰を総称して何というか。	49 五刑(ごけい)
★50	49の刑罰を軽いものから順にあげよ。	50 笞・杖・徒・流・死(ち・じょう・ず・る・し)
★51	律に規定された天皇・国家・尊属・神社に対する8種の罪は、国家と社会を乱す重罪として、有位者でも減刑などの特権を受けられなかった。この8種の罪を総称して何というか。	51 八虐(はちぎゃく)

民衆の負担

★★1	律令制で人民を登録する帳簿として、6年ごとにつくられるものは何か。	1 戸籍
★★2	律令制で毎年つくられ、調・庸などの課役を賦課する基本台帳となるものは何か。	2 計帳
3	律令制で行政上の最小単位として、班田や課税の対象となる戸を何というか。	3 郷戸(ごうこ)
4	行政上の戸の下で直系家族を中心とする10人前後の小家族からなる戸を何というか。	4 房戸(ぼうこ)
★★5	律令では人民を2つの身分に大別しているが、それぞれ何というか。	5 良民・賤民(りょうみん・せんみん)
6	5の2つの身分の中間に位置し、諸官司に隷属した特殊技能者たちを2つあげよ。	6 品部・雑戸(しなべ・ざっこ)
★7	律令制で賤民は、いくつかの身分にわかれたが、総称して何というか。	7 五色の賤(ごしきのせん)
★8	天皇・皇族の陵墓を守ることを職業とした賤民は何か。	8 陵戸(りょうこ)
★9	役所の雑役に使われる賤民で、一戸を構えることを許された者を何というか。	9 官戸(かんこ)
★10	私人に所属する賤民で、家族を持つことを許された者を何というか。	10 家人(けにん)
★11	諸官庁に属し、家族を持てない奴隷を何というか。	11 公奴婢(くぬひ)

2. 律令国家への道

★12	私有の奴隷で，財産として売買・贈与された者は何か。	12 私奴婢(しぬひ)
★★13	唐の均田法(きんでんほう)にならい，日本の令に規定された土地制度を何というか。	13 班田収授法(はんでんしゅうじゅほう)
★★14	13 の制度で戸籍にもとづいて人民に支給される田地を何というか。	14 口分田(くぶんでん)
★★15	14 の田地は何歳以上に支給されるか。	15 6歳以上
★16	良民の男女に支給される口分田の面積をあげよ。	16 男2段・女1段120歩(男の3分の2)
★17	賤民はどのくらいの口分田を支給されるか。	17 私有の賤民(家人・私奴婢)は良民の3分の1，他は良民と同じ
★★18	律令制で田地を支給する班年は何年ごとか。	18 6年ごと
19	律令制で寺院と神社に与えられた田地を，それぞれ何というか。	19 寺田(じでん)・神田(しんでん)
20	口分田や位田・職田などを班給した残りの田地を何というか。	20 乗田(じょうでん)
★21	20 の田地は，1年を期限に，収穫の5分の1の地子(し)(地代)をとって農民に耕作させたが，このことを何というか。	21 賃租(ちんそ)
★22	田地を6町(約654m)四方に区画し，南北の一辺を条，東西の一辺を里(り)とよび，その一区画をさらに36等分して坪(つぼ)とよんだ土地区画方式を何というか。	22 条里制
★★23	口分田などの田地に課税し，稲で納めさせる税は何か。	23 租(そ)
★★24	23 の税は田1段につきいくらか。	24 稲2束2把(そくわ)
★★25	23 の税は収穫の約何パーセントにあたるか。	25 約3％
26	23 の税は主にどこの財源となるか。	26 地方の国々
27	口分田をはじめ位田・功田・賜田など 23 の税を納める義務のある田を何というか。	27 輸租田(ゆそでん)
28	23 の税を免除される田地を何というか。	28 不輸租田
29	23 の税が免除される田地の例をあげよ。	29 寺田・神田・職田(郡司の職田を除く)
★★30	律令制における年齢区分で，課役対象となる21〜60歳の男性，61〜65歳の男性，17〜20歳の男性をそれ	30 正丁(せいてい)・次丁(じてい)(老丁(ちゅうなん))・中男(少丁)

	それ何というか。		
★★31	律令制で，絹・糸・絁・布など，郷土の産物を納める人頭税は何か。	31	調
★32	律令制で，正丁1人につき1年に10日，都での労役を課すものを何というか。	32	歳役
★33	律令制で，都での労役にかえて布を納めさせるものを何というか。	33	庸
★34	33は正丁1人につきいくら納めさせるか。	34	布2丈6尺
★35	調・庸は都へ運ばれて中央政府の財源となったが，運搬にあたる人夫を何というか。	35	運脚
★★36	国司が農民を水利土木工事や雑用に使役する労役を何というか。	36	雑徭
★37	36は正丁で1年に何日以内という規定であったか。	37	60日以内
38	律令制で，戸の等級に応じて，凶作に備えて粟を納めさせるものを何というか。	38	義倉
★39	律令制で，国家が春に稲を貸しつけ，秋に5割の利息とともに徴収する制度を何というか。	39	公出挙
40	豪族など個人が営利のために春に稲を貸しつけ，秋に利息とともに徴収したことを何というか。	40	私出挙
★41	律令制で，国家の兵士はどのような割合で徴発されたか。	41	正丁の3〜4人に1人
★★42	律令制で，兵士が配属された諸国の軍隊のことを何というか。	42	軍団
★★43	42の兵士の一部は上京して宮城や京内の警備にあてられたが，これを何というか。	43	衛士
★★44	律令制で，主に東国の兵士の一部を3年交代で北九州沿岸の警備にあたらせたが，これを何というか。	44	防人
45	律令制で，50戸につき正丁2人を上京させて，中央での雑役に使役したが，これを何というか。	45	仕丁

3　平城京の時代

遣唐使

★★1	630年に始まる遣唐使が初期にとった，朝鮮半島沿いの航路を何というか。	1	北路
★★2	8〜9世紀に，新羅との関係が悪化したためとられ	2	南路

るようになった，遣唐使の東シナ海横断の航路を何というか。

★★3 遣唐使に従って唐に留学し，帰国後，橘諸兄政権で大きな地位を占めた人物を2人あげよ。 3 吉備真備・玄昉

4 唐に留学し，玄宗皇帝に重用され，詩人李白らとも交流したが，帰国することができずに長安で死去したのはだれか。 4 阿倍仲麻呂

★★5 朝鮮半島の統一国家で，日本と使節を交換した国を何というか。 5 新羅

★★6 7世紀末に中国東北部（満州）におこり，727年から日本と国交があった国をあげよ。 6 渤海

★7 古代の外国使節の迎接施設で，大宰府（博多津）と平安京に設置されたのは何か。 7 鴻臚館

奈良の都平城京

★★1 奈良は8世紀に70年間余り都となったが，この都を何とよぶか。 1 平城京（へいぜいきょう）

★★2 1に遷都した和銅3年は西暦何年か。 2 710年

★3 1に遷都した時の天皇はだれか。 3 元明天皇

★★4 1の都のモデルとなった唐の都はどこか。 4 長安

★5 中国の都城にならい，日本の都城でも採用された，都市を碁盤目状に区画する制度を何というか。 5 条坊制

★★6 平城京などの都城の北部中央にある，皇居と諸官庁を含む地域を何というか。 6 宮城（大内裏）

★★7 平城京などの都で，天皇の日常生活の場である皇居を何というか。 7 内裏

★8 平城京などの都で，宮城の正面中央から都の正門の羅城門まで，都の中央を南北に走る大路を何というか。 8 朱雀大路

★9 8の大路を中心に，都の東側を何というか。 9 左京

10 平城京の東側からさらに張り出して設定された部分を何というか。 10 外京

★★11 平城宮跡などの遺跡から発見される，当時の重要史料である文字を墨書した木札を何というか。 11 木簡

★★12 平城京内に設けられた物資の交換・取引の場所を何というか。 12 東市・西市

★★13	12の場所の監督のためにおかれた役所を何というか。	13 市司（いちのつかさ）
★★14	天武天皇のころに鋳造された銅銭を何というか。	14 富本銭（ふほんせん）
★★15	武蔵国から銅が献上され，朝廷が唐にならって鋳造した銭貨を何というか。	15 和同開珎（わどうかいちん・かいほう）
★★16	15の銭貨が鋳造されたのは西暦何年のことか。	16 708年
★17	15の銭貨以後，10世紀半ばまでに鋳造された銭貨を総称して何というか。	17 本朝十二銭（皇朝十二銭）
★18	17の銭貨の最後を何というか。	18 乾元大宝（けんげんたいほう）
19	銭貨の流通をはかるために，711（和銅4）年に出された法令は何か。	19 蓄銭叙位令（法）（ちくせんじょいれい・ほう）

地方官衙と「辺境」

1	古代において，都と地方の連絡のために整備された交通制度は何か。	1 駅制
★2	1の制度で，約16kmごとに設置された馬や食糧を供給するための施設は何か。	2 駅家（うまや・えきか）
3	708年に，国内のある国からはじめて銅が献上され，これを祝って年号が改められたが，ある国とはどこか。	3 武蔵（むさし）
4	3の国からはじめて銅が献上され，改元された年号（元号）は何か。	4 和銅
5	奈良時代の金の産出国をあげよ。	5 陸奥（むつ）
6	奈良時代の銅の産出国を，武蔵国のほかに2つあげよ。	6 長門・周防（ながと・すおう）
★★7	ヤマト政権に服属していない東国の人々のことを何とよんだか。	7 蝦夷（えみし）
★8	7世紀半ば，7の人々に対する日本海方面の前進基地としておかれた2つの城柵をあげよ。	8 淳足柵・磐舟柵（ぬたりのさく・いわふねのさく）
9	斉明天皇の時代に，秋田・津軽方面に派遣され兵を進めた人物はだれか。	9 阿倍比羅夫（あべのひらふ）
★10	東北地方の蝦夷鎮圧により，712（和銅5）年に日本海側に設置された国はどこか。	10 出羽国（でわのくに）
★★11	724（神亀元）年に，蝦夷への鎮守府兼陸奥国府として，太平洋側に設置された東北経営の拠点は何か。	11 多賀城（たがじょう）
★★12	奈良時代に，九州南部の住民は何とよばれていたか。	12 隼人（はやと）

3. 平城京の時代

★13	九州南部に，713(和銅6)年に新たに設置された国はどこか。	13 大隅国
14	7世紀末から8世紀初めに服属した薩南諸島の島を2つあげよ。	14 種子島(多禰島)・屋久島(掖玖島)

藤原氏の進出と政界の動揺

★★1	平城遷都や養老律令編纂の中心となり，奈良時代初期の政界に重きをなした人物はだれか。	1 藤原不比等
★★2	1の人物の娘宮子が生んだ，奈良時代最初の男性の天皇はだれか。	2 聖武天皇
★★3	1の人物の4人の子のうち，房前と宇合がおこした家の名をそれぞれあげよ。	3 北家・式家
★★4	729(天平元)年に，藤原四子の策謀により政権の座にある皇族が自害に追い込まれた事件を何というか。	4 長屋王の変
★★5	4の事件後，皇后に立てられたのはだれか。	5 光明子
★★6	藤原四子が疫病により病死したのち，政権を握った皇族出身の人物はだれか。	6 橘諸兄
★★7	唐から帰国し，6の政権で重用された人物を2人あげよ。	7 吉備真備・玄昉
★★8	6の政権に対し，740(天平12)年に大宰府で挙兵し，敗死した人物はだれか。	8 藤原広嗣
★★9	8の人物の乱後，聖武天皇は転々と都を移したが，山背国における都の名をあげよ。	9 恭仁京
★★10	8の人物の乱後，聖武天皇は転々と都を移したが，摂津国における都の名をあげよ。	10 難波宮
★★11	8の人物の乱後，聖武天皇は転々と都を移したが，近江国における都の名をあげよ。	11 紫香楽宮
★12	奈良時代の仏教は，第一に国家の安泰を祈願するという国家仏教の性格を持つが，こうした思想を何というか。	12 鎮護国家(思想)
★★13	12の思想により，聖武天皇が国ごとに僧寺と尼寺を建てて政治・社会の動揺を防ごうとした詔を何というか。	13 国分寺建立の詔
★★14	13の詔が出されたのは西暦何年か。	14 741年
15	13の詔によって，国ごとに建てられた僧寺の正式名称をあげよ。	15 金光明四天王護国之寺

16	13の詔によって，国ごとに建てられた尼寺の正式名称をあげよ。	16 法華滅罪之寺
17	13の詔によって国ごとに建てられた僧寺で，国家を守護するものとして特に重んじられた経典は何か。	17 金光明最勝王経(金光明経)
★★18	聖武天皇は「夫れ天下の富を有つ者は朕なり。天下の勢を有つ者も朕なり。此の富勢を以てこの尊像を造る」という詔を発して，鎮護国家の大事業に着手したが，この詔は何か。	18 大仏造立の詔
★★19	18の詔は，転々と都が移されていたころに発せられたが，どこの都か。	19 紫香楽宮
★★20	18の詔が出されたのは西暦何年か。	20 743年
★21	18の詔によって造立が始まった，「尊像」の正式名称は何か。	21 盧舎那仏
★★22	18の詔によって，盧舎那仏が造立された総国分寺でもある平城京の寺院を何というか。	22 東大寺
★★23	聖武天皇にかわって即位し，大仏開眼供養を752(天平勝宝4)年に行った女性天皇はだれか。	23 孝謙天皇
★★24	23の天皇のもとで，光明皇太后の信任を得て政権を握った人物はだれか。	24 藤原仲麻呂
★★25	24の人物は，孝謙天皇の次の淳仁天皇から特に名を賜わったが，何という名か。	25 恵美押勝
★26	757(天平宝字元)年に，24の人物に反対して反乱を企てて失敗する事件がおこったが，これを何というか。	26 橘奈良麻呂の変
★★27	孝謙太上天皇(上皇)の信任を得て，急速に勢力を伸ばした僧侶はだれか。	27 道鏡
★28	27の勢力に対して反乱を企て失敗した，764(天平宝字8)年におこった事件を何というか。	28 恵美押勝(藤原仲麻呂)の乱
★★29	孝謙太上天皇は重祚(再び皇位につくこと)して，何天皇とよばれたか。	29 称徳天皇
★★30	道鏡は特別な地位に就任して権勢をふるったが，その地位を就任順に2つあげよ。	30 太政大臣禅師・法王
31	八幡神の神託と称して，道鏡を皇位につけようとする事件が769(神護景雲3)年におきたが，この神託は何という神社のものか。	31 宇佐八幡宮
32	31の神託事件で，道鏡の天皇就任を妨げ，のちに	32 和気清麻呂

平安遷都に活躍した人物はだれか。

★★33 称徳天皇の死去後，壬申の乱以来つづいた天武系の天皇にかわって即位した，天智天皇の孫はだれか。

33 光仁天皇

★34 藤原式家の人物で，33の天皇の即位に尽力したのはだれか。

34 藤原百川

民衆と土地政策

1 奈良時代に普及した平地式の住居を何というか。
1 掘立柱住居

2 平安時代初期までの結婚形態で，はじめ男性が女性の家に通う形式のものを何というか。
2 妻問婚

★★3 古代において，未開の地を開墾した田地を何というか。
3 墾田

★4 口分田の不足に対処する政府の政策のうち，722（養老6）年に長屋王政権のもとで立てられた計画は何か。
4 百万町歩開墾計画

★★5 灌漑施設の新設と旧来の施設利用とを区別しながら，一定期間の墾田私有を認める法令を何というか。
5 三世一身法

★★6 5の法令は「養老七年の格」ともいうが，養老七年は西暦何年か。
6 723年

★★7 橘諸兄政権は，一定限度の開墾地の永久私有を認める法令を制定した。これを何というか。
7 墾田永年私財法

★★8 7の法令は西暦何年に出されたか。
8 743年

★★9 7の発令後，貴族・寺院・地方豪族などの大規模な開墾による私有地が成立し始めたが，これを何とよぶか。
9 荘園（初期荘園）

★★10 負担の重さに苦しむ農民の姿を伝える『万葉集』の長歌と，その作者をあげよ。
10 貧窮問答歌・山上憶良

★★11 負担から逃れるため，農民が口分田を捨てて戸籍に登録された地を離れること，都の造営工事などから行方不明になることをそれぞれ何というか。
11 浮浪・逃亡

4 天平文化

天平文化と大陸

★★1 天平は，どの天皇の時の年号か。
1 聖武天皇

★★2 天平文化は，律令国家の体制のもとで，都におけ
2 遣唐使

る皇族・貴族の富と権力を背景にしているが，仏教的色彩と国際性も目立つ。この国際性は主に何によってもたらされたか。

3 天平文化とは，主として，どの国の，どの時期の文化の影響が強いか。

3 唐の最盛期(盛唐)

国史編纂と『万葉集』

★★1 712(和銅5)年に完成した現存する最古の歴史書は何か。

1 古事記

★2 1の歴史書編纂の材料となったもので，6世紀にまとめられたとされる大王の系譜と，朝廷に伝わる神話・伝承をそれぞれ何というか。

2 帝紀・旧辞

★★3 1の歴史書は，天武天皇の命で，ある人物が暗誦していたものを，のちにある人物が筆録したものだが，この2人の人物をあげよ。

3 稗田阿礼・太安万侶(安麻呂)

★★4 中国の史書にならって，編年体・漢文で記述され，720(養老4)年に完成した最古の官撰の正史は何か。

4 日本書紀

5 4の歴史書編纂の総裁はだれか。

5 舎人親王

★★6 4の歴史書以後，10世紀初頭にかけて，国家事業として史書の編纂がつづけられたが，これらを総称して何というか。

6 六国史

★★7 6の史書の2番目で，主に奈良時代を内容とする歴史書を何というか。

7 続日本紀

★8 6の史書の最後の歴史書を何というか。

8 日本三代実録

★★9 713(和銅6)年に，朝廷が諸国に命じて，各国の地誌・伝説・産物などを記載・提出させたものを何というか。

9 風土記

★10 9の書のなかで，現在，まとまった内容が伝わっているのはいくつ(何カ国)か。

10 5カ国

★11 9の書のなかで，現在，まとまった内容を伝えているのはどこの国のものか。

11 常陸・出雲・播磨・豊後・肥前

12 現在伝わる9の書のうち，ほぼ完全に内容が残っているのはどの国のものか。

12 出雲

★13 751(天平勝宝3)年に成立した，現存する日本最古の漢詩集を何というか。

13 懐風藻

14 大友皇子の曽孫で，鑑真の伝記『唐大和上東征伝』

14 淡海三船

	を記し，詩人としても著名な人物はだれか。	
15	すぐれた詩人としても有名な石上宅嗣が，私邸に設け，学問をする人々に開放した図書館を何というか。	15 芸亭
★★16	奈良時代までの約4500首の歌をおさめた最古の歌集は何か。	16 万葉集
★17	16の歌集では，漢字の音訓を組み合わせて日本語を記す用法が用いられたが，これを何というか。	17 万葉がな
★★18	16の歌集におさめられている歌で，方言を用いた東国の人々の歌を何というか。	18 東歌
★★19	16の歌集におさめられている歌で，九州に兵士として送られた東国農民の歌を何というか。	19 防人歌
★20	奈良時代の宮廷歌人で，すぐれた叙景歌人・自然歌人として有名なのはだれか。	20 山部赤人
★★21	万葉集に最多数の歌を残し，その編纂にも重要な役割をはたしたとされる人物はだれか。	21 大伴家持
★★22	律令制下の教育制度で，中央におかれ，貴族や文筆を業とする東西史部の子弟を教育した機関は何か。	22 大学
23	律令制下の大学の教育内容は，儒教の経典を学ぶもの，法律を学ぶもののほか音・書・算の諸道があったが，漢文学・歴史を学ぶものが9世紀に独立した。これを何というか。	23 紀伝道
★★24	律令制下で地方の国ごとにおかれ，郡司など地方豪族の子弟を教育した機関は何か。	24 国学

国家仏教の展開

★1	仏教によって国家の安定をはかろうとする思想を何というか。	1 鎮護国家（思想）
★★2	国家の経営する七大寺の1つで，藤原氏の氏寺としてその後も大きな勢力をふるった寺院は何か。	2 興福寺
★3	藤原氏の氏神として，氏寺と一体となって勢力をふるった神社は何か。	3 春日神社
★★4	奈良の諸大寺では仏教の教理研究が盛んで，信仰による教団とは異なる学派的な宗派が生まれたが，これを総称して何というか。	4 南都六宗
★★5	4の宗派のうち，玄昉・道鏡らの僧侶を出し，興福	5 法相宗

		寺などを中心に活動した宗派は何か。		
★★	6	4の宗派のうち，東大寺を根本道場として活動した宗派は何か。	6	華厳宗
★★	7	失明の苦難をのりこえて唐から渡来し，日本に戒律を伝えた僧侶はだれか。	7	鑑真
★★	8	南都六宗のうち，7の人物によって始められた宗派は何か。	8	律宗
★	9	7の人物が創建した寺院は何か。	9	唐招提寺
★★	10	南都六宗のうち，大安寺の道慈が入唐して深めた宗派は何か。	10	三論宗
★★	11	官寺を出て，政府の抑圧を受けながらも民間に布教し，橋や池溝をつくるなどの社会事業を行い，のち大仏造営にも協力して，大僧正に任ぜられた僧侶はだれか。	11	行基
	12	光明皇后が設けたという貧窮者や病人の救済施設を2つあげよ。	12	悲田院・施薬院

天平の美術

★★	1	鎌倉時代に礼堂がつけ加えられた，毎年3月に東大寺創建当時の様子を伝える法華会が行われる建物を何というか。	1	法華堂（三月堂）
	2	東大寺創建当時のもので，現存する唯一の門を何というか。	2	転害門
★★	3	東大寺にある建物で，聖武天皇の遺品や大仏開眼会関係の品をおさめている倉庫を何というか。	3	正倉院（宝庫）
★	4	3の建物に見られる，柱を用いず，三角材を横に組んで壁をつくる建築様式を何というか。	4	校倉造
★★	5	前面に吹放しの円柱列があり，寄棟造の大屋根に奈良時代の現存唯一の鴟尾がある唐招提寺の創建当時の建物を何というか。	5	金堂
	6	唐招提寺にある建物で，平城宮にあった朝集殿を移したものは何か。	6	講堂
	7	聖武天皇夫人の橘古那可智（光明子の母県犬養橘三千代説もある）の邸宅を移したともいわれ，当時の貴族住宅建築の遺構として貴重な，法隆寺の建物を何というか。	7	伝法堂

	8	法隆寺東院の中心で厩戸王の斑鳩宮跡に奈良時代に建てられたと伝えられる八角堂を何というか。	8 夢殿
★★	9	奈良時代に発達した彫刻技法で、粘土でつくった像を何というか。	9 塑像
★★	10	奈良時代の彫刻技法で、土や木で原型をつくり、漆を使って仕上げる像を何というか。	10 乾漆像
★	11	東大寺法華堂の本尊で、天平彫刻の代表的作品でもある、362cmの巨大な乾漆像を何というか。	11 不空羂索観音像
★★	12	11の像の両側に配置されていた塑像で、静かに合掌する姿の2体の彫刻は何か。	12 日光・月光菩薩像
★	13	東大寺法華堂の仏像のうち、甲冑をつけ金剛杵をふりあげた姿の塑像で、厨子におさめられた秘仏のため彩色がよく残る像は何か。	13 執金剛神像
★	14	東大寺戒壇院にある塑像で、四方を護る仏法の守護神として甲冑に身を固め、邪鬼を踏みつける姿の像を何というか。	14 四天王像
	15	14の像の1体で、西隅に安置されている塑像を何というか。	15 広目天像
★★	16	唐招提寺にある乾漆像で、寺の創立者である盲目の僧侶の姿を表現した、現存最古の肖像彫刻を何というか。	16 鑑真像
★	17	興福寺にある八部衆像のうちの1体で、三面六臂(顔が3つ、腕が6本)の乾漆像は何か。	17 阿修羅像
★★	18	正倉院にある6面の屏風で、樹下に唐風の美人が描かれ、髪や着物にヤマドリの羽をはりつけていたものを何というか。	18 鳥毛立女屏風(樹下美人図)
★	19	薬師寺にある画像で、仏教で福徳をつかさどる女神として信仰され、唐代の貴婦人の姿に似せて描かれている遺品は何か。	19 吉祥天像
★	20	釈迦の伝記を記した経文に、絵を加えたものを何というか。	20 過去現在絵因果経
★★	21	天平文化の世界性と高い工芸の水準を示す正倉院宝物は、だれの遺品をおさめたものか。	21 聖武天皇
★★	22	正倉院宝物のうち、インド産の紫檀でつくられ、貝の光沢のある部分をうすく切ってちりばめ、駱駝や熱帯樹などを表わす装飾をほどこした五絃の楽器	22 螺鈿紫檀五絃琵琶

23 称徳天皇が，恵美押勝の乱の戦没者供養のためにつくらせて近畿の十大寺に配った，現存する世界最古の印刷物をあげよ。

23 百万塔陀羅尼

5 平安王朝の形成

平安遷都と蝦夷との戦い

★★1 光仁天皇の次に即位し，律令政治の再建につとめた天皇はだれか。

1 桓武天皇

2 1の天皇の母にあたり，百済系渡来人の血をひくとされるのはだれか。

2 高野新笠

★★3 1の天皇は，平城京から水陸交通の便利な場所へ都を移すことにしたが，新たな都の候補地となった国は何というか。

3 山背国

★★4 784（延暦3）年に遷都された新しい都はどこか。

4 長岡京

★5 4の都建設の長官が暗殺される事件が発生し，この新都は短期間で廃されたが，暗殺された長官とはだれか。

5 藤原種継

★★6 4の都につづいて建設された新都を何というか。

6 平安京

★★7 6の都への遷都は西暦何年か。

7 794年

★8 遷都とならぶ桓武天皇の大事業をあげよ。

8 蝦夷征討

9 光仁天皇の時代の780（宝亀11）年に，東北地方で蜂起した蝦夷の豪族はだれか。

9 伊治呰麻呂

10 8世紀後半の公卿で，9の人物が乱をおこした際，征東副使となったのはだれか。

10 紀古佐美

★★11 桓武天皇に登用され，797（延暦16）年に征夷大将軍となった人物はだれか。

11 坂上田村麻呂

12 11の人物に降伏した後，河内で斬られた蝦夷の族長はだれか。

12 阿弖流為

★★13 11の人物が802（延暦21）年に北上川中流域に築き，蝦夷支配の拠点とした城を何というか。

13 胆沢城

★★14 13に蝦夷支配のための役所が移されたが，この役所を何というか。

14 鎮守府

★★15 14の役所が最初におかれたのはどこか。

15 多賀城

★★16 803（延暦22）年に胆沢城のさらに北方に築かれ，東

16 志波城

北経営の前進拠点とされた城を何というか。

17　805(延暦24)年に，蝦夷征討と平安京造営の二大事業の継続を主張する菅野真道に対し，藤原緒嗣が中止を主張して論争し，桓武天皇によって緒嗣の意見が採用された。この論争を何というか。

17　徳政論争(相論)

18　811(弘仁2)年に，嵯峨天皇の命で蝦夷平定にあたった将軍はだれか。

18　文室綿麻呂

平安時代初期の政治改革

★★ 1　令制の役所の統合・廃止が行われ，政治機構の簡略化が進められるなかで，令の規定にない官職も設けられたが，このような官職を何というか。

1　令外官

★★ 2　1の1つで桓武天皇が国司の監督を強化するため，8世紀末に新設した官職は何か。

2　勘解由使

★ 3　国司の交代にあたり，後任者が前任者に発行する事務引き継ぎの証明書を何というか。

3　解由状

★★ 4　8世紀末，桓武天皇はそれまでの軍団・兵士を廃止し，かわりに郡司の子弟や有力農民の志願による少数精鋭の兵士を採用した。この兵士を何というか。

4　健児

★ 5　810(弘仁元)年に設置され，天皇の側近として太政官組織との直接連絡や機密文書を取り扱う役所を何というか。

5　蔵人所

★★ 6　810年に，最初に蔵人頭に任命された藤原北家出身の人物はだれか。

6　藤原冬嗣

★★ 7　9世紀初めにおかれた令外官で，京内の警察・裁判業務をつかさどり，衛門府・弾正台・刑部省・京職などの業務を吸収した官職は何か。

7　検非違使

★★ 8　代表的な令外官である蔵人頭や7の官職が設置された時の天皇はだれか。

8　嵯峨天皇

★★ 9　蔵人所の設置は，8の天皇のもとでおきた，前天皇が重祚を企てた事件が背景になっているが，この事件を何というか。

9　平城太上天皇の変（藤原薬子の変）

★★ 10　9の事件の原因をつくった太上天皇(上皇)はだれか。

10　平城太上天皇(上皇)

★★ 11　10の人物に加担し，権力を握ろうとした兄妹をあげよ。

11　藤原仲成・藤原薬子

12　11の兄妹は藤原氏の何家出身か。

12　式家

★★ 13	律令制定以降，律令条文の補足や改正のために出された法令を何というか。	13 格
★★ 14	律令や格の施行細則を何というか。	14 式
★★ 15	嵯峨天皇のもとで，律令条文の補足・改正や施行細則の分類・整理と編纂が行われたが，これを何というか。	15 弘仁格式
★★ 16	清和天皇の時に編纂された格式を何というか。	16 貞観格式
★★ 17	延喜格式が編纂された時の天皇はだれか。	17 醍醐天皇
★ 18	弘仁・貞観・延喜式の3つを総称して何というか。	18 三代格式
★ 19	清原夏野ら編集の，833(天長10)年に成立した養老令の官撰注釈書は何か。	19 令義解
20	9世紀後半に，惟宗直本によって編集された養老令の私撰注釈書は何か。	20 令集解

▌地方と貴族社会の変貌

1	班田は受けるが調・庸や兵役の負担を逃れるため，戸籍の男女の性別や年齢を偽って申告することを何というか。	1 偽籍
2	桓武天皇は班田実施を現実に応じて改め，その励行をはかるため，班年を6年ごとから何年ごとに改めたか。	2 12年
★ 3	公地公民制の崩壊につれて，班田の実施は困難となったが，記録の上で班田実施の最後は西暦何年のことか。	3 902年
4	財源に苦しんだ政府は直接に土地を経営するようになるが，8世紀以降，天皇家の財源として設けたものを何というか。	4 勅旨田
5	823(弘仁14)年に，大宰府管内に設けられた政府の直営田を何というか。	5 公営田
6	879(元慶3)年に，畿内に設けられた政府の直営田を何というか。	6 官田
7	8世紀末から9世紀ころ，天皇と結びついて勢いを強めた少数の皇族・貴族の総称を何というか。	7 院宮王臣家

▌唐風文化と平安仏教

| ★ 1 | 平安遷都から9世紀末ころまでの文化を何というか。 | 1 弘仁・貞観文化 |

#	問題	解答
2	文芸は国家の支柱で，国家隆盛の鍵であるとする思想を何というか。	文章経国思想
★3	9世紀前半に編まれた勅撰漢詩文集をつくられた順に3つあげよ。	凌雲集・文華秀麗集・経国集
★4	空海の漢詩文を弟子の真済がまとめたものを何というか。	性霊集
5	空海の詩論書をあげよ。	文鏡秘府論
★★6	平安時代初期に，貴族たちが大学に学ぶ子弟のために設けた学寮を何というか。	大学別曹
★7	和気氏が設けた大学別曹(学寮)を何というか。	弘文院
★★8	藤原氏が設けた大学別曹(学寮)を何というか。	勧学院
★9	橘氏が設けた大学別曹(学寮)を何というか。	学館院
★10	在原氏が設けた大学別曹(学寮)を何というか。	奨学院
★11	空海が庶民教育のために都に設置した学校は何か。	綜芸種智院
★12	平安時代初期に入唐し，帰国後に法華経の信仰による新しい宗派を伝えた僧侶と，その宗派の名をあげよ。	最澄・天台宗
★★13	天台宗の本拠は，都を離れた比叡山におかれたが，その寺院の名をあげよ。	延暦寺
14	大乗戒壇の設立により南都仏教からの独立をめざす最澄が，これに反対する者たちにこたえるために著わした書物は何か。	顕戒論
★15	釈迦の教えを経典にもとづいて学び，修行して悟りに達しようとする仏教を何というか。	顕教
★16	大日如来の教えにより，秘密の呪法を通じて仏の世界に接し，救いを得ようとする仏教を何というか。	密教
★17	16の仏教で，病気や災難を除くために行う呪術を何というか。	加持祈禱
★18	最澄と同時に入唐し，特に密教を学び，それにもとづく宗派を伝えた僧侶と，その宗派の名をあげよ。	空海・真言宗
★19	真言宗が中心道場とした高野山の寺院を何というか。	金剛峰寺
★★20	嵯峨天皇から空海に勅賜され，真言宗が中心道場とした京都の寺院を何というか。	教王護国寺(東寺)
21	空海が仏門に入るにいたった理由を記した書物で，仏教・道教・儒教3教の優劣を論じ，仏教の優位を説いたものを何というか。	三教指帰

★★22	入唐し、帰国後に天台宗の密教化を進めた僧侶で、山門派の祖とされるのはだれか。	22 円仁
23	22の僧侶の著書で、唐の五台山などを巡礼した旅日記は何か。	23 入唐求法巡礼行記
24	天台宗で、円珍を祖とする寺門派の中心寺院を何というか。	24 園城寺(三井寺)
25	天台宗の密教に対して、真言宗の密教を何というか。	25 東密
★★26	奈良時代以来、神々の信仰と仏教との融合が進むが、このような現象を何というか。	26 神仏習合
★★27	26の現象の1つとして、神社の境内に建てられた寺院を何というか。	27 神宮寺
★28	山岳信仰と仏教の密教的信仰とが混合し、山伏に代表される山岳修行の宗教が生まれたが、これを何というか。	28 修験道

密教芸術

★★1	弘仁・貞観文化の美術には、神秘的な仏教の影響が強いが、どのような仏教か。	1 密教
★★2	奈良県にある真言宗の寺院で、女人高野とよばれ、山岳寺院としての特色を示す建物を今日に伝える寺院は何か。	2 室生寺
★3	2の寺院にある平安時代初期の建築の代表を2つあげよ。	3 金堂・五重塔
★4	室生寺の金堂は、屋根を檜の皮で葺いているが、このような葺き方を何というか。	4 檜皮葺
★★5	弘仁・貞観文化の仏像彫刻を特徴づける技法を2つあげよ。	5 一木造(一木彫)・翻波式
6	弘仁・貞観文化の彫法をよく示す大和の室生寺の仏像を2つあげよ。	6 金堂釈迦如来像(立像)・弥勒堂釈迦如来坐像
★7	河内の観心寺にある典型的な密教彫刻で、秘仏として保存され、彩色もよく残り、6本の腕ものびやかで全体に豊満な感じを与える仏像は何か。	7 如意輪観音像
★8	京都神護寺金堂の本尊で、おごそかな容貌で堂々とした体躯の仏像は何か。	8 薬師如来像
★9	奈良の元興寺にある一木造の立像で、堂々とした体	9 薬師如来像

軀で豊かで神秘的な表情，特に流水のような翻波式のひだのある像は何か。

10 奈良の法華寺の本尊で，髪・眼・口を彩色し豊満な女性美を感じさせ，光明皇后をモデルにしたとの伝説を持つ像を何というか。

★11 奈良の薬師寺に残されている神仏習合による一木造の神像彫刻をあげよ。

★12 密教で宇宙の真理を表わすために，諸仏・諸菩薩を配置して図示したものを何というか。

★13 現存最古の12の作品が伝わる京都の北方の真言宗の寺院は何か。

★★14 12の代表的作品で，かつて宮中真言院で用いられたとされることから，伝真言院曼荼羅ともよばれるものが伝来する寺院は何か。

★★15 密教の盛行につれて信仰が広がり，特に修験道の本尊として信仰されたもので，火焰のなかにあって右手に剣，左手に羂索を持つ姿であらわされる像は何か。

16 15の代表的な絵画として黄不動とよばれるものは，どこの寺院に伝わるか。

★★17 弘仁・貞観時代には唐風の書道(唐様)がもてはやされたが，その名手3人のことを何というか。

★★18 17の人物をすべてあげよ。

★★19 空海が最澄に送った手紙3通を1巻にしたものが現存している。これを何というか。

20 弘仁・貞観文化の絵師として，伝わっているのはだれか。

21 各氏族の系譜を明らかにするため，万多親王によって編集された書物は何か。

10 **十一面観音像**

11 **僧形八幡神像**

12 **曼荼羅(両界曼荼羅)**

13 **神護寺**

14 **教王護国寺(東寺)**

15 **不動明王像**

16 **園城寺(三井寺)**

17 **三筆**

18 **嵯峨天皇・空海・橘逸勢**

19 **風信帖**

20 **百済河成**

21 **新撰姓氏録**

第3章 貴族政治と国風文化

1 摂関政治

藤原氏北家の発展

1. 奈良時代後期から平安時代初期にかけて優勢であったが、平城太上天皇の変(薬子の変)以後、没落したのは藤原氏の何家か。 — 1 式家

2. 平城太上天皇の変(薬子の変)以後、勢力を伸ばしたのは藤原氏の何家か。 — 2 北家

3. 2の家出身で、平安時代初期に嵯峨天皇の信任を得て台頭し、天皇家と姻戚関係を結んだ人物はだれか。 — 3 藤原冬嗣

4. 嵯峨天皇の信任を得て、3の人物は何という官職についたか。 — 4 蔵人頭

5. 藤原氏発展の一方で、他氏が没落する政治的事件が次々に発生するが、842(承和9)年に皇太子恒貞親王が廃され、伴・橘氏が失脚した事件を何というか。 — 5 承和の変

6. 5で、謀反を企てたとして流罪になった人物で、三筆の一人はだれか。 — 6 橘逸勢

7. 天皇が幼少の期間に、その政務を代行する官職を何というか。 — 7 摂政

8. 即位した幼少の天皇の外祖父として、皇族以外ではじめて7の官職に就任したのはだれか。 — 8 藤原良房

9. 8の人物が摂政に就任した時の天皇はだれか。 — 9 清和天皇

10. 866(貞観8)年に焼失した、平安宮にある朝堂院の南側の正門を何というか。 — 10 応天門

11. 10の門が放火されたことからおこった事件を何というか。 — 11 応天門の変

12. 左大臣源信を失脚させようとして10の門の放火事件をひきおこし、流罪になったのはだれか。 — 12 伴善男

13. 12の人物は、何という官職についていたか。 — 13 大納言

14. 応天門の変で没落した古来有力な一族は、伴(大伴)氏と何か。 — 14 紀氏

15. 天皇の成人後に、その後見役として政務を執行する — 15 関白

	官職を何というか。	
★★16	はじめて **15** の官職に就任した人物はだれか。	16 藤原基経
★★17	**16** の人物が884（元慶8）年に，実質的に関白の職に就任した時の天皇はだれか。	17 光孝天皇
★18	**16** の人物を関白に任命する正式な詔が発せられたのは887（仁和3）年のことだが，この時の天皇はだれか。	18 宇多天皇
★19	888（仁和4）年，詔のなかで使われた語句をめぐり藤原氏が示威を行い，天皇は詔を取り消し，その起草者である橘広相を罰したが，この事件を何というか。	19 阿衡の紛議（阿衡事件）
★20	宇多天皇に重用され，のちに藤原氏により大宰府へ左遷された人物はだれか。	20 菅原道真
★21	**20** の人物が大宰府に左遷された時の藤原氏の代表者（氏の長者）はだれか。	21 藤原時平
★22	**20** の人物が大宰府に左遷された時の天皇はだれか。	22 醍醐天皇
★23	宇多天皇ののち，10世紀前半に2度にわたり，摂政・関白がおかれずに天皇親政が行われた時期があるが，そのうち **22** の天皇の治世を何とよぶか。	23 延喜の治
★★24	10世紀前半に天暦の治という親政を行った天皇はだれか。	24 村上天皇
★★25	10世紀後半におきたある事件以降，摂政・関白は常置となり，藤原氏北家の勢力は不動のものとなったが，ある事件とは何か。	25 安和の変
★★26	**25** の事件以降，摂政・関白が常置となったが，このような政治形態を何というか。	26 摂関政治
★★27	**25** の事件は西暦何年におきたか。	27 969年
★★28	**25** の事件の時，藤原氏により失脚させられた醍醐天皇の皇子で，左大臣であった人物はだれか。	28 源高明
29	**25** の事件後に摂政に就任し，摂関常置の例を開いた人物はだれか。	29 藤原実頼

摂関政治

★★1	藤原北家の勢力が確立すると，摂政・関白はすべて藤原北家から出されるようになるが，この摂政・関白に任命される家柄を何というか。	1 摂関家

44　第3章　貴族政治と国風文化

2	摂政・関白の地位をめぐる藤原北家の一族間の争いのうち，兄弟間の争いの例をあげよ。	2 藤原兼通(兄)と兼家(弟)
3	摂政・関白の地位をめぐる藤原北家の一族間の争いのうち，叔父の藤原道長と争った甥はだれか。	3 藤原伊周
★★ 4	4人の娘を皇后や皇太子妃とし，3人の天皇の外祖父となって栄華の絶頂をきわめた人物はだれか。	4 藤原道長
5	4の人物の娘で，一条天皇の中宮となって，2人の天皇の母となった人物はだれか。	5 藤原彰子
★ 6	5の人物の子で，天皇となったのはだれか。即位順に2人あげよ。	6 後一条天皇・後朱雀天皇
7	藤原道長と対立した伊周の妹で，一条天皇の皇后はだれか。	7 藤原定子
★ 8	藤原道長が全盛期に，「此の世をば　我が世とぞ思ふ望月の　かけたることも無しと思へば」という歌を詠んだことを伝える貴族の日記を何というか。	8 小右記
★ 9	8の日記には藤原道長に対する批判的記事もあり，内容的にも重要だが，その筆者はだれか。	9 藤原実資
★★ 10	藤原道長の子で宇治殿とよばれ，後一条天皇以下3代の摂政・関白として，約50年間政権を握ったのはだれか。	10 藤原頼通
11	藤原道長や頼通による摂関家の全盛期は何世紀のことか。	11 11世紀
★ 12	藤原氏発展の背景には，娘を天皇の后妃として，皇室と姻戚関係を結ぶということがあったが，このような関係を何というか。	12 外戚関係
13	摂関期，天皇(もしくは摂関)の決裁の参考にされ，国政の重要事項を審議した公卿の会議を何というか。	13 陣定
14	大祓や七夕など，宮中で毎年同じ時期に行われる儀式を何というか。	14 年中行事(ねんちゅう)

国際関係の変化

★★ 1	9世紀末に，それまでの外交政策に大きな変化が生じたが，それは何か。	1 遣唐使派遣中止
★★ 2	1はだれの建議によるものか。	2 菅原道真
★★ 3	1の建議は西暦何年のことか。	3 894年
4	中国では907年に唐が滅び，その後再統一されるま	4 五代十国

1. 摂関政治

	で諸王朝の興亡があったが、それらの諸王朝を何とよぶか。	
★★5	唐滅亡後の分裂時代を経て、960年に成立した中国の統一王朝を何というか。	5 宋（北宋）
★★6	奈良時代に日本と国交のあった渤海を、926年に滅ぼした契丹が建国した国は何か。	6 遼
★★7	935年に朝鮮半島の新羅を滅ぼし、これに代わった国は何か。	7 高麗

2 国風文化

国文学の発達

★★1	10～11世紀の平安時代中期以降に展開した日本風の文化を何というか。	1 国風文化（藤原文化）
★★2	1の文化が発達した時期に成立し、文学の発展や文芸の国風化に大きな役割をはたしたものは何か。	2 かな文字
3	9世紀後半の代表的な6人の歌人のことを総称して何というか。	3 六歌仙
4	3の歌人のなかで唯一の女性の名をあげよ。	4 小野小町
★5	天皇または上皇・法皇の命により、編纂された和歌集を何というか。	5 勅撰和歌集
★★6	905（延喜5）年に編纂された、最初の勅撰和歌集は何か。	6 古今和歌集
★★7	6の歌集の撰者で、『土佐日記』の作者としても著名な人物はだれか。	7 紀貫之
8	6の歌集から鎌倉時代初期の『新古今和歌集』まで、天皇や上皇の命によって8回にわたり勅撰和歌集が編纂されたが、これらを総称して何というか。	8 八代集
★★9	日本の物語文学の祖といわれる、伝説を素材にした伝奇的な物語は何か。	9 竹取物語
★10	在原業平を主人公とし、和歌を主体とした短編からなる歌物語は何か。	10 伊勢物語
★11	11世紀初めに成立した大長編物語で、藤原氏全盛期の貴族社会を描写した物語文学の最高峰とされているものは何か。	11 源氏物語
★★12	11の物語の作者で、一条天皇の中宮藤原彰子に仕	12 紫式部

えた人物はだれか。
- ★★13 一条天皇の皇后藤原定子に仕えた女性によって書かれた随筆をあげよ。 — 13 枕草子
- ★★14 13の随筆の作者はだれか。 — 14 清少納言
- ★15 宇多天皇以後の約200年間をかな書き編年体で記し，特に藤原道長の栄華の讃美を中心とする作品は何か。 — 15 栄花(華)物語
- ★16 かなで書かれた最初の日記文学で，国司の任期を終えて帰京するまでのことを記した作品は何か。 — 16 土佐日記
- 17 夫藤原兼家との結婚生活を記した日記文学は何か。 — 17 蜻蛉日記
- 18 17の作者はだれか。 — 18 藤原道綱の母
- 19 13歳で父の任地上総から帰京し，宮仕え・結婚・夫との死別などを回想録風に記した日記文学は何か。 — 19 更級日記
- 20 19の日記文学の作者はだれか。 — 20 菅原孝標の女
- 21 源氏物語の作者が書いた日記文学は何か。 — 21 紫式部日記
- 22 中宮藤原彰子の女房にもなった女性が，敦道親王との恋愛を情熱的に描いた日記文学を何というか。 — 22 和泉式部日記
- ★23 11世紀の前半に，曲・節をつけて歌うのに適した漢詩や和歌を集めた和歌漢詩文集がつくられたが，これを何というか。 — 23 和漢朗詠集
- ★24 23の詩歌集の撰者はだれか。 — 24 藤原公任

浄土の信仰

- ★★1 神仏習合の風がますます進むにつれて，在来の神々は仏が人間を救うために，かりに形をかえて現われたものとする思想が生まれたが，これを何というか。 — 1 本地垂迹説
- 2 死者の怨霊のたたりなどをおそれ，怨霊や疫神をまつって災厄から逃れようとすることが盛んになったが，このような信仰を何というか。 — 2 御霊信仰
- 3 2の信仰にもとづく，法会や祭礼を何というか。 — 3 御霊会
- 4 藤原時平らの策謀により，大宰府に左遷されて死んだ菅原道真の怨霊のたたりをおそれ，道真をまつった京都の神社を何というか。 — 4 北野神社(北野天満宮)
- ★5 平安時代に疫病が流行した時，全国の国数にあたる66本の鉾を立てて祭りを営んだのに始まるという，京都の有名な祭礼は何か。 — 5 祇園祭

★★	6	阿弥陀如来を信仰し、来世の極楽往生を願う仏教の教えを何というか。	6 浄土教
	7	6の教えは、いつごろから発達したか。	7 10世紀以降
★★	8	6の教えの普及の背景には社会不安の増大とともに、釈迦の死後から仏法が衰え、やがて仏法が滅び天災地変が頻発するという仏教思想があった。この思想を何というか。	8 末法思想
★★	9	平安貴族は、いつから末法の世に入ると考えていたか。西暦年で答えよ。	9 1052年
★★	10	阿弥陀仏の姿を心に念じ、特に南無阿弥陀仏ととなえることを何というか。	10 念仏
★★	11	民間浄土教の始祖といわれ、若いころより諸国をめぐり、10世紀半ばには京の市中で人々に念仏をすすめた僧侶はだれか。	11 空也
	12	11の人物は民間で伝道教化につとめたことから、特に何とよばれたか。	12 市聖
★★	13	地獄・極楽のありさまを示す経文をひき、極楽往生のために念仏をすすめ、人々に大きな影響を与えた、985(寛和元)年に成立した書物を何というか。	13 往生要集
★★	14	13の書物を著わした僧侶はだれか。	14 源信(恵心僧都)
	15	念仏の功徳で極楽往生した人の伝記を集めたものを、一般的に何というか。	15 往生伝
	16	15の伝記の最初のものとして、10世紀末に成立した書物をあげよ。	16 日本往生極楽記
	17	16の書物の著者はだれか。	17 慶滋保胤
	18	法華経などを入れて埋納するなどした、円筒形の金銅製容器を何というか。	18 経筒
	19	奈良県の山上ヶ岳山頂の金峯山経塚から出土した、日本で現存最古の埋納用の経筒をあげよ。	19 藤原道長埋納経筒

国風美術

★★	1	平安時代中期に完成した、日本風の貴族の住宅様式を何というか。	1 寝殿造
★	2	1の住宅の建物のうち、中央にあって主人が居住する正殿を何というか。	2 寝殿
★	3	正殿の左右や後に相対させてつくられた別棟の建物	3 対(対屋)

を何というか。

★★ 4 これまでの中国風の絵画にかわって，平安時代中期からおこってきた日本の風物を題材とする日本的な絵画を何とよぶか。

4 大和絵(やまとえ)

5 4の絵画の祖と伝えられる，平安時代初期の画家をあげよ。

5 巨勢金岡(こせのかなおか)

6 中国風の絵画のことを何というか。

6 唐絵(からえ)

★ 7 平安時代に完成した技法で，漆で文様を描き，金銀などの金属粉を蒔きつけて模様とするものを何というか。

7 蒔絵(まきえ)

★★ 8 これまでの中国風の書風に対し，和様の書風が成立したが，その名手と称された人々を何とよぶか。

8 三跡(三蹟)(さんせき)

★★ 9 8の人々をすべてあげよ。

9 小野道風・藤原佐理・藤原行成(おののみちかぜ・ふじわらのすけまさ・ふじわらのゆきなり)

★10 藤原佐理が大宰府に赴任する途中，甥に送った書状が残っている。これを何というか。

10 離洛帖(りらくじょう)

★★11 11世紀以降，阿弥陀如来を本尊として安置する建物が寺院の中心として盛んに建てられたが，この建物を何というか。

11 阿弥陀堂

12 藤原道長が建立し，壮麗を誇ったが，のち火災で焼失した寺院を何というか。

12 法成寺(ほうじょうじ)

13 12の寺院にちなんで藤原道長の日記を何というか。

13 御堂関白記(みどうかんぱくき)

14 藤原頼通が，道長から譲り受けた宇治の別荘を，末法初年の1052(永承7)年に寺院としたが，これを何というか。

14 平等院(びょうどういん)

★★15 14の寺院の本堂として，1053(天喜元)年に建立された阿弥陀堂を何というか。

15 鳳凰堂(ほうおうどう)

16 京都伏見区の日野にある，11世紀の代表的な阿弥陀堂は何か。

16 法界寺阿弥陀堂(ほうかいじ)

★★17 浄土教の流行により阿弥陀如来像が盛んに制作されるようになったが，この時期に完成した仏像彫刻の手法を何というか。

17 寄木造(よせぎづくり)

★★18 17の仏像彫刻の手法を完成したとされる仏師はだれか。

18 定朝(じょうちょう)

★★19 18の仏師の作として著名な仏像は何か。

19 平等院鳳凰堂阿弥陀如来像

2. 国風文化

20	19の仏像のほかに，この時期の阿弥陀如来像の代表例で，京都の寺院にあるものを1つあげよ。	20 法界寺阿弥陀如来像
★21	臨終に際して往生を願う人を迎えるために，阿弥陀如来が来臨するありさまを描いた絵を何というか。	21 来迎図（らいごうず）
22	21の絵図の代表的な遺品で，高野山に伝わるものをあげよ。	22 聖衆来迎図（しょうじゅ）
23	京都にある真言宗寺院の創建当時の建物として，ただ1つ現存している10世紀の代表的な塔建築をあげよ。	23 醍醐寺五重塔（だいご）

貴族の生活

★★1	平安時代の貴族の男性が，日常の出勤や儀式などに着用した正装を何というか。	1 束帯（そくたい）
★2	1の服の略装とされるものを何というか。	2 衣冠（いかん）
3	平安時代の貴族男性の平常服は何か。	3 直衣（のうし）
4	もとは狩の時の軽快な服で，平安時代の貴族男性の平服に用いられたものは何か。	4 狩衣（かりぎぬ）
★★5	宮廷の女性の唐衣や裳からなる正装を何というか。	5 女房装束（十二単）（しょうぞく）（ひとえ）
6	平安時代の女性の平常服は何か。	6 小袿（こうちぎ）
7	平安時代の庶民の男性の実用服は何か。	7 水干（すいかん）
8	貴族の男性の成人式を何というか。	8 元服（げんぷく）
9	貴族の女性の成人式を何というか。	9 裳着（もぎ）
★10	中国から伝来した信仰で，万物は陰陽二気によって生じるとし，木火土金水の5つの要素の変化によって災異や吉凶を説明しようとする思想にもとづく呪術・祭祀の体系を何というか。	10 陰陽道（おんみょうどう）（おんようどう）
★11	不吉なことを家にこもって避けることを何というか。	11 物忌（ものいみ）
★12	凶となる方角を避けて，目的地に向かうことを何というか。	12 方違（かたたがえ）

3 地方政治の展開と武士

受領と負名

1	10世紀初め，醍醐天皇のもとで違法な土地所有を禁ずる法令が出されたが，これを何というか。	1 延喜の荘園整理令（えんぎ）
2	1の法令は西暦何年に出されたか。	2 902年

3	ある律令官人が，914(延喜14)年に醍醐天皇に政治上の意見を密封して提出したもので，課税対象となる農民の減少など律令制の衰退，地方政治の混乱を論じたものは何か。	3 意見封事十二箇条
4	3の意見を醍醐天皇に提出した律令官人はだれか。	4 三善清行
★★5	律令制の地方官で，中央から派遣され，国の行政・警察・司法をつかさどる官職を何というか。	5 国司
★★6	5の地方官が勤務する国の政庁を何というか。	6 国衙
7	班田制の崩壊，律令制の衰退にともない，国衙の主な任務はどのようなものになったか。	7 一定額の納税の請負
8	戸籍・計帳の崩壊により従来の人頭税中心の税制を維持できなくなった政府は，徴税基盤を何におくようになったか。	8 土地
★9	平安時代中期以降の公領(国衙領)の税で，主に租米にあたるものは何か。	9 官物
★10	平安時代中期以降の公領(国衙領)の税で，主に労役にあたるものは何か。	10 臨時雑役
★★11	徴税単位となった田地は，国司から耕作を請け負う有力農民の名をつけてよばれるようになるが，このような田地を何というか。	11 名(名田)
★★12	11の田地の耕作請負人である有力農民を何とよんだか。	12 田堵
13	11の田地の耕作請負人の農民のなかで，大規模な土地の経営を行う者を特に何とよぶか。	13 大名田堵
★★14	現地に赴任して国の実務をとる国司のうち，最上席の者を何というか。	14 受領
15	14の国司には，どのような階層の者が多いか。	15 中・下級貴族
★★16	14の国司には，強欲で私腹をこやす者が多かったが，その悪政を31カ条にわたって朝廷に訴え，国司の罷免を求めた訴状が988(永延2)年に出されている。これを何とよんでいるか。	16 尾張国郡司百姓等解
★17	16の訴状で訴えられ，その結果解任された国司はだれか。	17 藤原元命
18	『今昔物語集』のなかで，「受領は倒るるところに土をつかめ」という国司の強欲さをあらわす有名な一節があるが，この受領はだれか。	18 藤原陳忠

★★19 律令体制のゆるみから売位・売官が盛んとなったが、私財を出して朝廷の財政や寺社の造営を助け、その代償として収入の多い国司などの官職を得ることを何というか。

19 **成功**（じょうごう）

★★20 19の一種で、一定の財物を官に納め、任期満了後に同一の国司などの官職に再任されることを何というか。

20 **重任**（ちょうにん）

★★21 国司に任じられても現地に赴任せず、国司としての収入のみを得ることを何というか。

21 **遙任（遙任国司）**（ようにん）

★22 21の国司のかわりに、任地に派遣される役人を何というか。

22 **目代**（もくだい）

23 国司不在の国衙のことを何というか。

23 **留守所**（るすどころ）

★★24 国衙で実務をとった、大名田堵などの地方豪族から選ばれた現地の役人のことを何というか。

24 **在庁官人**（ざいちょうかんじん）

荘園の発達

★★1 8～9世紀に成立した荘園を何というか。

1 **初期荘園**

2 1の荘園の所有者はどのような者たちか。2つあげよ。

2 **貴族・寺社**

3 1の荘園は、貴族や寺社がみずから開墾した土地や、買収した付近の墾田からなっていたが、このような荘園を特に何というか。

3 **墾田地系荘園**

★★4 大名田堵などの地方豪族や有力農民で、未開地を開発してその所有者となった者を何とよぶか。

4 **開発領主**

★5 4らは所領にかかる税の負担を逃れようとして、所領を中央の権力者（権門勢家）に寄進するようになるが、こうして成立した荘園を何というか。

5 **寄進地系荘園**

★★6 荘園の寄進を受けて領主権を得た貴族や寺社など、中央の権力者のことを何というか。

6 **領家**（りょうけ）

★★7 荘園が6の領主からさらに上級の有力者に寄進された時、その上級の領主のことを何というか。

7 **本家**（ほんけ）

8 寄進を受けた領主のうち実質的支配権を持った者を何というか。

8 **本所**（ほんじょ）

★★9 開発領主は、寄進後は荘園の現地管理者として土地の実質的な支配権を確保したが、この管理者の地位を一般的に何というか。

9 **荘官**（しょうかん）

★10 9の名称にはさまざまなものがあるが、その例をあ

10 **預所・下司など**（あずかりどころ・げし）

げよ。

★11 寄進地系荘園の代表例として，東寺百合文書のなかにその寄進の経過が記されている肥後国(熊本県)にあった荘園を何というか。

11 鹿子木荘

★12 荘園領主がその地位を利用して獲得した，租税免除の特権を何というか。

12 不輸(の権)

★13 中央政府から正式に文書が交付されて，12の特権を認められた荘園を何とよぶか。

13 官省符荘

★14 12の特権を認める時に出される，符を2つあげよ。

14 太政官符・民部省符

★15 国司の裁定による許可証(免判)によって，租税の免除を認められた荘園を何というか。

15 国免荘

★16 国司が国内の耕地を調査し，税額を定めるために派遣した役人を何というか。

16 検田使

★17 荘園領主がその権威によって獲得した，国衙の役人の立入りやさらには警察権の介入をも拒否する権利を何というか。

17 不入(の権)

地方の反乱と武士の成長

★1 地方政治の混乱と治安の乱れから武装するようになった，地方豪族や有力農民などの戦闘組織の集団を何というか。

1 武士団

★2 統率者のもとで武士の集団を構成する同族のことを何というか。

2 家子

★3 統率者のもとで武士の集団を構成する従者のことを何というか。

3 郎党(郎等・郎従)

★4 中小の武士団を統合した大武士団の統率者を何というか。

4 棟梁

★5 大武士団の統率者には，もともとどのような出身の者が多いか。

5 国司

★6 大武士団の統率者の代表的な例で，桓武天皇の流れを何というか。

6 桓武平氏

★7 大武士団の統率者の代表的な例で，清和天皇の流れを何というか。

7 清和源氏

★8 武士は，やがて公的な地位にも就任するようになるが，10世紀以降，上京して宮中の警備にあたった者

8 滝口の武者(武士)

	を何というか。	
★9	内乱などに際して，地方の武士と兵士を統率して鎮圧にあたった者を何というか。	9 押領使
★10	盗賊や反乱者を捕えるために中央から派遣された者を何というか。	10 追捕使
★11	貴族の身辺護衛にあたる者を何とよんだか。	11 侍
12	1019（寛仁3）年に，中国の沿海州地方の民族が対馬・壱岐・九州北部を襲うという事件がおこったが，これを何というか。	12 刀伊の入寇
★13	12の事件を起こしたのは，何という民族か。	13 女真（族）
★14	12の事件の時，大宰府の官人を率いて奮戦し，これを撃退した大宰権帥はだれか。	14 藤原隆家
15	桓武平氏は，桓武天皇の子孫が平の姓を賜わり，上総介となり任地に土着して関東各地に広がったものだが，この人物の名をあげよ。	15 高望王（平高望）
★16	桓武平氏の一族で，下総の猿島を本拠とし，一族間の争いから，やがて中央政府への反乱をおこすにいたった人物はだれか。	16 平将門
★★17	16の人物は，常陸・下野・上野の国府を攻め落とし，関東の大半を征服して，ある称号を名乗ったがその名称をあげよ。	17 新皇
18	16の人物が反乱をおこしたのは西暦何年か。	18 939年
★19	平将門の乱を鎮圧した関東の武士を2人あげよ。	19 平貞盛・藤原秀郷
★★20	もと伊予国司で伊予の日振島を根拠に瀬戸内海の海賊を率いて乱をおこし，伊予の国府や大宰府を襲った人物はだれか。	20 藤原純友
★★21	藤原純友の乱を鎮圧した人物の1人で，清和源氏の祖となった人物はだれか。	21 源経基（経基王）
★★22	藤原純友の乱は平将門の乱と同じころにおこったが，この2つの乱を当時の年号をとって何とよぶか。	22 承平・天慶の乱

源氏の進出

1	安和の変で源高明を密告して摂関家に近づき，摂津国多田荘に土着して勢力を伸ばした人物はだれか。	1 源満仲
★2	1の子で藤原道長に仕えた兄弟をあげよ。	2 源頼光・頼信
★★3	1028（長元元）年に房総で反乱をおこした人物をあげ	3 平忠常

よ。

★★ **4** 3の乱を平定し、源氏の東国進出のきっかけをつくった人物はだれか。

★★ **5** 1051(永承6)年に陸奥でおこり、前後12年におよんだ戦いを何というか。

★ **6** 5の戦いをひきおこした陸奥の豪族とは何氏か。

★★ **7** 5の戦いを平定した父子をあげよ。

★★ **8** 7の父子を支援し、前九年合戦ののちには陸奥・出羽両国で大きな勢力を得た一族は何氏か。

★★ **9** 1083(永保3)年におきた、8の一族の内紛に端を発した戦いを何というか。

★★ **10** 陸奥守兼鎮守府将軍の地位にあり、9の戦いを鎮定した人物はだれか。

★★ **11** 9の戦いののち、奥羽全域にわたる支配を確立した清衡とその子孫のことを何というか。

4 源頼信

5 前九年合戦(前九年の役)

6 安倍氏

7 源頼義・義家

8 清原氏

9 後三年合戦(後三年の役)

10 源義家

11 奥州藤原氏

第4章 中世社会の成立

1 院政と平氏の台頭

延久の荘園整理令と荘園公領制

★★ 1 1068(治暦4)年に即位し、摂関家と外戚関係がなく、摂関家をはばからずに親政を行った天皇はだれか。 — 1 後三条天皇

★ 2 紀伝道の家系で、1の天皇の近臣としてその政治を補佐した人物はだれか。 — 2 大江匡房

★ 3 1の天皇によって、1069(延久元)年に出された荘園整理令を何というか。 — 3 延久の荘園整理令

★★ 4 1の天皇が荘園整理のために提出させた文書を、審査する役所を何というか。 — 4 記録荘園券契所(記録所)

★ 5 1の天皇が制定した公定枡を何というか。 — 5 宣旨枡

★★ 6 荘園が発達するなかで、国司の支配下にある土地は何とよばれるようになったか。 — 6 公領(国衙領)

★ 7 院政期に、国司が国内を新たに再編成した行政単位を何というか。 — 7 郡・郷・保

★ 8 7の行政単位の徴税責任者をそれぞれ何というか。 — 8 郡司・郷司・保司

★★ 9 一国の編成において、荘・郡・郷などが並立する荘園と公領で重層的に構成される体制が、11世紀半ばから形成された。これを何というか。 — 9 荘園公領制

★10 荘園や公領内の耕地の大部分は名(名田)として、田堵などの有力な農民に割り当てられたが、彼らはやがて耕作する田地への権利を強めて何とよばれるようになったか。 — 10 名主

★11 有力農民から土地を借りて耕作(請作)する農民で、さらにその一部を他の小農民に耕作させたりもした農民を何とよぶか。 — 11 作人

★12 土地を所有せず、譲与・売買・質入れの対象ともなっていた隷属農民を何というか。 — 12 下人

13 作人が名主に納める小作料を何というか。 — 13 加地子

★14 名主が荘園領主に納めるもののうち、主に米・絹などで納入するものを何というか。 — 14 年貢

★15	名主が荘園領主に納めるもののうち，糸・布・炭・野菜など手工業製品や特産物を納入するものを何というか。	15 公事(くじ)
★16	荘園領主に対する負担で，労役を奉仕するものを何というか。	16 夫役(ぶやく)

院政の開始

★★1	譲位後の天皇のことを何というか。	1 上皇(じょうこう)(太上天皇(だいじょう))
★2	譲位後の天皇の居所のことで，のちにはその人を意味するようになった言葉は何か。	2 院
★★3	譲位後の天皇が出家した場合，これを何というか。	3 法皇(ほうおう)
★4	天皇の位を譲ったのちも，上皇として天皇を後見しながら国務を執行する政治形態を何というか。	4 院政
★★5	4の政治形態は，だれによって始められたか。	5 白河上皇(しらかわ)
★6	5の上皇は，だれに譲位したのちに院政を始めたか。	6 堀河天皇(ほりかわ)
★7	5の上皇が院政を始めたは西暦何年のことか。	7 1086年
★★8	5の上皇の孫で，院政を行った上皇はだれか。	8 鳥羽上皇(とば)
★★9	院政のために開かれた役所を何というか。	9 院庁(いんのちょう)
★10	9の役所の職員を何というか。	10 院司(いんし)
★★11	白河上皇によって院の御所の警護に採用され，院政の武力となった武士を何というか。	11 北面の武士(ほくめん)
★12	院政のもとで出される文書のうち，院庁から出されるものを何というか。	12 院庁下文(くだしぶみ)
★13	上皇の命令として，院より直接出されるかたちの文書を何というか。	13 院宣(いんぜん)
★14	院政を行った白河・鳥羽・後白河の3上皇はいずれも出家して法皇となり，仏教を厚く信仰したが，白河天皇が京都に造営し，八角九重塔など壮大な堂塔を誇った寺院は何か。	14 法勝寺(ほっしょうじ)
★15	14の寺院以後，院政期に天皇家により造営された寺院は，いずれもある字が名称に共通して使われていたことから，総称して何といわれたか。	15 六勝寺(ろくしょうじ)
★16	院政期の上皇がくりかえし行った寺社参詣のうち，特に紀伊国の3カ所の宗教的聖地への参詣を何というか。	16 熊野詣(くまののもうで)
★17	院政期の上皇がくりかえし行った寺社参詣のうち，	17 高野詣(こうやもうで)

1. 院政と平氏の台頭

紀伊国にある真言宗の本拠地に参詣したものを何というか。

院政期の社会

★ 1　院政を行う上皇の側近として権勢をふるった者を何というか。　　　　　　　　　　　　　　　1　院近臣

  2　1の者たちには，富裕な受領や后妃の一族，上皇の養育にかかわった者の一族が多いが，この養育にかかわった女性を何というか。　　　　　　　　　　　2　乳母

★ 3　特定の国の支配権を上級貴族や寺社に与えて，その国からの収益を取得させる院政期に広まった制度を何というか。　　　　　　　　　　　　　　　3　知行国制度

★ 4　3の制度において一国の支配権・収益権を与えられた者を何というか。　　　　　　　　　　　　4　知行国主

★★ 5　院政期の上皇には荘園の寄進が集中し，大量の荘園からなる天皇家領が形成されたが，鳥羽法皇が第3皇女に譲った荘園群で，平安時代末で約100カ所，最終的には200カ所以上にのぼったといわれるのは何か。　　　　　　　　　　　　　　　5　八条(女)院領

★★ 6　後白河法皇が御所内の持仏堂に寄進した荘園群で，鎌倉時代初めころには約90カ所にものぼるといわれているものは何か。　　　　　　　　　　　6　長講堂領

★★ 7　巨大な荘園を集積して，世俗的権力となった寺院が組織した武力を何というか。　　　　　　　7　僧兵

★★ 8　7は，神木や神輿をおしたてるなどして，しばしば集団行動で朝廷に対し訴えをおこしたが，この行動を何というか。　　　　　　　　　　　　　8　強訴

★★ 9　大荘園と僧兵を持つ寺院の2大勢力であった興福寺と延暦寺を，それぞれ何とよぶか。　　　　9　南都・北嶺

★ 10　奈良法師とよばれた興福寺の僧兵が，強訴の時ささげてきた神木はどこのものか。　　　　　10　春日神社

  11　山法師とよばれた延暦寺の僧兵が，強訴の時ささげてきた神輿はどこのものか。　　　　　　11　日吉神社

★ 12　院政期に，地方では各地の武士が一族や地域との結びつきを強めていたが，奥羽地方で繁栄した一族を何というか。　　　　　　　　　　　　　　12　奥州藤原氏

★★13	**12**の一族は3代100年にわたって繁栄を誇ったが、3代の名を順にあげよ。	13 藤原清衡・基衡・秀衡
★★14	**12**の一族の陸奥にある根拠地名をあげよ。	14 平泉

保元・平治の乱

★1	院政期に院と結んで勢力を伸ばした、桓武平氏の一族が地盤としていた地域はどこか。	1 伊賀・伊勢
★2	院政期に、白河上皇に重用され、出雲で反乱をおこした源義家の子を討って武名をあげた武士はだれか。	2 平正盛
3	1108(天仁元)年に、出雲で反乱をおこして**2**の人物に討たれた源義家の子とはだれか。	3 源義親
★★4	平正盛の子で、鳥羽法皇の信任を得て瀬戸内海の海賊平定に功績をあげ、西国一帯に勢力をもつようになった人物はだれか。	4 平忠盛
★★5	鳥羽法皇の死後、皇族および摂関家内部の対立によって京都でおこった内乱を何というか。	5 保元の乱
★★6	**5**の乱は、西暦何年におこったか。	6 1156年
★★7	**5**の乱で勝利した天皇はだれか。	7 後白河天皇
★★8	**5**の乱に敗れ、讃岐に配流された上皇はだれか。	8 崇徳上皇
★★9	**5**の乱の際、摂関家内で対立した人物を、勝者と敗者の順にあげよ。	9 藤原忠通・藤原頼長
★★10	**5**の乱で天皇方につき、勝利した武士を2人あげよ。	10 源義朝・平清盛
★★11	**5**の乱で上皇方につき、敗北した武士を3人あげよ。	11 源為義・源為朝・平忠正
★★12	武家の棟梁の勢力争いと後白河上皇の近臣の権力争いが結びついて、京都でおこった内乱を何というか。	12 平治の乱
★★13	**12**の乱は、西暦何年におこったか。	13 1159年
★★14	**12**の乱で勝利者となり、武家の棟梁としての地位を確立した人物はだれか。	14 平清盛
★★15	後白河上皇の近臣として活躍し、**12**の乱で自殺に追い込まれた人物はだれか。	15 藤原通憲(信西)
★★16	**12**の乱で敗れ、東国へ逃れる途中、尾張で殺された源氏の棟梁はだれか。	16 源義朝
★★17	後白河上皇の近臣で、**12**の乱で兵をあげたが敗れ、捕えられて斬られた人物はだれか。	17 藤原信頼

1. 院政と平氏の台頭

平氏政権

* 1 平治の乱の後、異例の昇進をとげ、武士としてはじめて太政大臣となり、権力をふるった人物はだれか。 — 1 平清盛
* 2 1の人物の娘で、天皇の中宮となったのはだれか。 — 2 平徳子
* 3 2の人物が中宮となった天皇はだれか。 — 3 高倉天皇
* 4 2の人物は天皇の生母となって特に院号を与えられたが、何という院号か。 — 4 建礼門院
* 5 2の人物が生んだ天皇はだれか。 — 5 安徳天皇
* 6 平清盛の政権の呼び方にもなっている京都の地名はどこか。 — 6 六波羅
* 7 平氏はその権力が強まるにつれて、これまでの院政と対立するようになるが、この時に院政を行っていた上皇はだれか。 — 7 後白河上皇(法皇)
* 8 平清盛の長男で、父と7の上皇(法皇)との対立の和解につとめたが、父にさきだって病死した人物はだれか。 — 8 平重盛
* 9 平氏政権の武士的側面として、畿内から瀬戸内海を経て九州までの武士を従者に組織したが、武士の社会で従者のことを何というか。 — 9 家人
* 10 平氏は畿内・西国の武士と主従関係を結ぶために、彼らを荘園や公領の現地支配者に任命したが、この地位を何というか。 — 10 地頭
* 11 平氏政権の経済的基盤は摂関家と共通する面があるが、それは何か。2つあげよ。 — 11 知行国・荘園
* 12 平氏政権が積極的に取り組んだ対外貿易とは何か。 — 12 日宋貿易
* 13 平清盛が12の貿易のために、現在の神戸に修築した港を何というか。 — 13 大輪田泊
* 14 1177(治承元)年に、後白河法皇の近臣らが平氏の打倒を企てたが失敗に終わった。この事件を何というか。 — 14 鹿ヶ谷の陰謀
* 15 14の事件で捕えられ、鬼界ヶ島に流され、その悲劇的な流罪生活がのちに能や歌舞伎の題材に取り入れられた人物はだれか。 — 15 俊寛
* 16 14の事件で捕えられ、備前国へ流されて殺されたのはだれか。 — 16 藤原成親

院政期の文化

1. 12世紀前半に、奥州藤原氏の根拠地平泉に建立された阿弥陀堂をあげよ。 — 中尊寺金色堂
2. 豊後(大分県)高田に建立された九州最古の阿弥陀堂をあげよ。 — 富貴寺大堂
3. 陸奥国(福島県)白水に建立された阿弥陀堂をあげよ。 — 白水阿弥陀堂
4. 院政期に、伯耆国(鳥取県)に建立された、山岳寺院の奥の院の建物を何というか。 — 三仏寺投入堂
5. 民間におこった歌謡で貴族の間でも流行し、後白河院が特に愛好したものは何か。 — 今様
6. 平安時代末期に5を編集して成立した歌謡集を何というか。 — 梁塵秘抄
7. 6の歌謡集を編集したのはだれか。 — 後白河法皇
8. 奈良時代に唐から伝わった曲芸・奇術・小舞踏などの雑多な戯芸で、のちの能の源流ともなったものは何か。 — 猿楽(散楽)
9. 田植えの時に豊作を祈り、農民の労をなぐさめる音楽や踊りからおこり、平安時代中期以降芸能化して、京都で流行したものは何か。 — 田楽
10. 11世紀ころから、和文体で物語風に書かれた歴史書がつくられるようになったが、これを何というか。 — 歴史物語
11. 文徳天皇から後一条天皇までの藤原氏全盛期を藤原道長の栄華を中心に批判的に叙述した、『世継物語』ともよばれる、かな書き紀伝体の10の傑作は何か。 — 大鏡
12. 平安時代末期に成立した説話集で、天竺(インド)・震旦(中国)・本朝(日本)の部からなり、貴族・武士・庶民の生活のありさまを伝えるものは何か。 — 今昔物語集
13. 戦いを主要な題材とし、武士の活躍を描いた文芸作品を何というか。 — 軍記物語
14. 13の文芸作品の初期のものとして、平将門の乱を漢文で記したものは何か。 — 将門記
15. 前九年合戦の経過を描いた軍記物語を何というか。 — 陸奥話記
16. 絵と詞書とをおりまぜて、物語などの進行を示すものが平安時代末期に生まれたが、これを何というか。 — 絵巻物
17. 平安時代中期の代表的物語文学に題材をとり、吹抜 — 源氏物語絵巻

屋台・引目鉤鼻という特徴のある描き方で宮廷貴族の生活を描いた絵巻物を何というか。

★★18 大納言伴善男がひきおこしたという，応天門の変を描いた絵巻物を何というか。　　18 伴大納言絵巻

★★19 信貴山にこもって毘沙門天をまつった僧命蓮に関する3つの説話を題材としたもので，庶民の生活・風俗をよく描いている絵巻物を何というか。　　19 信貴山縁起絵巻

★★20 詞書はなく全巻墨一色で描かれ，蛙・兎・猿を擬人化して生き生きと描いた異色の絵巻物は何か。　　20 鳥獣戯画

★21 20の絵巻物の作者と伝えられる人物はだれか。　　21 鳥羽僧正覚猷

★22 貴族たちが書写して四天王寺などに納めた装飾経で，扇形の紙に大和絵で当時の風俗が描かれ，京都市中の店のありさまなど，民衆の生活をうかがうことのできるものは何か。　　22 扇面古写経

★★23 平清盛以下が一門の繁栄を祈って書写し，安芸の宮島にある神社に奉納した装飾経は何か。　　23 平家納経

★★24 平清盛が23の経を奉納した，平氏が氏神とした神社を何というか。　　24 厳島神社

2　鎌倉幕府の成立

源平の争乱

★★1 1180（治承4）年に，後白河法皇の皇子を奉じ，最初に平氏打倒の兵をあげた武士はだれか。　　1 源頼政

★★2 1の人物と平氏打倒の兵をあげた後白河法皇の皇子はだれか。　　2 以仁王

3 反平氏の決起をよびかけた2の人物からの命令文書を何というか。　　3 令旨

★★4 2の人物のよびかけに応じて蜂起した，信濃の木曽谷の武士はだれか。　　4 源義仲

★★5 平治の乱で伊豆に流され，1180年8月に挙兵した源氏の嫡流はだれか。　　5 源頼朝

★6 1180年から1185（文治元）年にいたる源平の争乱を，その主な年号をとって何というか。　　6 治承・寿永の乱

7 1180年に，全国的内乱が広まるなかで平清盛は一時都を移した。それはどこか，国名をつけて答えよ。　　7 摂津国福原京

★ **8** 源頼朝は挙兵後最初の戦いで，平氏方の武将大庭景親と戦い大敗したが，この戦いを何というか。 — 8 石橋山の戦い

★ **9** 源頼朝が，平維盛らの平氏の追討軍を迎えて，これを敗走させた1180年10月の戦いを何というか。 — 9 富士川の戦い

10 1180年の末，反平氏の拠点であった南都の東大寺や興福寺を焼打ちした平氏の総大将はだれか。 — 10 平重衡

★ **11** 1180年夏，西日本が旱ばつで凶作となり，この年から2～3年飢饉がつづいた。この1181(養和元)年を中心とする大飢饉を何というか。 — 11 養和の飢饉

★ **12** 1183(寿永2)年，北陸から入京をはかる源義仲の軍と，平維盛軍が，越中・加賀国境で激突し，平氏軍を敗走させた戦いを何というか。 — 12 倶利伽羅峠(砺波山)の戦い

★★ **13** 源頼朝の軍と平氏との合戦のうち，1184(元暦元)年2月に，摂津国福原に集結した平氏の軍が敗れた戦いを何というか。 — 13 一の谷の合戦(戦い)

★ **14** 1185年2月，讃岐国に拠点を持つ平氏の軍を，源義経の率いる源氏の軍が奇襲し，敗走させた戦いを何というか。 — 14 屋島の合戦(戦い)

★★ **15** 1185年3月に，長門の海上で平氏一門が滅亡した戦いを何というか。 — 15 壇の浦の戦い

16 平清盛の3男で，清盛死後の平氏一門を統率し，15の戦いで捕えられたのち斬殺されたのはだれか。 — 16 平宗盛

★★ **17** 平氏との戦いに，軍を率いて各地を転戦した源頼朝の弟を2人あげよ。 — 17 源範頼・義経

鎌倉幕府

★★ **1** 源頼朝は平氏打倒の挙兵後まもなく，東国を中心に自己の権力基盤の確立をはかった。頼朝が根拠地としたのは相模のどこか。 — 1 鎌倉

★ **2** 1063(康平6)年，前九年合戦の後，源頼義が石清水八幡宮を勧請し，のち鎌倉幕府の守護神として尊崇された神社を何というか。 — 2 鶴岡八幡宮

★ **3** 後白河法皇が源頼朝に，東国の支配権(東海・東山両道の支配権)を認めた宣旨を何というか。 — 3 寿永二年十月宣旨

★★ **4** 1185(文治元)年，源頼朝が源義経追捕を理由として，国ごとに設置したものは何か。 — 4 守護

2. 鎌倉幕府の成立 63

★ 5	4の役職は，当初何とよばれたか2つ答えよ。	5 惣追捕使・国地頭
★★ 6	4の役職の3つの権限をあげよ。	6 京都大番役の催促，謀叛人・殺害人の逮捕
★★ 7	6の権限をまとめて何というか。	7 大犯三カ条
★★ 8	1185年，源頼朝が諸国の公領・荘園に設置することを朝廷に認めさせた，土地管理・年貢徴収・治安維持の任務を持つ役職を何というか。	8 地頭
★ 9	8の役職の設置にともない，1段当り5升ずつの米の徴収が認められたが，翌年停止された。この米を何とよぶか。	9 兵糧米
★10	奥州藤原氏は，清衡以後3代にわたって平泉を中心に繁栄していたが，4代目の時に逃亡した源義経をかくまったことを理由に源頼朝により滅ぼされた。この時の奥州藤原氏の当主はだれか。	10 藤原泰衡
★11	奥州藤原氏が滅亡したのは西暦何年か。	11 1189年
12	奥州藤原氏滅亡ののち，この地の御家人統率のためにおかれた幕府の機関を何というか。	12 奥州総奉行
★☆13	鎌倉幕府の機構のなかで，1180(治承4)年におかれた御家人の統率，軍事・警察の任にあたった機関は何か。	13 侍所
★★14	13の機関の初代長官(別当)はだれか。	14 和田義盛
★ 15	1184(元暦元)年におかれた，幕府の一般政務や財政をつかさどる機関は何か。	15 公文所
★★16	15の機関の初代長官(別当)はだれか。	16 大江広元
★★17	1184年におかれた，幕府の訴訟・裁判処理機関は何か。	17 問注所
★18	17の機関の初代長官(執事)はだれか。	18 三善康信
★19	1185(文治元)年におかれた，九州の御家人統率と軍事・警察の任務をつかさどる幕府の機関を何というか。	19 鎮西奉行
★20	1185年に京都の治安維持，朝廷との交渉などの目的を持って設置された，幕府の機関を何というか。	20 京都守護
★★21	1190(建久元)年と1192年に源頼朝が就任した官職を順にあげよ。	21 右近衛大将・征夷大将軍
22	源頼朝の奏請によって朝廷に設置され，親幕派の公	22 議奏公卿(議奏)

卿が任命された朝廷の重要政務を議する職名を何というか。

★23　22の職に任命された人物で、『玉葉』という日記を記した摂関家出身の貴族はだれか。

23 九条(藤原)兼実

幕府と朝廷

★★1　鎌倉時代に将軍と主従関係を結んだ武士を何というか。

1 御家人

2　1以外の武士を何というか。

2 非御家人

★★3　将軍と御家人の主従関係は、将軍の与える恩恵と御家人側の奉仕義務とによって結ばれたが、この恩恵と奉仕義務をそれぞれ何というか。

3 御恩・奉公

★★4　御恩のうち、父祖伝来の領地の保持を認めるものを何というか。

4 本領安堵

★★5　御恩のうち、功績によって新たな領地を与えることを何というか。

5 新恩給与

★6　一般に土地の給与を通じて結ばれている主従関係を何とよぶか。

6 封建制度

7　鎌倉幕府は国衙に命じて、一国内の荘園・公領ごとの田地の面積や、荘園領主・地頭の氏名を記す土地台帳をつくらせたが、これを何というか。

7 大田文

★★8　御家人の奉仕義務のうち、御家人が交代で担当し、内裏や院御所の警護にあたった番役を何というか。

8 京都大番役

★9　御家人の奉仕義務のうち、御家人が交代で担当し、鎌倉の将軍御所の警備にあたった番役を何というか。

9 鎌倉番役

★10　御家人の奉仕義務のうち、惣領が一族を率いて戦時に出陣・参戦することを何というか。

10 軍役

★11　鎌倉幕府の経済的基盤のうち、鎌倉殿(将軍)が本所(荘園領主)として支配した荘園を何というか。

11 関東御領

★12　鎌倉幕府の将軍の知行国を何というか。

12 関東知行国(関東御分国)

13　鎌倉幕府の所領ではないが、幕府が地頭の設置や兵糧米徴収などの権利を持つ公領や荘園を何というか。

13 関東進止所領

14　10世紀以降、律令・格式の編纂ののちに朝廷から出された法令は、しだいに何とよばれるようになったか。

14 新制

3 武士の社会

北条氏の台頭

1. 源頼朝の死後、政所・侍所の別当を兼ねた北条氏が鎌倉幕府の実権を握ることになった。この政治形態を何というか。 — 執権政治
2. 源頼朝の死後、将軍職を継いだのはだれか。 — 源頼家
3. 執権に最初に就任したのはだれか。 — 北条時政
4. 石橋山の戦いで源頼朝を救ったことから侍所の所司として重用されたが、頼朝の死後、御家人たちに弾劾されて失脚した有力御家人はだれか。 — 梶原景時
5. 2代将軍の外戚として権勢を得たが、北条氏追討に失敗し、1203(建仁3)年に北条時政に殺された人物はだれか。 — 比企能員
6. 源頼家は北条氏と対立し、1204(元久元)年に暗殺されたが、その場所はどこか。 — 伊豆の修禅寺
7. 鎌倉幕府の3代将軍はだれか。 — 源実朝
8. 父である北条時政を引退させて2代執権となったのはだれか。 — 北条義時
9. 1213(建保元)年に8の人物は、侍所別当であった有力御家人を滅ぼして政所・侍所別当を兼ね、執権の地位を確立した。この時に滅ぼされた御家人はだれか。 — 和田義盛
10. 9の人物が敗死した戦いを何というか。 — 和田合戦

承久の乱

1. 鎌倉幕府成立後、院政を開始して幕府に対する朝廷の勢力を回復させようとする動きの中心になった人物はだれか。 — 後鳥羽上皇
2. 1の人物によって、院の新たな武力として設置されたものを何というか。 — 西面の武士
3. 1219(承久元)年に、鎌倉幕府の3代将軍を暗殺した、2代将軍の遺児はだれか。 — 公暁
4. 鎌倉幕府の4代将軍として、京都の摂関家から迎えられたのはだれか。 — 藤原(九条)頼経

★★ 5	鎌倉幕府の4代・5代将軍のことを，その出身から何とよんでいるか。	5 藤原将軍(摂家将軍)
★★ 6	源頼朝の妻で，京都から迎えられた幼少の将軍を後見して幕政を裁断し，尼将軍とよばれたのはだれか。	6 北条政子
★★ 7	後鳥羽上皇による，鎌倉幕府打倒の戦いを何というか。	7 承久の乱
★★ 8	7の戦いの時，諸国に追討の宣旨が発せられたが，その対象となった幕府の執権はだれか。	8 北条義時
★ 9	7の戦いは西暦何年に始まったか。	9 1221年
★10	7の戦いで東海道を京都に攻め上がった，幕府軍の将を2人あげよ。	10 北条泰時・北条時房
★★11	7の戦いに敗れた後鳥羽上皇は，どこに流されたか。	11 隠岐
★12	7の戦いに敗れ，佐渡に流された上皇はだれか。	12 順徳上皇
★13	7の戦いに敗れ，土佐(のち阿波)に流された上皇はだれか。	13 土御門上皇
★14	7の戦いののち，幕府により廃された天皇はだれか。	14 仲恭天皇
★15	7の戦い後に廃された14の天皇にかわって幕府の意向で即位した天皇はだれか。	15 後堀河天皇
★★16	7の戦いののち，従来の京都守護にかわって，新たに設置された幕府の機関を何というか。	16 六波羅探題
★17	16の機関の初代長官を2人あげよ。	17 北条泰時・北条時房
★18	承久の乱後，朝廷側についた貴族・武士の所領3000余ヵ所が没収され，新たに多数の地頭が任命されたが，この地頭を何とよんでいるか。	18 新補地頭
19	承久の乱後の新たな地頭に対して，従来の地頭を何とよんだか。	19 本補地頭
★★20	新補地頭の得分について，得分が明確でないところに，幕府は一定の基準を定めて給与を保障したが，この基準を何というか。	20 新補率法
★21	新補地頭の得分のうち，荘園領主への年貢や課役納入が免除される免田(給田)とよばれる田地は，どのような比率で与えられるか。	21 田畑11町ごとに1町の割合
★22	領主に納める年貢に加えて地頭が自分の収益として農民から徴収できる付加米を何というか。	22 加徴米
★23	22の数量はどのくらいか。	23 1段につき5升

執権政治

★★1	承久の乱後に3代執権となり、執権政治を確立したのはだれか。	1 北条泰時
★★2	1の人物の時に新設された、執権の補佐役を何というか。	2 連署(れんしょ)
★★3	2の役職の初代はだれか。	3 北条時房
★★4	1225(嘉禄元)年、幕府最高の政務の決定や裁判の裁決にあたる会議が設置されたが、これを構成する役職を何というか。	4 評定衆(ひょうじょうしゅう)
★★5	北条泰時によって制定された、武家の最初の体系的法典を何というか。	5 御成敗式目(貞永式目)(ごせいばいしきもくじょうえい)
★6	5の法は西暦何年に制定されたか。	6 1232年
7	5の法は何条からなっているか。	7 51カ条
8	5の法が基準(根拠)としたものは、源頼朝以来の先例と、武家社会の何か。	8 道理(どうり)
9	北条泰時は、5の法の制定の趣旨を書簡で六波羅探題として在京中の弟に宛てた。弟はだれか。	9 北条重時(しげとき)
★10	5の法の制定後、必要に応じて出された法令を何というか。	10 式目追加
★11	室町幕府の法令で建武年間以後の10の法は何とよばれたか。	11 建武以来追加(けんむ)
★12	御成敗式目に対して、朝廷の支配下で効力を持った法の総称を何というか。	12 公家法(くげ)
★13	荘園領主のもとで効力を持った法の総称を何というか。	13 本所法(ほんじょ)
★★14	鎌倉幕府の5代執権はだれか。	14 北条時頼(ときより)
15	14の人物が、裁判の公正と迅速化をはかるために設置した機関を何というか。	15 引付(ひきつけ)
★★16	15の機関の役人を何というか。	16 引付衆(ひきつけしゅう)
★★17	執権北条氏の独裁体制が確立したのは、1247(宝治元)年に北条時頼が有力御家人であった三浦一族を滅ぼして以降であるが、この戦いを何というか。	17 宝治合戦(ほうじ)
★18	17の戦いで滅ぼされた三浦氏の当主はだれか。	18 三浦泰村(やすむら)
★19	北条時頼は、それまでの将軍にかえて天皇の皇子を6代将軍に迎えたが、このような将軍を何というか。	19 皇族将軍(親王将軍・宮将軍)(しんのう)

★20 北条時頼が，6代将軍に迎えた，後嵯峨天皇の皇子はだれか。　20 宗尊親王

武士の生活

★★1 鎌倉時代の武士の居館を何というか。　1 館(たち)
★2 鎌倉時代の武士が家族や下人などに耕作させた，館近くの年貢や公事のかからない直営地を何というか。　2 佃(門田・正作・用作)
★★3 鎌倉時代の武士の相続形態は，原則としてどのようなかたちか。　3 分割相続
4 平安時代後期から武家の間に始まった女性が男性の家に入る婚姻形式を何というか。　4 嫁入婚
★★5 鎌倉時代の武士は一門・一家とよばれる同族的な集団をつくっていたが，その首長である宗家の長を何といったか。また，その他の人々を何といったか。　5 惣領・庶子
★★6 武士の一門(一家)の宗家の長は，一門全体の所領の統制権を持ち，戦時にも統率権を持つなど，幕府への軍事勤務やその他の奉公を一門を率いてつとめた。こうした体制を何というか。　6 惣領制

武士の土地支配

★★1 鎌倉時代の武士の間で盛んに行われた，3種類の弓技名をあげよ。　1 笠懸・犬追物・流鏑馬
★2 1の弓技を総称して何というか。　2 騎射三物
3 多数の勢子を使って獲物を追い出し，弓矢で射止める大規模な武士の狩猟を何というか。　3 巻狩
4 鎌倉時代の武士たちの日常生活のなかから生まれた道徳を当時何といったか。　4 兵の道(武家のならい・弓馬の道)
★5 年貢や土地をめぐる荘園領主と地頭との紛争の解決策として，地頭に荘園管理のいっさいをまかせ，定額の年貢納入を請け負わせる契約を何というか。　5 地頭請所(地頭請)
★★6 荘園領主が現地の土地の相当部分を地頭に分け与え，相互に干渉せず土地・農民を支配することを何というか。　6 下地中分
★7 13世紀半ば，地頭と領家との間で荘園が分けられた絵図で有名な，京都の松尾神社が伯耆国に有していた荘園の名をあげよ。　7 東郷荘

4 蒙古襲来と幕府の衰退

蒙古襲来

1. 13世紀の初め，大陸北部のモンゴル高原に住むモンゴル諸部族を統合したのはだれか。 — チンギス＝ハン
2. 1の人物の孫が中国に建てた国の名をあげよ。 — 元
3. 女真族が中国東北部に建てた王朝で遼を滅ぼしたが，モンゴルにより滅亡した王朝を何というか。 — 金
4. 中国に元という王朝を樹立したモンゴルの皇帝はだれか。 — フビライ＝ハン
5. 元の首都名と現在の地名をあげよ。 — 大都・北京
6. フビライ＝ハンが征服した朝鮮半島の国を何というか。 — 高麗
7. 元の侵入に対して頑強に抵抗した，6の王に直属した3編成の精鋭部隊を何というか。 — 三別抄
8. 元軍が日本に襲来した時の鎌倉幕府の8代執権はだれか。 — 北条時宗
9. 最初の元軍の襲来を何というか。また，それは西暦何年のことか。 — 文永の役・1274年
10. 9の際，元軍が使用した鋳鉄製の球に火薬を詰めて破裂させた武器を何というか。 — てつはう
11. 元軍の再来襲に備え，幕府は九州に所領を持つ御家人に課していた北九州沿岸警備役を強化したが，この役を何というか。 — 異国警固番役
12. 元軍の再来襲に備えた防衛施設として，博多湾沿岸に築かれた，上陸を防ぐための施設を何というか。 — 防塁(石塁)
13. 2度目の元軍の襲来を何というか。また，それは西暦何年のことか。 — 弘安の役・1281年
14. 13に際し，朝鮮半島南部の合浦から進発した元軍と高麗軍の混成軍を何というか。 — 東路軍
15. 13に際し，長江の南の慶元から進発した，南宋の降兵が主力の軍を何というか。 — 江南軍
16. 2度にわたる元軍の襲来をまとめて何というか。 — 蒙古襲来(元寇)
17. 16の戦いの際に奮戦した肥後国の御家人が，武功を子孫に伝えるために描かせた絵巻物を何というか。 — 蒙古襲来絵巻(絵詞)

★**18** 17の絵巻を描かせた御家人はだれか。 | **18 竹崎季長**

蒙古襲来後の政治

★**1** 鎌倉幕府が蒙古襲来後，西国防備の必要から，北条氏一族を九州に派遣して軍事・行政・裁判の処理にあたらせた職を何というか。 | **1 鎮西探題**

★**2** 鎌倉幕府内部で専制的地位を確立していった北条氏の家督を継ぐ嫡流の当主を何というか。 | **2 得宗**

★**3** 2の家の家臣団を何とよぶか。 | **3 御内人**

★**4** 3の中心人物として幕政の実権を握った者を何というか。 | **4 内管領（ない）**

★**5** 蒙古襲来後，3の者と旧来の御家人との対立が激しくなり，有力御家人の一族が滅亡した。1285（弘安8）年におこったこの事件を何というか。 | **5 霜月騒動**

★**6** 5の事件で滅ぼされた有力御家人はだれか。 | **6 安達泰盛**

★**7** 5の事件で，有力御家人を滅ぼした内管領はだれか。 | **7 平頼綱**

★**8** 7の内管領が滅ぼされた（平禅門の乱）のち，北条氏の専制的な地位ができあがったが，このような政治を何というか。 | **8 得宗専制政治**

★**9** 7の内管領を滅ぼした，9代執権はだれか。 | **9 北条貞時**

琉球とアイヌの動き

★**1** 琉球で貝塚文化から農耕経済に移行した12世紀ころ，琉球に出現した豪族を何というか。 | **1 按司**

★**2** 12世紀，琉球各地に出現した1が拠点とした石垣をめぐらした城砦を何というか。 | **2 グスク**

★**3** 樺太・千島・北海道地方に古くから住む人々で，現在は主として北海道に住む先住民族を何というか。 | **3 アイヌ**

★**4** 津軽半島の十三湖に位置する港を何というか。 | **4 十三湊**

★**5** 陸奥国津軽地方の安倍貞任の子孫と伝えられ，鎌倉時代初期に北条義時の被官（御内人）となり蝦夷管領に任じられた豪族を何というか。 | **5 安藤（安東）氏**

社会の変動

★**1** 鎌倉時代における農業技術の進歩を顕著に示す事例として，同じ土地を年2回耕作することが畿内周辺 | **1 二毛作**

	や西日本各地で行われたが、それは何か。	
★2	鎌倉時代には中国から多収穫米が輸入されたが、それは何か。	2 大唐米
★★3	鎌倉時代には肥料の使用も盛んとなったが、どのようなものが主に使われたか。2つあげよ。	3 刈敷・草木灰
★4	鎌倉時代の農耕技術の進歩として普及したことは何か。	4 鉄製の農具や牛馬の利用
★5	中世、主に瀬戸内海沿岸の畑で栽培され、実をしぼった油が灯明に用いられたシソ科の一年草は何か。	5 荏胡麻
6	糸や布を藍で染める業者を何というか。	6 紺屋
★7	寺社の門前、荘園や交通の要地で月に数回、一定の日に開かれた市を何というか。	7 定期市
★★8	鎌倉時代には、定期市は月に3度がふつうになってきたが、これを何というか。	8 三斎市
★9	『一遍上人絵伝』には、ある国の市場の様子がよく描かれているが、それはどこの市か。	9 備前国福岡市
★10	鎌倉時代には、京都・奈良・鎌倉などの中心的都市では、常設の小売店も見られるようになったが、これを何といったか。	10 見世棚
★★11	天皇家や貴族・大寺院のもとに、その権威をたよって、販売や製造の特権を持つ商工業者の同業団体が生まれた。これを何というか。	11 座
12	11の構成員のうち、大寺社に属し芸能や手工業、雑役で奉仕にあたった下級神職を何というか。	12 神人
13	11の構成員のうち、天皇家に属し天皇に供御(食物・調度)を貢納した職能民を何というか。	13 供御人
★14	鎌倉時代に河川や港など交通の要地に誕生した、商品の中継ぎと委託販売・運送を行う業者を何というか。	14 問(問丸)
★★15	鎌倉時代には、交換経済の発展にともない、それまでの米・絹布などにかわり、中国との貿易で輸入された貨幣が広く流通し始めた。この貨幣を総称して何というか。	15 宋銭
★★16	遠隔地間の金銭の輸送、貸借の決済を手形で行う体制ができたが、これを何というか。	16 為替
★★17	鎌倉時代には、金融を営む高利貸業者もあらわれた	17 借上

が、これを何というか。

★ **18** 高野山文書には、1275(建治元)年に、ある荘園で百姓などが地頭湯浅氏の非法を荘園領主に訴えた有名な訴状があるが、この荘園名をあげよ。

18 紀伊国阿氐河荘

幕府の衰退

1 鎌倉武士は、分割相続により所領が細分化されて窮乏したため、女性に与えられてきた財産は本人一代限りで、死後は惣領に返すかたちが多くなった。これを何というか。

1 一期分

★★ **2** 鎌倉幕府は、蒙古襲来後の窮乏する御家人を救うため、御家人の所領の質入れや売買を禁じ、過去に売買したものは無償でとりもどすことができるという法令を出したが、その名称と西暦年代をあげよ。

2 永仁の徳政令・1297年

★ **3** 2の法令が出された時の鎌倉幕府執権はだれか。

3 北条貞時

★★ **4** 鎌倉時代中後期に、武力で年貢納入を拒否したり、荘園領主に抵抗する地頭や非御家人の新興武士の動きが幕府をなやますようになる。これらの武士を何とよんだか。

4 悪党

5 鎌倉文化

鎌倉文化

1 鎌倉時代は、伝統文化を受け継ぎながらも、一方で新しい文化が生み出され、成長していく時代であった。新しい文化の担い手をあげよ。

1 武士と庶民

2 1の人々が、文学や美術に反映した気風を、漢字2字で2つあげよ。

2 素朴・質実

3 鎌倉文化に影響を与えたのは、僧侶・商人の往来や亡命してきた僧侶らによって伝えられた中国文化であるが、それは中国のどの時代の文化か。

3 南宋・元の時代

鎌倉仏教

1 平安時代末期から鎌倉時代中期におこった、武士・庶民を対象とした新しい仏教の総称をあげよ。

1 鎌倉仏教

2 1の仏教には、どんな階層の人でも行いやすい修行

2 易行・選択

を1つだけ選ぶという特色があったが，行いやすい修行のことを何というか。また，1つだけ選ぶことを何というか。それぞれ漢字2字で示せ。

3 1の仏教には，選んだ修行に専念するという特色があったが，これを何というか。漢字2字で示せ。

★4 1の仏教は大別すると，みずから悟りを開くものと，仏の力にすがるものがある。それぞれを漢字2字で示せ。

★★5 美作国の押領使の家に生まれ，初め比叡山で諸学を学んだが，1175(安元元)年に京都でひたすら念仏をとなえることで救われると説き，新しい宗派を開いたのはだれか。

★★6 5の人物が開いた新しい宗派を何というか。

7 ひたすら念仏をとなえることによって極楽浄土に往生できるという，6の宗派の教えを示す語をあげよ。

★★8 浄土宗や浄土真宗などでとなえられる念仏の名号を何というか。

★★9 法然が九条兼実の求めにより，浄土宗の教義を説いた著書をあげよ。

10 法然の往生の地である京都東山に建立された，浄土宗の総本山の寺院名をあげよ。

★★11 法然の弟子で，越後に流されている間に信仰を深め，絶対他力をとなえ，人々はすべて阿弥陀仏の救いを信じてすがればば，極楽往生が約束されると説き，北陸から東国の武士・農民に布教した人物はだれか。

★★12 11の人物を開祖とする宗派名をあげよ。

★★13 11の人物の代表的な著書をあげよ。

★★14 「善人なをもて往生をとぐ，いはんや悪人をや」といい，自力で修行を積んで善人だと満足している人よりは，悩みに気付いて悪人であるとの自覚を持っている人こそ救われるという，親鸞の思想を何というか。

★15 「善人なをもて往生をとぐ，いはんや悪人をや」という言葉は，親鸞の弟子が師の口伝に異説の多いことを歎き，これを正すために著わした書物に記載されているが，この書物とその弟子の名をあげよ。

---

3 専修（せんじゅ）

4 自力・他力（じりき・たりき）

5 法然（源空）（ほうねん・げんくう）

6 浄土宗（じょうど）

7 専修念仏（せんじゅねんぶつ）

8 南無阿弥陀仏（なむあみだぶつ）

9 選択本願念仏集（せんちゃくほんがん／せんじゃく）

10 知恩院（ちおんいん）

11 親鸞（しんらん）

12 浄土真宗（一向宗）（じょうどしんしゅう・いっこう）

13 教行信証（きょうぎょうしんしょう）

14 悪人正機（あくにんしょうき）

15 歎異抄・唯円（たんにしょう・ゆいえん）

★16	のちに浄土真宗の中心となった京都の寺院をあげよ。	16 本願寺
★★17	鎌倉時代中期，伊予国の武士の子に生まれ，天台宗・浄土宗を学んだのちに新しい宗派を開き，熊野・伊勢などの神社信仰を利用しながら各地を遊行し，念仏によりすべての人が救われると説いた僧侶はだれか。	17 一遍(智真・遊行上人)
18	17の人物に従って遊行した人々を何というか。	18 時衆
★19	17の人物を開祖とする宗派名をあげよ。	19 時宗
★20	17の人物の法語・消息・和歌などを弟子らが編集し，江戸時代後期に刊行された書は何か。	20 一遍上人語録
★21	念仏をとなえながら鉦や太鼓に合わせて踊り，極楽往生の喜びを表現したものを何というか。	21 踊念仏
22	神奈川県藤沢市にある，時宗の総本山の寺院名をあげよ。	22 清浄光寺(遊行寺)
★★23	鎌倉時代中期に，安房国の漁夫の子に生まれ，比叡山などで修行ののち新しい宗派を開き，法華経を釈迦の正しい教えとして選び，題目をとなえることによってすべての人々が救われると説いた僧侶はだれか。	23 日蓮
★★24	23の人物が開いた宗派名をあげよ。	24 日蓮宗
★★25	24の宗派の題目を漢字で記せ。	25 南無妙法蓮華経
★★26	日蓮が執筆して執権北条時頼に献じ，そのなかで他宗を邪教として非難し，国難到来を予言して伊豆流罪の原因となった書を何というか。	26 立正安国論
27	日蓮宗の総本山は何という寺院か。また，その所在地はどこか。	27 久遠寺・山梨県身延山
★28	中国から伝来した坐禅により，悟りを開く自力中心の仏教宗派を何というか。	28 禅宗
★★29	はじめ比叡山に学び，2度入宋して，鎌倉時代初期に新しい宗派を日本に伝え，京都に建仁寺を創建した人物はだれか。	29 栄西(ようさい)
★★30	29の人物が宋から伝えた禅宗の宗派をあげよ。	30 臨済宗
★31	29の人物の主要著書で，旧仏教側の非難に対し禅宗の本質を説いたものを何というか。	31 興禅護国論
32	臨済宗で，師の禅僧から坐禅者に示され，考える手がかりとする問題を何というか。	32 公案

5. 鎌倉文化

33	栄西は茶の種を宋から伝えたとされるが，彼が著わした茶に関する書物をあげよ。	33 喫茶養生記
★★34	栄西が源頼家から土地を寄進されて創建した，京都における臨済宗の中心寺院は何というか。	34 建仁寺
★★35	1246(寛元4)年に来日し，北条時頼の帰依を受け，鎌倉に創建された寺院の開山となった宋の禅僧と，その寺院の名をあげよ。	35 蘭溪道隆・建長寺
★★36	1279(弘安2)年に北条時宗の招きで来日し，鎌倉に創建された寺院の開山となった宋の禅僧と，その寺院の名をあげよ。	36 無学祖元・円覚寺
★★37	公家の家に生まれ，天台・臨済宗を学び，入宋して曹洞禅を伝え，のちに越前で弟子を養成した僧侶はだれか。	37 道元
38	37の人物が説いた，「ひたすら坐禅にうちこむこと」を何というか。	38 只管打坐
★★39	37の人物が宋から伝えた禅宗の宗派をあげよ。	39 曹洞宗
★★40	37の人物の代表的著書をあげよ。	40 正法眼蔵
★★41	37の人物が地頭波多野義重の援助で，越前に創建した寺院名をあげよ。	41 永平寺
★42	法相宗の僧侶で，戒律の復興につとめ，念仏を排撃して旧仏教の復興につとめたのはだれか。	42 貞慶(解脱)
★★43	華厳宗の学僧で，高山寺を建立し，『摧邪輪』を著わして念仏宗派に対抗し，華厳宗の興隆につとめたのはだれか。	43 明恵(高弁)
★44	律宗の僧侶で，西大寺を中心に戒律の復興と民衆化につとめて，天皇家・幕府の尊信を得た人物はだれか。	44 叡尊(思円)
★★45	44の人物の弟子で，貧民救済・施療などの社会事業に尽し，鎌倉極楽寺に招かれ開山となった僧侶はだれか。	45 忍性(良観)
46	45の人物により奈良に創建されたハンセン病者救済施設を何というか。	46 北山十八間戸
★47	仏教などさまざまな信仰の影響を受けた，呪術的な山岳信仰を何というか。	47 修験道
★★48	真言密教にもとづく両部神道の影響で，鎌倉時代末期に発生した，神本仏従の神道を何というか。	48 伊勢神道(度会神道)

★49	48の神道の神道説を何というか。	49 神本仏迹説(反本地垂迹説)
★50	鎌倉時代末期に『類聚神祇本源』を著わし，48の神道を形成した伊勢神宮外宮の神職はだれか。	50 度会家行

中世文学のおこり

★★1 もと北面の武士で，出家して諸国を行脚した平安時代末期の代表的歌人をあげよ。 — 1 西行

★★2 1の人物の歌集をあげよ。 — 2 山家集

★★3 京都賀茂神社の神職の家に生まれた人物が，転換期の世相を深い思索の眼で見つめて記した鎌倉時代初期の随筆で，中世隠者文学の代表作を何というか。 — 3 方丈記

★★4 3の随筆の作者をあげよ。 — 4 鴨長明

★★5 鎌倉時代初期に，天台宗一門を統括する最高職をつとめ，政治上では武家に好意を寄せながら，摂関政治の立場に立った独自の史観を展開した僧侶はだれか。 — 5 慈円(慈鎮)

6 5の人物の独自の史観の内容を示す言葉は何か。 — 6 道理

★7 5の人物が独自の史観にもとづいて著わした歴史書を何というか。 — 7 愚管抄

8 5の人物がつとめた比叡山延暦寺の僧職で，天台宗一門を統括する最高職を何というか。 — 8 天台座主

★9 5の人物の兄で鎌倉幕府草創期，源頼朝と親しく，摂政・関白をつとめたのはだれか。 — 9 九条(藤原)兼実

★★10 平安時代以来，勅撰和歌集の編集はひきつづいて行われたが，後鳥羽上皇の命によって撰集された和歌集をあげよ。 — 10 新古今和歌集

★★11 10の歌集の撰者の1人で，多くの歌学書を残し，父俊成のあとを継いで象徴的な歌風を大成したのはだれか。 — 11 藤原定家(ていか)

12 鎌倉時代の史料としても重要な，11の人物の日記名をあげよ。 — 12 明月記

★★13 鎌倉幕府3代将軍源実朝の歌集名をあげよ。 — 13 金槐和歌集

14 13世紀初めの紀行文で，作者は不詳であるが，京都・鎌倉間の東海道の様子を知ることができる書名をあげよ。 — 14 海道記

15	源親行が著わしたといわれる紀行文で，京都・鎌倉を旅し，さらに鎌倉に滞在して帰途につくまでのことを記した書名をあげよ。	15 東関紀行
★16	1277(建治3)年，実子と継子の所領争い解決のため，鎌倉におもむいた人物が著わした紀行文を何というか。	16 十六夜日記
★17	16 の紀行文の作者はだれか。	17 阿仏尼
★★18	戦乱を題材に，実在の武士を主人公として，その活動を和漢混淆文で勇壮かつ流麗に描いた戦記文学を総称して何というか。	18 軍記物語
★★19	18 の文学のなかで，1156(保元元)年におこった戦乱を，源為朝を中心として描いた作品を何というか。	19 保元物語
★★20	18 の文学のなかで，1159(平治元)年におこった戦乱を，源義朝の長子義平を中心に描いた作品を何というか。	20 平治物語
★★21	平氏一門の興隆から衰亡までを，仏教的無常観にもとづいて脚色した 18 の文学の傑作をあげよ。	21 平家物語
★22	21 の作品の作者といわれている人物はだれか。	22 信濃前司行長
23	21 の作品は琵琶の伴奏で語られたが，これを何というか。	23 平曲
★24	21 の作品の語り手を何というか。	24 琵琶法師
25	作者不詳で，21 の作品と内容がほぼ同じであることから，異本の一種とも見られているが，21 の作品にはない史料・説話も記されている軍記物語名をあげよ。	25 源平盛衰記
★26	橘成季の著で，古今の伝説を多方面にわたって集録した説話集を何というか。	26 古今著聞集
★★27	鎌倉時代末期に書かれたもので，説話文学の系譜をひき，著者の広い見聞と鋭い観察眼による随筆の名作をあげよ。	27 徒然草
★★28	27 の著作の作者はだれか。	28 兼好法師(卜部兼好)
29	13世紀初めに書かれ，作者不詳だが，題名は『今昔物語集』の補遺の意でつけられ，仏教や世事に関する奇談が多い説話集を何というか。	29 宇治拾遺物語
★30	鎌倉時代中期に書かれ，作者不詳だが，説話を10項目に分けて年少者への教訓としたもので，儒教的色	30 十訓抄

彩が濃い説話集を何というか。

★31 1283(弘安6)年に著わされた仏教説話集で、庶民に理解しやすく仏の功徳や極楽往生を説いた説話集を何というか。

31 沙石集

★32 31の説話集を著わしたのはだれか。

32 無住

★★33 朝廷や公家社会の儀式・礼儀・年中行事・官職などについて研究する学問を当時何といったか。

33 有職故実の学

34 順徳天皇が著わした33の書は何というか。

34 禁秘抄(禁中抄)

35 鎌倉時代に『万葉集』の研究に画期的な貢献をした、天台宗の僧侶はだれか。

35 仙覚

36 35の人物が1269(文永6)年に著わした書を何というか。

36 万葉集註釈

37 鎌倉時代中期の古典研究家で、特に『日本書紀』の研究に業績を残したのはだれか。

37 卜部兼方

38 37の人物が著わした『日本書紀』の注釈書をあげよ。

38 釈日本紀

★39 鎌倉時代中期、武蔵国の称名寺内に多くの書物を集めた図書館が開設されたが、これを何というか。

39 金沢文庫(かなざわ)

★40 39の私設図書館を設けた人物はだれか。

40 北条(金沢)実時

★★41 1180(治承4)年以降の鎌倉幕府のできごとを、編年体・日記体裁で記した幕府編纂の歴史書で、鎌倉時代研究の最も重要な史料を何というか。

41 吾妻鏡

42 四鏡のうち、平安時代末期から鎌倉時代初期に成立した歴史物語を、成立順に2つあげよ。

42 今鏡・水鏡

★43 14世紀前半に、臨済宗の学僧が著わした、日本最初の仏教通史を何というか。

43 元亨釈書

★44 43の著者はだれか。

44 虎関師錬

★★45 鎌倉時代末期に禅僧によって中国から伝えられ、五山の僧が学んだ「大義名分」を重んずる儒学を何というか。

45 宋学(朱子学)

46 君と臣との関係に守るべき分限があるとの考えにもとづいて、天皇と幕府のあり方を正そうとする主張を何というか。

46 大義名分論

芸術の新傾向

★★1 源平争乱の際、平重衡によって焼かれた東大寺は、鎌倉時代初期に再建されたが、大勧進職として募金

1 重源(俊乗房)

		から建築までいっさいを指揮した僧侶はだれか。	
★	2	1の人物に従って，東大寺大仏を修復した宋の工人はだれか。	2 陳和卿（ちんわけい）
★★	3	東大寺再建にあたって採用された，南宋の寺院建築を範とした雄大・豪放で力強い建築様式を何というか。	3 大仏様（天竺様）
★★	4	3の建築様式や金剛力士像で有名な，東大寺の建造物は何か。	4 南大門
★★	5	鎌倉時代中期以降に宋から伝えられ，細かな部材を組み合わせ，整然とした美しさを特色とし，禅宗寺院で用いられた建築様式を何というか。	5 禅宗様（唐様）
★	6	鎌倉にある5の建築様式を代表する建造物名をあげよ。	6 円覚寺舎利殿
★	7	大陸の建築様式に対して，石山寺多宝塔に見られる日本的な様式を何というか。	7 和様
	8	7の建築様式の代表的遺構で，本尊である千手観音坐像のほかに1000体の観音像が安置されている京都の寺院の建築物をあげよ。	8 蓮華王院本堂（三十三間堂）
	9	河内の観心寺金堂などに見られるように，日本的なものに大陸様式を部分的に加味した建築様式を何というか。	9 折衷様（新和様）
★★	10	鎌倉時代初期に活躍した奈良仏師で，写実的・剛健な手法の鎌倉様式を樹立した代表的人物はだれか。	10 運慶
	11	10の人物の作品で，興福寺にあるインドの高僧の肖像彫刻名をあげよ。	11 無著・世親像
★	12	10の人物とその弟子らの合作になる，東大寺南大門にある仁王像を何というか。	12 金剛力士像
★★	13	12の像の制作にもたずさわった運慶の弟子とはだれか。	13 快慶
	14	13の人物の作品で，東大寺にあり神仏習合の風をよく示している神像を何というか。	14 僧形八幡神像
	15	運慶の長男で，写実的彫刻の発展に貢献し，三十三間堂の本尊千手観音像を制作した人物はだれか。	15 湛慶
	16	運慶の第3子で，邪鬼をユーモラスに表現した興福寺の彫刻を制作したといわれる人物はだれか。	16 康弁
	17	16の人物らの作品で，灯籠をのせた邪鬼をユーモ	17 天灯鬼・竜灯鬼像

#	問題	解答
	ラスに表現した興福寺に伝わる彫刻をあげよ。	
★18	運慶の第4子で、京都六波羅蜜寺に伝わる僧侶の像を制作した人物はだれか。	18 康勝
★19	18の人物の作で、京都六波羅蜜寺に伝わる市聖とよばれた僧侶の像を何というか。	19 空也上人像
20	鎌倉肖像彫刻中の傑作の1つで、鎌倉明月院に伝わるものは何か。	20 上杉重房像
21	慶派の作と推定され、東大寺俊乗堂本尊となっている東大寺復興の大勧進職となった人物の肖像彫刻名をあげよ。	21 重源上人像
22	高徳院阿弥陀如来像の「露座の大仏」の通称は何か。	22 鎌倉大仏
★★23	鎌倉時代に肥後の御家人竹崎季長が、文永・弘安の役の武功を子孫に伝えるために描かせた絵巻物を何というか。	23 蒙古襲来絵巻(絵詞)
★24	春日明神の霊験談を描いた絵巻物を何というか。	24 春日権現験記
25	24の絵巻物を描いたのはだれか。	25 高階隆兼
★26	浄土宗の開祖の生涯を描いた絵巻物を何というか。	26 法然上人絵伝
★27	時宗の開祖の生涯を描いたもので、写実的手法で自然や庶民生活が描かれている絵巻物を何というか。	27 一遍上人絵伝
28	菅原道真の生涯と京都にある神社の由来・霊験などを描いた絵巻物を何というか。	28 北野天神縁起絵巻
29	奈良時代に律宗を伝えた唐の高僧の業績を描いた絵巻物を何というか。	29 鑑真和上東征絵伝
30	武蔵の武士の生活を描いた、鎌倉時代後期の絵巻物をあげよ。	30 男衾三郎絵巻
★31	近江国石山寺の沿革・霊験などを描いた絵巻物は何か。	31 石山寺縁起絵巻
32	和歌山県粉河寺の本尊の千手観音像をめぐる霊験を描いた絵巻物を何というか。	32 粉河寺縁起絵巻
★33	信西巻など3巻が現存する平安時代末期の戦乱を題材とした合戦絵巻を何というか。	33 平治物語絵巻
★★34	鎌倉文化の写実性を反映して発達した肖像画を何とよんでいるか。	34 似絵
35	34の傑作といわれている、京都神護寺にある武家を描いた作品を2つあげよ。	35 伝源頼朝像・伝平重盛像
★36	35の絵画の作者とされる人物はだれか。	36 藤原隆信

5. 鎌倉文化

37	「後鳥羽上皇像」を描き，父とともに肖像画の大家といわれたのはだれか。	37 藤原信実
38	高山寺に伝わり，肖像画として価値が高い，明恵（高弁）の修禅を伝える図を何というか。	38 明恵上人樹上坐禅図
★★39	禅宗で修行僧が一人前になった時に与えられる，師や先徳の肖像画を何というか。	39 頂相（ちんそう）
40	伏見天皇の皇子で，天台座主になり，宋の書風を取り入れた書を残し，江戸時代の御家流のもとになった書道の流派を始めた人物はだれか。	40 尊円入道親王
41	40の人物が始めた書道の流派を何というか。	41 青蓮院流
★42	40の人物が即位前の後光厳天皇のため，習字の手本として書いたものは何か。	42 鷹巣帖
★43	鎌倉時代後期の備前の刀鍛冶で，備前物の名声を高めたのはだれか。	43 (長船)長光
44	鎌倉時代後期の京都で名刀工といわれたのはだれか。	44 藤四郎吉光(粟田口吉光)
45	鎌倉の刀鍛冶で相州派の中心となったのはだれか。	45 (岡崎)正宗
46	13世紀初め，道元とともに宋に渡り，製陶法を研究して，帰国後に尾張国で良土を得て，宋風の陶器をつくり出したとされる人物はだれか。	46 加藤景正
★★47	13世紀以降に尾張国で盛んに生産されるようになった，46の人物が祖といわれる陶器を何というか。	47 瀬戸焼

第5章 武家社会の成長

1 室町幕府の成立

鎌倉幕府の滅亡

★1 鎌倉時代中期にある上皇が亡くなると、以後皇室は2つにわかれて皇位や皇室領荘園をめぐる争いをくり広げた。ある上皇とはだれか。　　1 後嵯峨上皇

★★2 鎌倉時代中期以後、皇室は2つの流れにわかれて対立したが、この2統を何というか。　　2 大覚寺統・持明院統

3 大覚寺統の祖となった天皇名をあげよ。　　3 亀山天皇

4 持明院統の祖となった天皇名をあげよ。　　4 後深草天皇

★5 14世紀の初めに、2統が交代で皇位につく方式が成立したが、これを何というか。　　5 両統迭立

★★6 鎌倉時代後期、花園天皇の後に、朱子学の大義名分論を学んで朝廷政治の刷新をめざす天皇が即位したが、この天皇はだれか。　　6 後醍醐天皇

★★7 6の天皇の皇統名をあげよ。　　7 大覚寺統

8 亀山天皇の子で、後二条・後醍醐天皇の時に院政を行っていた上皇はだれか。　　8 後宇多上皇

★★9 鎌倉時代末期の執権で、最後の得宗はだれか。　　9 北条高時

10 9の人物に仕えた内管領はだれか。　　10 長崎高資

★11 後醍醐天皇は2度にわたって討幕計画を企て失敗したが、1324(正中元)年に発生した最初の事件を何というか。　　11 正中の変

★12 1331(元弘元)年に後醍醐天皇が挙兵したが失敗し、幕府に捕えられ、翌年隠岐に流された。この事件を何というか。　　12 元弘の変

★★13 後醍醐天皇が12の事件ののち、隠岐に流されていた期間に、京都で即位した天皇の名と、その皇統名をあげよ。　　13 光厳天皇・持明院統

14 伯耆国の豪族で、隠岐を脱出した後醍醐天皇を船上山に迎えて挙兵したのはだれか。　　14 名和長年

★★15 鎌倉時代末期から南北朝動乱期に、荘園を侵略し領　　15 悪党

1. 室町幕府の成立　83

主や幕府に反抗する地頭や名主があらわれたが、これを何とよんでいたか。

★★16 河内の豪族で、元弘の変に呼応して挙兵し幕府軍と戦ったのはだれか。

16 楠木正成

17 16の人物が本拠とした城を2つあげよ。

17 赤坂城・千早城

★★18 鎌倉幕府の有力御家人で、六波羅探題を攻略した人物はだれか。

18 足利高氏(尊氏)

★★19 鎌倉を攻め、幕府を滅ぼした人物はだれか。

19 新田義貞

★20 鎌倉幕府の滅亡は西暦何年か。

20 1333年

建武の新政

★★1 鎌倉幕府滅亡後に開始された、後醍醐天皇による政治を何というか。

1 建武の新政(建武の中興)

★★2 建武という年号は、中国で漢王朝が復興した時の年号を採用したものであるが、漢王朝を復興した皇帝はだれか。

2 光武帝

★3 天皇の意志を蔵人が伝える形式の文書で、建武の新政で絶対万能とされたものは何か。

3 綸旨

4 武士社会において土地の事実的支配を何年以上継続支配している場合、その土地の所有権の変更はできないことになっていたか。

4 20年

★★5 後醍醐天皇が親政を行うにあたって再興した一般政務を担当する機関を何というか。

5 記録所

★★6 鎌倉幕府滅亡後、後醍醐天皇によってつくられた新しい政治機関で、幕府の引付を受け継いで所領問題などの訴訟を扱った機関を何というか。

6 雑訴決断所

★★7 建武政府の職制で、鎌倉幕府滅亡の際の論功行賞を取り扱った機関を何というか。

7 恩賞方

★★8 建武政府の職制で、京都の治安維持のための軍事・警察機関を何というか。

8 武者所

★★9 8の機関の頭人の名をあげよ。

9 新田義貞

★★10 後醍醐天皇の皇子成良親王と足利直義が、命を受けて関東10カ国の支配にあたった機関を何というか。

10 鎌倉将軍府

★★11 後醍醐天皇の皇子義良親王と北畠顕家が、陸奥・出羽の統治にあたった機関を何というか。

11 陸奥将軍府

★★12 建武の新政の混乱ぶりを批判した有名な史料名をあ

12 二条河原落書(落

げよ。
13 12の風刺は何という書物に記載されているか。
★★14 1335(建武2)年に, 北条高時の子が鎌倉幕府の再興をはかっておこした反乱を何というか。
★15 14の反乱をおこした北条高時の子の名をあげよ。
★16 14の反乱の際に, 足利尊氏と対立して鎌倉に幽閉された後醍醐天皇の皇子が, 足利直義により殺されたが, その皇子の名をあげよ。

南北朝の動乱

★★1 九州から再度上洛する足利尊氏軍を楠木正成が摂津で迎え撃ったが敗死した。この戦いを何というか。
★★2 建武の新政権に反旗をひるがえした足利尊氏は, 一時, 後醍醐天皇の軍に敗れて九州に敗走したが, 再挙して1336(建武3)年に京都を奪回した。この時, 尊氏によって擁立された持明院統の天皇はだれか。
★★3 1336年に, 足利尊氏によって示された幕政の方針17カ条を何というか。
4 3の幕政の方針は, 鎌倉幕府の遺臣に諮問して制定されたが, 遺臣の代表的人物を1人あげよ。
★★5 室町幕府が「本条」とよんで基本法令としたものは何か。
★6 室町幕府が基本法令とした5に, 建武年間以後, 必要に応じて追加制定された法令を何というか。
★★7 1336年に, 足利尊氏に幽閉されていた後醍醐天皇が, 京都を脱出して新たな朝廷を開いたのはどこか。
★★8 後醍醐天皇が7で開いた朝廷を何というか。
★★9 8の朝廷側の中心として活躍し,『神皇正統記』を書いてその正統性を主張した人物はだれか。
10 『神皇正統記』の作者の子で, 8の朝廷側の武将として活躍したのはだれか。
★11 14世紀に, 2つの朝廷が同時に存在し, 全国で争乱がつづいたが, これを何というか。
★12 足利尊氏が京都に開いた幕府を, のちの所在地から何というか。
★13 1338(暦応元)年に, 足利尊氏を征夷大将軍に任命し

首)
13 建武年間記
14 中先代の乱
15 北条時行
16 護良親王(もりなが)

1 湊川の戦い
2 光明天皇
3 建武式目
4 中原章賢(是円)
5 御成敗式目(貞永式目)
6 建武以来追加
7 吉野
8 南朝
9 北畠親房
10 北畠顕家
11 南北朝の動乱
12 室町幕府
13 光明天皇

たのはだれか。

★ 14 室町幕府では，鎌倉幕府的体制の再建をめざす漸進派と新たな体制をつくろうとする急進派との対立が表面化し，1350（観応元）年には争乱に突入した。この争乱を何というか。

14 観応の擾乱

★ 15 漸進派の中心人物である足利尊氏の弟の名をあげよ。

15 足利直義

★ 16 足利尊氏の側近で，幕政を握っていた急進派の中心人物はだれか。

16 高師直

17 足利尊氏の側近である 16 の人物の職名をあげよ。

17 執事

18 足利尊氏の側室の子として生まれ，尊氏から実子と認められず叔父直義の養子となり，観応の擾乱で尊氏と戦ったのはだれか。

18 足利直冬

19 南北朝の動乱が長期化し全国化した背景には，大きな社会的変化があった。動乱期に定着した武士社会の相続法を何というか。

19 （嫡子）単独相続

20 南北朝の動乱期に一般化した，武士団内部の結合のあり方を何というか。

20 地縁的結合

守護大名と国人一揆

★ 1 守護の権限拡大の例として，田地をめぐる紛争で立稲を一方的に刈り取る実力行使を，取り締まる権限が加えられた。この実力行使を何というか。

1 刈田狼藉

★ 2 守護の権限拡大の例として，幕府の裁判の判決を強制執行する権限を何というか。

2 使節遵行

★★ 3 1352（文和元）年，近江・美濃・尾張の3国において，動乱による軍費調達のため，荘園や公領の年貢の半分を徴収する権限を守護に与える法令が出されたが，これを何というか。

3 半済（半済令）

4 1352年に出された 3 の制度は，その後どうなったか。

4 全国的，永続的になった

★★ 5 国人・土豪の非法や農民の年貢未納に悩まされた荘園領主が，年貢の徴収を守護に請け負わせた制度を何というか。

5 守護請

★★ 6 室町時代に守護は，幕府支配の下で任国内の荘園や公領を把握し，国内の武士を家臣化して，荘園・公領を問わず一国全体を統轄した。このような守護を

6 守護大名

従来の守護と区別して何というか。

7　14世紀後半に発展した，守護が一国全体を統轄する支配体制を何とよぶか。　　7　守護領国制

8　中世の人々が協力して1つの目的を実現しようとする際に，神仏に誓約してつくりだした一致団結した状態を何というか。　　8　一味同心（いちみどうしん）

★9　8により結ばれた集団を何というか。　　9　一揆（いっき）

★★10　荘官・地頭が在地に土着し，経営基盤を確立して領主層に成長した武士を何というか。　　10　国人（国衆）（こくじん・くにしゅう）

11　地方土着の武士は，みずからの領主権を守るために地域的な一味同心の地縁的集団をつくり，自主的な地域権力を持った。この集団を何というか。　　11　国人一揆

★12　11の一揆において，参加者が守るべき規約（一揆契状）の署名には，参加者の平等性を示すためにどのような方法が用いられたか。　　12　傘連判（からかされんばん）

室町幕府

1　足利尊氏の第3子として生まれ，2代将軍として幕府の基礎を築いたのはだれか。　　1　足利義詮（よしあきら）

★★2　南北朝を合体させ，幕府の全国統一を実現した将軍はだれか。　　2　足利義満（よしみつ）

3　足利尊氏・義詮に従い四国を領有し，のち管領となり幼主義満を補佐したのはだれか。　　3　細川頼之（ほそかわよりゆき）

★4　征西将軍として，南朝最後の拠点九州で活躍した後醍醐天皇の皇子はだれか。　　4　懐良親王（かねよし）（かねなが）

★★5　約60年にわたる南北朝の動乱が終結し，南北朝合体が実現したのは西暦何年のことか。　　5　1392年

6　南北朝合体は，南朝（大覚寺統）の天皇から北朝（持明院統）の天皇への譲位というかたちをとって行われたが，この時の南朝の天皇はだれか。　　6　後亀山天皇（ごかめやま）

7　南北朝合体で一本化された，もとの北朝方の天皇はだれか。　　7　後小松天皇（ごこまつ）

★8　室町幕府の九州探題として，九州を平定した武将はだれか。　　8　今川了俊（貞世）（いまがわりょうしゅん）

★★9　足利義満は壮麗な邸宅を設け，そこで幕府政治を展開したが，その邸宅を何というか。　　9　花の御所

1．室町幕府の成立

10	足利義満が造営した邸宅の所在地はどこか。	10 京都の室町
★11	足利義満により京都北山に営まれた壮麗な山荘を何というか。	11 北山殿
12	足利義満は幕府の将軍であると同時に，公家としての最高位に就任して朝廷の支配権も握ったが，何という官職か。	12 太政大臣
13	1390(明徳元)年に，強勢を誇った美濃の守護が足利義満に討伐されて滅んだ事件を何というか。	13 土岐康行の乱
★★14	足利義満は強大な守護の統制と勢力削減につとめたが，中国・近畿に11カ国を領し「六分の一衆」とよばれた守護が，1391(明徳2)年に足利義満に挑発されて反乱をおこした。反乱の名称と守護の名をあげよ。	14 明徳の乱・山名氏清
★★15	周防・長門など6カ国を領した守護が，1399(応永6)年におこした反乱と，その守護の名をあげよ。	15 応永の乱・大内義弘
★★16	室町幕府の職制のうち，将軍の補佐役で政務を総轄する重職を何というか。	16 管領
★★17	16の役職は足利氏一門の有力守護家が交代でつとめたが，これをまとめて何というか。	17 三管領
★★18	16の役職に任命される3つの守護家をあげよ。	18 細川・斯波・畠山
★★19	室町幕府の職制のうち，京都の警備・刑事訴訟にあたる機関を何というか。	19 侍所
★★20	19の機関の長官を何というか。またこの職につくことのできる守護家を何というか。	20 所司・四職
★★21	19の機関の長官につくことのできる守護家をすべてあげよ。	21 山名・赤松・一色・京極
★★22	幕府の財政事務を扱う機関を何というか。	22 政所
★23	幕府の記録・訴訟文書の保管などを担当する機関を何というか。	23 問注所
★★24	室町幕府は，将軍の権力を支える軍事力の形成につとめ，直轄軍を編成したが，これを何というか。	24 奉公衆
★★25	守護大名の多くが京都・鎌倉に駐留し，任国の支配のために代官をおいた。これを何というか。	25 守護代
★26	室町幕府の経済基盤のうち全国に散在し，年貢・公事を徴収していた幕府の直轄地を何というか。	26 御料所
★27	室町幕府が高利貸業者に課した税を2つあげよ。	27 土倉役(倉役)・酒屋役

★★28	室町時代に幕府・公家・守護・寺社などが課した，陸上の通行税を何というか。	28 関銭
★★29	室町時代に幕府・公家・守護・寺社などが課した，河川・港湾の通行税を何というか。	29 津料
★★30	室町時代に一般化した，田地に課す銭納の臨時税を何というか。	30 段銭
★31	室町時代に，家屋の棟数に応じて戸ごとに課された銭納の臨時税を何というか。	31 棟別銭（むねべつせん）
★★32	室町幕府の地方職制のうち，幕府と同一の機構を持ち，関東8カ国と伊豆・甲斐を統轄・支配した機関を何というか。	32 鎌倉府
★★33	32の機関の長官を何というか。	33 鎌倉公方
★★34	32の機関の初代長官に任命されたのはだれか。	34 足利基氏
★★35	鎌倉公方の補佐役を何というか。	35 関東管領
★36	35の役職を世襲したのは何氏か。	36 上杉氏
★★37	室町幕府の職制のうち，九州を統轄する機関を何というか。	37 九州探題
★38	室町幕府の職制のうち，陸奥の軍事・民政を行う機関名をあげよ。	38 奥州探題
★39	室町幕府の職制のうち，出羽国を支配し，最上氏が世襲した機関名をあげよ。	39 羽州探題

東アジアとの交易

★★1	13〜16世紀ころにかけて，朝鮮や中国沿岸を荒らしまわり，略奪をはたらいた海賊を何というか。	1 倭寇
★2	16世紀の後期倭寇の活動を描いた中国の絵画を何というか。	2 倭寇図巻
★3	1325（正中2）年に，鎌倉幕府が寺院の再建費を得るために，元に派遣した貿易船を何というか。	3 建長寺船
★4	足利尊氏・直義は，後醍醐天皇の冥福を祈る寺院の建立をすすめられ，その資金を得るために元に貿易船を派遣した。寺院建立をすすめた禅僧と派遣された船の名をあげよ。	4 夢窓疎石・天龍寺船
5	東福寺再建の費用を得るため，中国の元に派遣され，1323（元亨3）年日本への帰途朝鮮半島南西沖で沈没，1976年発見された沈没船を何というか。	5 新安沈船

★★ 6	倭寇の禁圧要求をきっかけにして，日中間の正式な通商貿易が開始されたが，その中国の王朝名を何というか。	6 明
★ 7	6の王朝の初代皇帝を何というか。	7 洪武帝（朱元璋）
8	中華思想（華夷思想）を背景に，中国皇帝が朝見した周辺国の君長に冊書と称号を与えて，国王に封ずることを何というか。	8 冊封
9	中国の明・清時代にとられた交易統制政策で，8の関係を前提とする諸国の王との朝貢貿易のみに限定し，中国人の海外渡航・交易も禁じた政策を何というか。	9 海禁政策
★★10	1401（応永8）年に，正使と商人を明に派遣して，国交と貿易開始を求めたのはだれか。	10 足利義満
11	1401年の第1回遣明船の正使はだれか。	11 祖阿
12	1401年の第1回遣明船の副使となった博多の商人はだれか。	12 肥富
13	1401年の遣明使に対し，翌年の返書において明の皇帝は足利義満を何と表現したか。	13 日本国王源道義
14	日本は中国に服属を認める象徴的なものを受け取った。それは何か。	14 暦
★★15	日明貿易は，足利義満が中国の伝統的な外交方針を受け入れた形式で行われたが，この形式を何貿易というか。	15 朝貢貿易
16	1403（応永10）年に，足利義満は明の皇帝宛の国書に，みずからのことを何と記したか。	16 日本国王臣源
★★17	1404（応永11）年からは，明の皇帝から与えられる証票が使用され，これを持たない船の貿易は禁止されたが，この証票を何というか。	17 勘合
★18	日明貿易の朝貢形式を，屈辱的であるとして中止した将軍はだれか。	18 足利義持
★★19	貿易の利潤を重視して，いったん断交した明との貿易を再開した将軍はだれか。	19 足利義教
★★20	日明貿易の主な輸入品で，高級織物の原料は何か。	20 生糸
21	日明貿易で明から輸入された物品を総称して何というか。	21 唐物
22	日明貿易の請負商人は，幕府などの貿易船の経営者	22 抽分銭

に利益の10分の1を上納したが、これを何というか。

★★23 日明貿易の実権は、幕府の手から守護大名およびそれと結ぶ商人の手に移っていったが、細川氏と結びついたのはどこの商人か。

23 堺

★★24 日明貿易の実権は、幕府の手から守護大名およびそれと結ぶ商人の手に移っていったが、大内氏と結びついたのはどこの商人か。

24 博多

★25 1523（大永3）年に、大内氏と細川氏の日明貿易の主導権争いから、中国の港で発生した事件を何というか。

25 寧波の乱

26 日明貿易は1551（天文20）年に、最終的に貿易を独占した守護大名の滅亡により断絶したが、この大名はだれか。

26 大内義隆

★27 倭寇の被害が大きかった高麗で、これを撃退して名声を得た武将が、1392年に高麗を倒して新しい王朝を建てた。この武将とはだれか。

27 李成桂

★★28 27 の人物が1392年に建てた王朝を何というか。

28 朝鮮

★★29 日本と 28 の王朝の国交と貿易は、28 の王朝の倭寇禁止の要請を受けて開始されたが、この時に要請を受け入れた将軍はだれか。

29 足利義満

★30 日朝貿易を仲介したのは、どこの何氏か。

30 対馬の宗氏

31 倭寇の船と区別するために、日朝貿易で用いられた朝鮮国王が大内氏と日本国王（将軍足利義政）に贈った通行証は何か。

31 通信符

★32 朝鮮が日本人使節接待のため設けた客館と居留地域を何というか。

32 倭館

★33 室町時代に行われた、日朝貿易で衣料など人びとの生活様式に大きな影響を与えた輸入品は何か。

33 木綿

★34 日朝貿易の輸入品のなかに、仏教の経典を集成したものも含まれているが、これを何というか。

34 大蔵経（一切経）

35 日朝貿易の主な輸出品のうち、鉱物資源は何か。

35 銅

★★36 1419（応永26）年に、倭寇の被害をおそれた朝鮮が、その根拠地と見なした対馬を突如襲撃する事件がおきた。これを何というか。

36 応永の外寇

37 36 の事件にかかわる日朝交渉において、回礼使と

37 宋希璟

1. 室町幕府の成立 91

して来日した朝鮮の文官はだれか。

★38 日朝貿易は，富山浦・乃而浦・塩浦に住む日本人居留民が1510（永正7）年におこした暴動以後，衰えることになった。この乱を何というか。

38 三浦の乱

琉球と蝦夷ヶ島

★1 1429（永享元）年に，沖縄の北山・中山・南山の3勢力を統一して王国を建設した中山王はだれか。

1 尚巴志

★★2 1429年に1の人物が統一した国を何というか。

2 琉球王国

★3 2の王国の都を何というか。

3 首里

★★4 中世の2の王国の貿易では，日本・明・東南アジア諸国との物資の取次を行ったが，このような貿易を何というか。

4 中継貿易

★5 2の王国の重要な国際港として発展したのはどこか。

5 那覇

6 16〜17世紀にかけて，2の王国の王府によって編纂された，この国の古代歌謡集を何というか。

6 おもろさうし

★★7 14世紀には畿内と津軽とを結ぶ日本海交易が盛んに行われていたが，津軽の交易拠点をあげよ。

7 十三湊

8 室町時代の北海道の呼称は何というか。

8 蝦夷ヶ島

★9 8の地に渡った本州系日本人の呼称は何か。

9 和人（シャモ）

★★10 津軽海峡を渡った人々は8の地の南部に進出し，渡島半島の南部一帯の海岸沿いに連なって館をつくった。これを現在では何とよんでいるか。

10 道南十二館

★11 10の1つで津軽海峡に臨む段丘上にあり，14世紀末から15世紀初めころに埋められた約37万枚の中国銭が出土した館を何というか。

11 志苔館

★★12 室町時代に，蝦夷ヶ島に勢力を伸ばした津軽の豪族名をあげよ。

12 安藤氏（安東氏）

★★13 蝦夷ヶ島に進出した和人と，古くから住んでいたアイヌとの対立は，1457（長禄元）年に大乱に発展した。この時のアイヌの大首長はだれか。

13 コシャマイン

★★14 13の人物との戦いに勝利し，渡島半島南部地域の和人居住地の支配者に成長したのは何氏か。

14 蠣崎氏

15 14の氏を継いだ武田信広がコシャマインとの戦いののち築城したもので，武家屋敷や職人の工房跡，和人・アイヌの墓地などの遺構などが発掘された館

15 勝山館

★16 14の一族が，江戸時代に蝦夷ヶ島を支配する大名になったが，何と名乗ったか。　　16 松前氏

2　幕府の衰退と庶民の台頭

惣村の形成

★★1　南北朝の動乱期を経て，農民らの自治的集団としての村が発達してきたが，このような自治的な村を何というか。　　1 惣(惣村)

★★2　1の村の結合の中心となった神社の祭礼を行う農民たちの祭祀集団を何というか。　　2 宮座

3　1の村を構成する村民を何というか。　　3 惣百姓

4　1の村がよく発達した地域はどこか。　　4 畿内と周辺部

5　1の村の指導者は，どのような階層の者か。　　5 地侍・有力名主

6　室町時代後期から自治的組織を持つ村々が連合するようになったが，このような形態を何というか。　　6 郷村制

★★7　惣村の自治的協議機関を何というか。　　7 寄合

★8　惣村の自治的運営の指導者をひらがな3字で答えよ。　　8 おとな

★9　惣村の自治的運営の指導者を漢字3字で答えよ。　　9 沙汰人

★★10　惣村の規約を何というか。　　10 惣掟(地下掟・村法)

11　惣村の規約を定めて，村民が自分たちで警察・裁判権を行使したが，このような権限を何というか。　　11 地下検断(自検断)

★★12　惣村の機能として，灌漑用水の自主管理や山野などの共有地管理などがあったが，この村の共有地を何とよぶか。　　12 入会地

★★13　惣村では，領主へ納める年貢を村として請け負う制度も生まれたが，この制度を何というか。　　13 地下請(村請・百姓請)

★14　武士・農民が特定の目的の下に集団を結成することを何というか。　　14 一揆

15　神仏を木版刷りした紙の裏に記すことで，契約の遵守を神仏に誓った証拠文書を何というか。　　15 起請文

16　一揆などの際，15の文書を焼き，神水に入れて飲みかわし，その結束を固めることを何というか。　　16 一味神水

17　結束した農民たちは，その支配者に対して種々の要求・反抗をしたが，年貢の減免などを領主に嘆願す　　17 愁訴

ることを何というか。
★18 集団の威力を背景に強圧的に領主に訴えることを何というか。 | 18 強訴
★★19 一村が団結して耕作を放棄し，他領へ一時的に退去する方法で抵抗することを何というか。 | 19 逃散

幕府の動揺と土一揆

1 鎌倉公方足利持氏と対立して関東管領を辞した上杉氏憲が1416(応永23)年におこした反乱を何というか。 | 1 上杉禅秀の乱

★★2 室町幕府6代将軍に就任し，将軍権力の強化をねらい強引な専制政治を行った人物はだれか。 | 2 足利義教

★★3 1438(永享10)年に，2の人物が対立する鎌倉公方を討伐した事件を何というか。 | 3 永享の乱

★★4 3の事件で，足利義教に自害に追い込まれた鎌倉公方はだれか。 | 4 足利持氏

★★5 4の人物を補佐したが，諫言して不和となり，将軍足利義教に協力して4の人物を倒した関東管領はだれか。 | 5 上杉憲実

★6 永享の乱の後，結城氏朝が4の人物の遺子を擁して挙兵し鎮圧された事件を何というか。 | 6 結城合戦

7 1454(享徳3)年，鎌倉公方足利成氏が不和となっていた関東管領上杉憲忠を謀殺したことを発端としておこった事件を何というか。 | 7 享徳の乱

★★8 将軍足利義教の有力守護抑圧策に不安を感じた播磨の守護が，将軍を謀殺した。この事件と播磨守護の名をあげよ。 | 8 嘉吉の変(乱)・赤松満祐

★9 8の事件は西暦何年におこったか。 | 9 1441年

★★10 1428(正長元)年に，京都近郊の農民勢力が，一部の都市民や困窮した武士とともに，土倉・酒屋・寺院などを襲撃した一揆を何というか。 | 10 正長の徳政一揆

★11 10の一揆について「日本開白以来，土民蜂起是れ初めなり」と記録した書物名をあげよ。 | 11 大乗院日記目録

★12 10の一揆の鎮圧にあたった管領はだれか。 | 12 畠山満家

★★13 10の一揆は，どこのどのような職業の者たちの蜂起が契機となっておこったか。 | 13 近江の坂本の馬借

★14 10の一揆の成果が,「正長元年ヨリサキ者, カンヘ四カンカウニヲキメアルヘカラス」と刻まれた徳政碑文の所在地をあげよ。

14 大和の柳生(郷)

15 1429(永享元)年1月に,「侍をして国中に在らしむべからず」として, 守護赤松氏の軍と戦った一揆を何というか。

15 播磨の土一揆

★★16 幕府は徳政令の発布の際, 債権額もしくは債務額の幾分かを上納することを条件に, 債権の保護や債務の破棄を認めることもあった。この上納銭を何というか。

16 分一銭

★★17 1441(嘉吉元)年に, 数万の土一揆が京都を占領して「代始めの徳政」を要求し, 幕府に徳政令の発布を余儀なくさせた一揆を何というか。

17 嘉吉の徳政一揆

応仁の乱と国一揆

★★1 全国の守護が2派にわかれ, 京都を主戦場にして11年間戦い, 戦国時代の発端となった大乱を何というか。

1 応仁の乱

★2 1の戦乱は西暦何年におこったか。

2 1467年

★★3 1の戦乱が始まった時の室町幕府の8代将軍はだれか。

3 足利義政

★4 1の戦乱の原因の1つに将軍継嗣争いがあるが, 3の人物の弟でその養子となった人物はだれか。

4 足利義視

★5 3の人物の実子で, のちの9代将軍はだれか。

5 足利義尚

★6 3の人物の夫人はだれか。

6 日野富子

★★7 応仁の乱の原因の1つである相続争いがおこった管領家を2家あげよ。

7 畠山氏・斯波氏

★★8 応仁の乱の東軍の大将はだれか。

8 細川勝元

★★9 応仁の乱の西軍の大将はだれか。

9 山名持豊(宗全)

10 応仁の乱がおよぼした影響に, 京都の荒廃, 幕府の権威失墜などがあげられる。さらに土地制度に与えた影響をあげよ。

10 荘園制の解体

★★11 応仁の乱以後, 実力によって主君を倒す家臣が続出したが, このような風潮を何というか。

11 下剋上

★★12 応仁の乱のころに盛んに活躍した軽装で機動力に富み, 徒歩で軍役に服した雑兵を何というか。

12 足軽

2. 幕府の衰退と庶民の台頭

★★ 13	12の者たちが寺院の板廊をひきはがし、蔀戸をかつぎ出す狼藉を描いている有名な絵巻の名をあげよ。	13 真如堂縁起(絵巻)
★★ 14	応仁の乱後も両派にわかれて対立していた守護畠山氏の軍を国外に退去させ、1485(文明17)年から8年間にわたる自治支配を行った一揆を何というか。	14 山城の国一揆
★ 15	14の一揆に関する記述で有名な奈良興福寺大乗院の門跡尋尊(一条兼良の子)の記録を何というか。	15 大乗院寺社雑事記
★★ 16	本願寺門徒の農民や土豪の連合体が、守護・戦国大名に対しておこした一揆を何というか。	16 一向一揆
★ 17	1488(長享2)年に、守護を倒して、以後1世紀にわたり本願寺門徒や国人らがある国の支配をつづけたが、この一揆を何というか。	17 加賀の一向一揆
★★ 18	17の一揆によって、1488年に倒された守護はだれか。	18 富樫政親
★ 19	17の一揆の後、一向宗門徒により擁立された名目上の守護はだれか。	19 富樫泰高
★★ 20	越前吉崎に坊舎を構え、御文を通じて北陸での教化活動を展開した本願寺8世はだれか。	20 蓮如
★ 21	加賀の一向一揆に関する記述「百姓ノ持タル国」が見られる20の子が著わした本願寺の記録の補遺を何というか。	21 実悟記拾遺
★★ 22	加賀の一向一揆を、約1世紀後に制圧した戦国大名はだれか。	22 織田信長

農業の発達

1	室町時代には、1年間に米・麦・そばなどを順次同一地に作付することが行われるようになった。これを何というか。	1 三毛作
2	室町時代の農業で、新たに普及した肥料は何か。	2 下肥
★ 3	室町時代には、稲の収穫時期が異なる品種が普及した。その品種を3つあげよ。	3 早稲・中稲・晩稲
★ 4	和紙の原料として栽培されるようになった落葉低木をあげよ。	4 楮
★★ 5	染料の原料として栽培されるようになった作物をあげよ。	5 藍
★★ 6	京都の宇治で、特産品として栽培されるようになったものは何か。	6 茶

商工業の発達

1. 応仁の乱ののち、高級絹織物の特産地として発展した京都の地はどこか。
★2. 美濃の特産紙を何というか。
3. 播磨の特産紙をあげよ。
4. 越前の特産紙をあげよ。
5. 室町時代に加賀・丹後で生産された特産品は何か。
6. 室町時代に美濃・尾張瀬戸で生産された特産品は何か。
7. 室町時代に備前長船で生産された特産品は何か。
8. 室町時代に能登・筑前で生産された特産品は何か。
9. 室町時代に河内で生産された特産品は何か。
10. 室町時代に京都・河内・大和・摂津西宮で生産された特産品は何か。
11. 浜辺で海水を汲んで運び、灌水して砂に塩分を付着させる製塩法を何というか。
12. 堤で囲った砂浜に、潮の干満を利用して海水を導入する塩田で、初期のものを何というか。
★★13. 地方の市場も発展し、応仁の乱後には月に6回開かれる定期市も一般化したが、この市を何というか。
★14. 市の発展につれて、市を巡回する行商人も増加したが、木製の背負い道具の名称から転じた行商人の呼称を何というか。
15. 呼び売りして歩く行商人を特に何とよんだか。
16. 京に住み、炭や薪を頭にのせて売る行商の女性を何というか。
17. 京に住んだ鵜飼集団の女性で、鮎や朝鮮あめを行商する女性を何というか。
★18. 室町時代には店頭に商品を陳列して販売する常設の小売店が発展したが、これを何というか。
19. 室町時代に京都三条・七条に設けられた米の市場を当時何といったか。
★★20. 中世、商工業者が結成した同業者の組合は、規模も大きくなり種類や数も著しく増加した。この同業者の団体を何というか。

---

1. 西陣
2. 美濃紙
3. 杉原紙
4. 鳥の子紙
5. 絹織物
6. 陶器
7. 刀
8. 釜
9. 鍋
10. 酒
11. 揚浜法
12. 古式入浜
13. 六斎市
14. 連雀商人
15. 振売
16. 大原女
17. 桂女
18. 見世棚（店棚）
19. 米場
20. 座

21	20の団体の保護者を何というか。	21 本所
★22	山城・丹波など10カ国以上に，荏胡麻を原料とする製品の製造・販売の独占権を持った座を何というか。	22 大山崎油座
★23	22の座の本所はどこか。	23 石清水八幡宮
24	京都の北野天満宮を本所とする座を何というか。	24 北野社麴(酒麴)座
25	京都の祇園社を本所とする座を何というか。	25 祇園社綿座
★26	室町時代には多くの職人があらわれたが，金属を溶かして道具を製造する職人を何というか。	26 鋳物師
27	大工のことを何というか。	27 番匠
★28	刃物を製造する職人のことを何というか。	28 鍛冶
★29	室町時代に盛んに輸入されて，国内で流通した銅銭を総称して何というか。	29 明銭
★30	明の初代皇帝の統治期間に鋳造された銅銭を何というか。	30 洪武通宝
★31	明銭のうち，最も多く輸入されたものは何か。	31 永楽通宝
★32	室町時代に国内などでつくられて流通した，粗悪な銭を何というか。	32 私鋳銭・鐚銭
★33	商取引にあたって，悪銭をきらい，良質の銭を要求する行為を何というか。	33 撰銭(せんせん)
★34	幕府や戦国大名は各貨幣間の交換率や良銭の基準，種類などを定めた法令を出したが，これを何というか。	34 撰銭令
35	室町時代に発達した，商品の中継・卸売や商人宿を営むものを何というか。	35 問屋
★36	室町時代の代表的な金融業者を2つあげよ。	36 土倉・酒屋
37	室町時代に発達した，庶民の間の相互金融を何というか。	37 無尽(頼母子)
★38	遠隔地間の米や銭の輸送または貸借の決裁に使用されるものを何というか。	38 為替(割符)
39	室町時代以降に発展した海上行商や輸送を行う船を何というか。	39 廻船
★40	室町時代に盛んになった陸上の運送業者を2つあげよ。	40 馬借・車借
★41	交通の要地に通行税をとる目的で設けられた施設を何というか。	41 関所

3 室町文化

室町文化

1 室町文化のうち，14世紀後半の動乱期の文化を何というか。 — 1 南北朝文化

2 足利義満による南北朝合体や幕政確立を背景にした，室町時代初期の文化を何というか。 — 2 北山文化

3 足利義政の時代を中心に，禅の精神にもとづく簡素さと，伝統文化の幽玄・侘を精神的な基調とする，15世紀後半に発達した文化を何というか。 — 3 東山文化

南北朝文化

1 鎌倉時代の公武関係を公家側の立場から記した編年体の歴史物語で，四鏡の最後を何というか。 — 1 増鏡

2 神代から後村上天皇までの歴史を通じて，南朝の正統性を主張した歴史書を何というか。 — 2 神皇正統記

3 2の歴史書の著者で，南朝の重臣はだれか。 — 3 北畠親房

4 鎌倉幕府や南北朝の動乱から足利尊氏の政権掌握の過程を，足利方の立場から描いた歴史書は何か。 — 4 梅松論

5 鎌倉幕府の滅亡と南北朝の動乱を，南朝に縁の深い者の立場から描いた，軍記物語の傑作を何というか。 — 5 太平記

6 後醍醐天皇が著わした，朝廷の行事を解説した有職故実の書は何か。 — 6 建武年中行事

7 北畠親房が著わした官職制度の沿革を記した有職故実の書は何か。 — 7 職原抄

8 和歌の上句と下句を別の人が交互に詠み継いでいく文芸を何というか。 — 8 連歌

9 何種類かの茶を飲み，その種類・産地を判別する競技を何というか。 — 9 闘茶

10 室町期に流行した，多人数での自由な，酒食をともなう娯楽的な茶会を何というか。 — 10 茶寄合

11 南北朝時代から室町時代にかけて流行した華美で人目をひく風俗を何というか。 — 11 バサラ

12 伝統的な権威を無視し，傍若無人な振る舞いをする大名を11大名というが，その代表格の南北朝期の — 12 佐々木導誉(高氏)

武将はだれか。

北山文化

★1 足利義満が京都北山に営んだ山荘は、その死後、何という寺に改められたか。 　　1 鹿苑寺

★★2 1の寺院に残る、初層・中層は寝殿造風、上層は禅宗様の3層からなる楼閣建築を何というか。 　　2 金閣

★★3 後醍醐天皇や足利尊氏らの帰依を受け、京都天龍寺の開山となり、すぐれた弟子を養成して臨済宗の黄金期を築いた僧侶はだれか。 　　3 夢窓疎石

4 3の人物のすすめで、足利尊氏は諸国に寺院と利生塔を建立したが、この寺院を何というか。 　　4 安国寺

★★5 足利義満は南宋の制度にならって臨済宗寺院の寺格を定め制度化したが、京都と鎌倉に定めた制度をあげよ。 　　5 五山・十刹の制

★6 5の制度で、五山の別格上位とされた寺院を何というか。 　　6 南禅寺

★★7 足利尊氏・直義兄弟が後醍醐天皇の菩提を弔うために創建した京都五山第一位の寺院を何というか。 　　7 天龍寺

★8 足利義満が創建した京都五山第二位の寺院を何というか。 　　8 相国寺

★★9 北条時頼創建の鎌倉五山第一位の寺院を何というか。 　　9 建長寺

★★10 北条時宗創建の鎌倉五山第二位の寺院を何というか。 　　10 円覚寺

11 室町幕府が官寺の住持任免など禅僧管理をゆだねた役職を何というか。 　　11 僧録

12 11の役職の初代の禅僧はだれか。 　　12 春屋妙葩

★13 禅僧によって宋・元から伝えられた、墨の濃淡・強弱の描線で表現する東洋独特の絵画を何というか。 　　13 水墨画

14 日本の13の絵画の草創期の画家で、「寒山図」を代表的作品とする南北朝時代の画僧をあげよ。 　　14 可翁

15 13の絵画の基礎は、室町時代初期に五山の禅僧によってつくられたが、そのなかで「寒山拾得図」で知られるのはだれか。 　　15 周文

★16 如拙の代表作に、禅の公案を題材として描いた水墨画がある。この作品名をあげよ。 　　16 瓢鮎図（ひょうねんず）

★17 五山・十刹に拠った禅僧らを中心に発達した漢詩文 　　17 五山文学

★18 京都五山・鎌倉五山を中心に出版された書籍を何というか。 — 18 五山版

19 夢窓疎石の弟子で足利義満に重んじられ，五山文学の最高峰といわれる禅僧をあげよ。 — 19 絶海中津

★20 奈良時代の散楽が民間に入り，各地の寺社の祭礼などで興行されてきた芸能を何というか。 — 20 猿楽

★21 社寺の祭礼に奉仕する20の芸能に，民間に発展した芸能を取り入れ，宗教的芸能から庶民的な舞台芸術に発展したものを何というか。 — 21 能(能楽・猿楽能)

★22 興福寺を本所とする21の芸術の座を総称して何というか。 — 22 大和猿楽四座

★23 22のうち，春日社・興福寺への奉仕を任とし，のち足利義満の庇護を受けて発展した座は何か。 — 23 観世座

★24 23の座の祖で，その子とともに足利義満の保護を得て，能を発展させた人物はだれか。 — 24 観阿弥

★25 24の人物の子で，多くの謡曲や能のすぐれた芸術論を著わした人物はだれか。 — 25 世阿弥

★26 25の人物の代表的な能の芸術論で，「花」「幽玄」を主張したものは何か。 — 26 風姿花伝(花伝書)

27 25の人物の談話を子の観世元能が筆録した能の具体的芸道論書を何というか。 — 27 申楽談儀

28 謡う部分と候詞の対話の部分とがあい交わる能の脚本を何というか。 — 28 謡曲

★29 能の合間に演じられ，滑稽を主とした軽妙さに富んだ喜劇を何というか。 — 29 狂言

東山文化

★1 足利義政が京都東山に営んだ山荘は，その死後，何という寺院に改められたか。 — 1 慈照寺

★2 1の寺院に残る，下層が書院造，上層が禅宗様の2層からなる楼閣建築を何というか。 — 2 銀閣

★3 室町時代に成立し，玄関・床の間・違い棚・付書院などを備え，今日の和風住宅の原型をなす武家住宅の建築様式を何というか。 — 3 書院造

★4 3の建築様式の代表的なものに，足利義政の東山山 — 4 東求堂

	荘内の持仏堂がある。これを何というか。	
★5	4の持仏堂の東北隅にある，4畳半の書斎を何とよぶか。	5 同仁斎
★★6	禅院で，水を用いず岩石と砂利を組み合わせて象徴的な自然をつくり出す庭園様式を何というか。	6 枯山水（かれせんすい）
★7	6の様式の代表例で，狭い長方形の平庭に白砂と大小15の石を配置した京都の寺院の庭園名をあげよ。	7 龍安寺石庭
★★8	京都の林下で有名であった寺院にある6の様式の代表的な庭園をあげよ。	8 大徳寺大仙院庭園
★9	将軍に芸能・技能をもって仕えた者を何というか。	9 同朋衆
★10	9の者の一人で，東山山荘の庭をつくり8代将軍足利義政から天下第一と称えられた作庭師はだれか。	10 善阿弥
★★11	東山文化のころに水墨画を大成した人物で，「秋冬山水図」などで知られるのはだれか。	11 雪舟
★12	11の人物の代表作で，四季の変化を描いた山水画の作品名をあげよ。	12 四季山水図巻(山水長巻)
13	大和絵の世界で，土佐派の地位を確立した人物はだれか。	13 土佐光信
★★14	水墨画に大和絵を取り入れ，装飾画化を進め，狩野派の画風を確立した父子の名をあげよ。	14 狩野正信・元信
15	京都大徳寺に，狩野元信の代表作と伝えられる作品があるが，何というか。	15 大仙院花鳥図
16	足利義政に仕え，彫金にすぐれ，以後子孫が代々金工の宗家となったのはだれか。	16 後藤祐乗
★★17	簡素な小座敷・道具立てで精神的な深さを味わう草庵の茶を何というか。	17 侘茶
★★18	室町時代中期の奈良の人で，一休宗純に参禅して禅の精神を学び，17の茶の方式を始めた人物はだれか。	18 村田珠光
★19	堺の商人で17の茶の方式をさらに簡素化し，次の時代の千利休にひき継いだ人物はだれか。	19 武野紹鷗
★20	東山文化のころに成立した生花の芸術を何というか。	20 花道(立花)
★21	京都の六角堂の僧侶で，生花を芸術的に高め，20の芸術の祖といわれる東山文化のころの人物をあげよ。	21 池坊専慶
22	『古今和歌集』を和歌の聖典として神聖化し，そのな	22 古今伝授

かの難解な部分の解釈や歌の故実などを，師から弟子に授けることを何というか。

23 **22**のことを最初に行った人物はだれか。 　23 東常縁

★24 応仁・文明期に活躍し，有職故実や古典の研究で室町時代随一の学者といわれた公家はだれか。 　24 一条兼良

25 **24**の人物の著で，朝廷の年中行事について，その起源や変遷を述べた有職故実書をあげよ。 　25 公事根源

26 **24**の人物の著で，将軍足利義尚の諮問に答えた政治上の意見書を何というか。 　26 樵談治要

27 **24**の人物の著で，『源氏物語』の注釈書は何か。 　27 花鳥余情

★28 戦国時代に，京都の吉田神社の神職により大成された神道説で，反本地垂迹説の立場で儒教・仏教を統合しようとした神道を何というか。 　28 唯一神道（吉田神道）

★29 **28**の神道を大成した人物はだれか。 　29 吉田兼俱

庶民文芸の流行

★1 室町時代から，自由な詩形で民間で歌われ広く流行した歌謡を何というか。 　1 小歌

★★2 **1**の歌謡の歌集として有名なものをあげよ。 　2 閑吟集

★★3 室町時代の庶民的な短編物語の総称を何というか。 　3 御伽草子

4 庶民文太が製塩業で富を築き，娘も貴人の妻になるという**3**の文学の作品を何というか。 　4 文正草子

★5 3年寝たままの男が，歌才によって宮中に召され，立身出世をするという内容の**3**の文学の作品を何というか。 　5 物くさ太郎

★6 打出の小槌を得た小人が，貴族となるという内容の**3**の文学の作品を何というか。 　6 一寸法師

★★7 南北朝時代，連歌の地位を確立した摂関家出身の公家はだれか。 　7 二条良基

8 **7**の人物が制定した連歌の規則書を何というか。 　8 応安新式

★★9 **7**の人物が編集した連歌集で，勅撰集に準ぜられたものをあげよ。 　9 菟玖波集

★10 諸国を遊歴して全国に連歌を広め，その芸術性を高めた人物はだれか。 　10 宗祇

★11 **10**の人物が確立した，深みのある芸術的な連歌を何というか。 　11 正風連歌

3. 室町文化

★12	10の人物が編集した連歌集で勅撰集に準ぜられたものをあげよ。	12 新撰菟玖波集
13	10の人物とその弟子の肖柏と宗長の師弟3人が詠んだ連歌百句で、連歌の模範とされているものを何というか。	13 水無瀬三吟百韻
14	連歌はやがて規則にこだわり自由な気風が失われていったので、新しい自由な庶民的精神を根本とし、滑稽を旨とする連歌が始まった。これを何というか。	14 俳諧連歌
★15	14の連歌の創始者といわれる人物はだれか。	15 (山崎)宗鑑
★16	15の人物が編集した連歌集をあげよ。	16 犬筑波集
17	室町時代に庶民にもてはやされた芸能のうち、越前国幸若大夫一派の舞で、織田信長ら武人が愛好したものを何というか。	17 幸若舞
★18	室町時代に発展した、仮装をしたり、華美な服装で踊るものを何というか。	18 風流(風流踊り)
19	空也や一遍に始まり、念仏・和讃をとなえながらの踊りを何というか。	19 念仏踊り
★20	盂蘭盆の時に、祖先の精霊をなぐさめる踊りを何というか。	20 盆踊り

文化の地方普及

★1	肥後の菊池氏や薩摩の島津氏が招いて儒学の講義を受けた、五山の禅僧で朱子学者の名をあげよ。	1 桂庵玄樹
★2	1の人物を祖とする薩摩の朱子学派を何というか。	2 薩南学派
3	16世紀半ばに土佐でおこった朱子学派を何というか。	3 海南学派(南学)
4	3の学派の祖といわれる人物はだれか。	4 南村梅軒
★5	鎌倉時代初期に下野国に設置され、中世唯一の学校施設として、のちに宣教師ザビエルにより西洋に「坂東の大学」と紹介されたのは何か。	5 足利学校
★★6	15世紀に5の施設を再興した人物はだれか。	6 上杉憲実
★7	饅頭屋宗二が出版したという日常語句を類別した国語辞書を何というか。	7 節用集
★8	書簡形式で、室町時代に庶民の教科書として広く流布したものを何というか。	8 庭訓往来

新仏教の発展

1. 室町幕府の保護を受けた五山派に対し，より自由な活動を求めて民間布教につとめた禅宗諸派を何というか。
2. 1の諸派のなかで，曹洞系では永平寺が中心寺院であるが，臨済系で中心となった花園天皇の離宮を堂舎として開創した寺院を何というか。
3. 臨済系の1の諸派の僧で，在家的，民衆的な禅を説き，当時の貴族や五山派の腐敗を強く批判したのはだれか。
★4. 3の僧でも有名な臨済宗の寺院を何というか。
★5. 15世紀後半に，日蓮宗の宗勢を，東国から京都や九州・中国地方に広めた僧侶はだれか。
★★6. 京都の町衆を中心とする法華宗徒による，日蓮宗信仰を基盤として結ばれた一揆を何というか。
★★7. 延暦寺との対立から，1536(天文5)年に京都の日蓮宗寺院21カ寺が破壊され，法華宗徒が一時京都を追われた事件を何というか。
8. 浄土真宗(一向宗)諸派のうち，応仁の乱後，北陸・東海・近畿の農村に急速に勢力を拡大したのは何派か。
★★9. 8の派が隆盛する基盤を築いた人物はだれか。
★10. 9の人物が布教のために書いた，一向宗の信仰を平易な言葉で説明した手紙を総称して何というか。
11. 9の人物が，北陸布教の拠点として越前国に建立した坊舎を何というか。
12. 9の人物が現在の大阪の地に建立した隠居所にはじまり，一向一揆の中心として織田信長と戦った寺院を何というか。
★13. 一向一揆の基盤となった，坊主を中心とする信者の組織を何というか。
★14. 浄土真宗の信者のうち，出家しないで農・工・商などの業を営む者を何というか。

1. 林下
2. 妙心寺
3. 一休宗純
4. 大徳寺
5. 日親
6. 法華一揆
7. 天文法華の乱
8. 本願寺派
9. 蓮如
10. 御文
11. 吉崎道場(吉崎御坊)
12. 石山本願寺
13. 講
14. 門徒

4 戦国大名の登場

戦国大名

1. 応仁の乱のころから織田信長の上洛(1568年)のころまでの、約100年におよぶ戦乱の時代を何とよぶか。 — **1 戦国時代**

2. 1の時代に、守護大名にかわってみずからの力で新たな領国支配を行うようになった勢力を何というか。 — **2 戦国大名**

3. 2の者の多くは、守護大名の家臣から身をおこした者だが、京都に在住した守護にかわって現地を支配した代官を何とよぶか。 — **3 守護代**

4. 細川政元が10代将軍足利義材(のちの義稙)が出陣中に足利義澄を11代将軍に擁立して、将軍の廃位を行った政変を何というか。 — **4 明応の政変**

5. 讃岐・阿波・河内・和泉などを領国とし、幕府の管領として勢威をふるった細川氏の家臣で、主家の衰退に乗じて幕政の実権を握った人物はだれか。 — **5 三好長慶**

6. 主家の実権を奪い、さらに13代将軍足利義輝を襲って自害させ、東大寺大仏殿を焼打ちにし、のちに織田信長に討たれた人物はだれか。 — **6 松永久秀**

7. 鎌倉公方足利成氏が関東管領上杉憲忠を謀殺したことを発端として起こった戦乱を何というか。 — **7 享徳の乱**

8. 東国を支配する鎌倉公方は、応仁の乱直前に分裂して2つにわかれたが、それぞれどこに移ったか。 — **8 古河・堀越**

9. 初代堀越公方はだれか。 — **9 足利政知**

10. 初代古河公方はだれか。 — **10 足利成氏**

11. 関東管領上杉氏は4家にわかれたが、15世紀後半以降勢力をふるい、しばしば衝突をくりかえした2家をあげよ。 — **11 山内上杉氏・扇谷上杉氏**

12. 関東管領の分裂に乗じ、関東の大半を制圧した戦国大名家をあげよ。 — **12 北条氏(後北条氏)**

13. 京都から駿河に下り、今川氏に寄食していたが、15世紀後半に頭角をあらわし、伊豆の堀越公方を倒して伊豆韮山に進出し、戦国大名に成長した人物はだれか。 — **13 北条早雲(伊勢宗瑞)**

14. 13の人物が根拠地とした城下町はどこか。 — **14 小田原**

★★15	13の人物の孫で，北条氏の全盛期をつくり出した人物をあげよ。	15 北条氏康
★★16	主家の姓と関東管領職を継ぎ，甲斐の勢力としばしば戦った戦国大名はだれか。	16 上杉謙信（長尾景虎）
★★17	甲斐の守護から戦国大名に成長し，甲斐・信濃を中心に中部地方一帯の大領国を形成した人物はだれか。	17 武田信玄（晴信）
18	16の人物と17の人物が，5回にわたって信濃国で対陣した戦いをあげよ。	18 川中島の戦い
19	もと油売りを業としたといわれ，美濃守護土岐氏の老臣の家をのっとり，土岐氏を追放して美濃を手に入れた戦国大名はだれか。	19 斎藤道三
★20	越前守護斯波氏の家臣で，主家の内紛に乗じて越前一国を支配下におさめた戦国大名家をあげよ。	20 朝倉氏
★21	20の戦国大名の本拠地はどこか。	21 一乗谷
★★22	尾張守護斯波氏の守護代の一族から成長した戦国大名家をあげよ。	22 織田氏
23	足利氏一門で，駿河守護から遠江・三河をも合わせて征服し，東海地方の戦国大名家となったものをあげよ。	23 今川氏
24	中国地方7カ国の守護を兼ね，勘合貿易を独占し，応仁の乱後，没落した公家・僧侶を城下に迎えて，京都の文化を移植した戦国大名はだれか。	24 大内義隆
★25	24の人物の重臣で周防の守護代をつとめ，1551（天文20）年に，24の人物にそむいて自害に追い込み，大内氏の実権をにぎったのはだれか。	25 陶晴賢
★★26	安芸の国人からおこり，25の人物を厳島に破り，周防・長門を領有し，さらに山陰の大名を滅ぼして，中国地方の戦国大名となったのはだれか。	26 毛利元就
27	富田（月山）城に拠り，石見銀山をめぐり26の人物と戦って滅ぼされた，山陰の大名家を何というか。	27 尼子氏
28	土佐の豪族で，四国全土を制圧して戦国大名に成長した人物はだれか。	28 長宗（曽）我部元親
★29	薩摩を中心に九州南部を広く支配した戦国大名家をあげよ。	29 島津氏
★★30	豊後を中心に九州北部に勢力を伸ばした戦国大名家をあげよ。	30 大友氏

★31	最多の条項からなる分国法を制定した陸奥国の戦国大名家をあげよ。	31 伊達氏
32	戦国大名が家臣に給付する土地を何というか。	32 知行地
★33	国人や地侍の収入額を銭に換算した表示を用い、戦国大名が家臣への軍役や領民への課役の基準として利用した制度を何というか。	33 貫高制
★34	主家に対して負う軍事的負担を何というか。	34 軍役
★35	戦国大名が領内の国人や地侍などを家臣団に編入する時、有力家臣を親とし、他の武士をその子になぞらえて支配関係をつくりあげたが、この関係を何というか。	35 寄親・寄子制

戦国大名の分国支配

★1	各地に成立した戦国大名が、みずからの実力で奪いとった支配領域を何というか。	1 分国(領国)
★★2	戦国大名が、制定した領国支配のための施政方針や法令を何というか。	2 分国法(戦国家法・家法)
★3	人材登用・家臣団の城下集住などを規定している、越前の戦国大名の法令を何というか。	3 朝倉孝景条々(朝倉敏景十七箇条)
★4	171カ条からなる伊達氏の法令を何というか。	4 塵芥集
★★5	駿河・遠江国を領有した戦国大名の、かな書きの法令を何というか。	5 今川仮名目録
6	近江南半を領有した戦国大名が、1567(永禄10)年に制定した法令を何というか。	6 六角氏式目
★7	甲斐・信濃を拠点とする武田氏の法令を何というか。	7 甲州法度之次第(甲州法度・信玄家法)
8	領民統治に関するものなどがその条文にある、四国の有力な戦国大名の法令を何というか。	8 長宗我部氏掟書(長宗我部元親百箇条)
9	下総国の戦国大名が制定した、104カ条からなる法令を何というか。	9 結城氏新法度
10	主に家臣団の統制・武士の心得などを記した、北条氏の家訓を何というか。	10 早雲寺殿廿一箇条
★11	理非にかかわらず、喧嘩当事者双方を処罰する規定を何というか。	11 喧嘩両成敗法
★12	戦国大名は領内掌握のため、家臣などからその支配	12 指出検地

地の面積・作人・収量などを自己申告させたが，これを何というか。

13 戦国時代に綿花栽培が始まり，輸入品であった木綿製品の国内生産が可能となったが，主な綿花の栽培地域をあげよ。　　13 三河など

14 武田信玄によって，甲府盆地の治水のため釜無川・御勅使川の合流地点につくられた堤防を何というか。　　14 信玄堤

★★15 戦国大名が城郭を中心に家臣団・商工業者を集住させ，計画的に建設した都市を何というか。　　15 城下町

★★16 戦国大名北条氏の城下町を何というか。　　16 小田原

★★17 戦国大名大内氏の城下町を何というか。　　17 山口

18 戦国大名大友氏の城下町を何というか。　　18 豊後府内

19 戦国大名今川氏の城下町を何というか。　　19 府中(駿府)

20 戦国大名上杉氏の城下町を何というか。　　20 春日山

★21 戦国大名朝倉氏の城下町を何というか。　　21 一乗谷

都市の発展と町衆

★1 中世，寺院・神社の門前市から発達した町を何というか。　　1 門前町

2 伊勢内宮と外宮の門前町はそれぞれどこか。　　2 宇治・山田

3 延暦寺・日吉神社の門前町で，琵琶湖水運の物資が集積し，馬借の拠点となった町はどこか。　　3 坂本

4 長野は何という寺院の門前町か。　　4 善光寺

★★5 室町・戦国期に，一向宗の寺院・道場を中心に，その敷地内の周囲に土塁や濠をめぐらせて形成された町を，総称して何というか。　　5 寺内町

6 越前国にあり，1471(文明3)年に蓮如が道場を開いた町はどこか。　　6 吉崎

★7 河内国にあり，興正寺の一向宗門徒を中心とした町はどこか。　　7 富田林

★8 摂津国にあり，蓮如が御坊を開いた町はどこか。　　8 石山

9 中世における市場で，特定商人によって占有される特権的な販売座席を何というか。　　9 市座

★★10 商工業発展のために，戦国大名は座の特権を否定し，自由な商品流通をはかった。この政策を何というか。　　10 楽市令(楽市)

★★11 貿易や商業の発展にともなって海陸交通の要地に成　　11 港町

4. 戦国大名の登場　109

立した港湾都市を何というか。

12 戦国時代に発展した，伊勢湾の奥にあって長良川の河口近くに位置し，水陸交通の要地として栄えた商港を何というか。　　12 桑名

★13 伊勢神宮の門前町である宇治・山田の外港として栄えた商港を何というか。　　13 大湊

14 戦国時代以降に特に発展した，若狭湾の支湾にある商港をあげよ。　　14 小浜

15 越前の港町で，古代，渤海使のために松原客院がおかれていたのはどこか。　　15 敦賀

16 戦国時代以降に特に発展した，瀬戸内海に臨む備後の商港を何というか。　　16 尾道

17 備後国福山を流れる芦田川河口部の中洲に門前町・港町・市場町として存在したが，江戸時代の洪水により水没した町を何というか。　　17 草戸千軒町

18 平安時代末期の大輪田泊で，現在の神戸港西部にあたる商港を何というか。　　18 兵庫

19 遣唐使のころから用いられ，明や琉球との貿易で栄えた薩摩半島南西部の商港町を何というか。　　19 坊津

★★20 和泉国の港湾都市で，15世紀後半から勘合貿易・南蛮貿易で繁栄し，自治組織を持っていた都市名をあげよ。　　20 堺

★★21 宣教師ガスパル゠ヴィレラは『耶蘇会士日本通信』のなかで「此の町はベニス市の如く執政官によりて治めらる」と述べているが，20 の都市の自治を指導した36人の豪商を何というか。　　21 会合衆（納屋衆）（えごうしゅう）

★★22 20 の都市の自治を奪い，屈服させた戦国大名はだれか。　　22 織田信長

★23 商人が大内氏と結んで勘合貿易に活躍した，筑前国の港湾都市を何というか。　　23 博多

24 23 の都市の自治的運営は12人の豪商があたったが，この都市の自治を担った役人を何というか。　　24 年行司

★25 戦国時代の京都では，土倉・酒屋などの自営商工業者が，自治・自衛の共同体としての町を組織したが，その中心的構成員を何というか。　　25 町衆（まちしゅう）

26 戦国時代の京都の町で定められた独自の決まりを何　　26 町法（町掟）

というか。

27 戦国時代の京都で，町衆から選ばれ，町や町組を運営した者を何とよぶか。

★28 応仁の乱後，町衆の経済力と結束力を背景に復活した祇園社（八坂神社）の疫病除けの祭礼を何というか。

27 月行事（つきぎょうじ）

28 祇園祭

第6章 幕藩体制の確立

1 織豊政権

ヨーロッパ人の東アジア進出

1. 15世紀後半から16世紀にかけて、ヨーロッパは世界的規模の活動を始めた。ヨーロッパを中心として世界の諸地域が広く交流する時代を何とよぶか。 — **1 大航海時代**

2. 15世紀末以降、アジアに進出し始めたヨーロッパの国を2つあげよ。 — **2 ポルトガル・スペイン(イスパニア)**

3. ポルトガルのアジア進出の根拠地について、インドの西海岸・マレー半島・中国における拠点を順にあげよ。 — **3 ゴア・マラッカ・マカオ**

4. スペインのアジア進出の根拠地はどこか。 — **4 フィリピン(ルソン島)のマニラ**

5. 明は私貿易を禁止していたが、この明の対外政策を何というか。 — **5 海禁政策**

6. 環シナ海の中国・日本・朝鮮・琉球・安南などの人々の間で国の枠をこえた貿易が行われていたが、その形態から何とよばれるか。 — **6 中継貿易**

南蛮貿易とキリスト教

1. 日本にはじめて漂着したヨーロッパ人は、どこの国の人か。 — **1 ポルトガル**

2. ポルトガル人を乗せた中国船が1543(天文12)年(1542年説もある)に漂着した地はどこか。 — **2 種子島**

3. ポルトガル人が1543年に漂着した時の**2**の地の領主はだれか。 — **3 種子島時堯**

4. **2**の地に漂着したポルトガル人がもたらした、戦国時代の日本に大きな影響を与えたものは何か。 — **4 鉄砲**

5. **4**は日本に伝来すると急速に普及し、その製造も始まった。和泉国での製造地名をあげよ。 — **5 堺**

6. 近江国で**4**が製造された地名をあげよ。 — **6 国友**

7. 紀伊国で**4**が製造された地名を2つあげよ。 — **7 根来・雑賀**

★★ 8	応仁の乱のころからあらわれ，**4**の普及でその重要性を増した雑兵を何というか。	8 足軽
★★ 9	スペイン船が来航したのは1584(天正12)年が最初であったが，その時の来航地はどこか。	9 平戸
★10	日本ではポルトガル人やスペイン人を何とよんだか。	10 南蛮人
★11	ポルトガル人・スペイン人との貿易を何というか。	11 南蛮貿易
★12	16世紀中頃から飛躍的に生産が増大し，スペイン・ポルトガルへの主要な輸出品となったものは何か。	12 銀
★13	スペイン・ポルトガルとの貿易で，もともと中国(明)産の主要な輸入品を2つあげよ。	13 生糸・絹織物
★★14	キリスト教を日本にはじめて伝えた人物はだれか。	14 フランシスコ＝ザビエル
★★15	**14**の人物が所属するカトリック教団を何というか。	15 イエズス会(耶蘇会)
16	**14**の人物が最初に日本に渡来した地はどこか。	16 鹿児島
★17	**14**の人物が日本にキリスト教を伝えたのは西暦何年のことか。	17 1549年
★18	**14**の人物が滞日2年余りの間に，布教活動を行った中国地方と九州の都市を順にあげよ。	18 山口・豊後府内
★19	堺が自治都市であることに注目して手紙でヨーロッパに紹介したポルトガル人宣教師はだれか。	19 ガスパル＝ヴィレラ
★20	織田信長・羽柴(豊臣)秀吉と親しくしてキリシタンの地歩を固め，長崎で死去したポルトガル人宣教師はだれか。	20 ルイス＝フロイス
21	**20**の人物が記した日本の政治・社会・文化に関する著書をあげよ。	21 日本史
★22	16世紀後半，キリスト教の普及につれて，各地に建てられた教会堂を何とよんだか。	22 南蛮寺
★23	はじめて豊後府内に設置された宣教師養成の学校を何というか。	23 コレジオ
★24	16世紀後半に中等教育を実施し，キリスト教徒の教育にあたった神学校を何というか。	24 セミナリオ
★★25	洗礼を受けてキリスト教に入信した大名を何というか。	25 キリシタン大名
★★26	**25**の大名のうち，宣教師のすすめで1582(天正10)年にローマ教皇のもとへ少年使節を派遣した3人の大名はだれか。	26 大友義鎮(宗麟)・有馬晴信・大村純忠

1. 織豊政権

★27	ヨーロッパへ派遣された少年使節を何とよぶか。	27 天正遣欧使節
★28	27の使節のうち、13歳で使節の正使となったのはだれか。	28 伊東マンショ
★★29	27の使節の派遣をすすめた宣教師の名をあげよ。	29 ヴァリニャーニ
30	27の使節が謁見したローマ教皇はだれか。	30 グレゴリウス13世

織田信長の統一事業

★★1	16世紀後半に、尾張国から全国統一をおし進めた人物はだれか。	1 織田信長
★★2	1の人物の勢力拡大の出発点となった、1560（永禄3）年の戦いを何というか。	2 桶狭間の戦い
★★3	2の戦いで倒された駿河の戦国大名はだれか。	3 今川義元
4	織田信長は1567（永禄10）年に美濃の斎藤氏を滅ぼしたのち、その城下町であった稲葉山城に移った。この時、稲葉山を何と改めたか。	4 岐阜
★5	織田信長が統一事業を進めるにあたって用いた印判には、何という字が刻まれていたか。	5 天下布武
★★6	1568（永禄11）年に上洛をはたした織田信長が、将軍職につけた人物はだれか。	6 足利義昭
★★7	織田信長に敵対した、北近江と越前の戦国大名をそれぞれあげよ。	7 浅井長政・朝倉義景
★★8	織田信長が7の大名を討ち破った、1570（元亀元）年の戦いを何というか。	8 姉川の戦い
★★9	7の大名と結んで織田信長に反抗し、1571（元亀2）年に焼打ちされた寺院は何か。	9 延暦寺
★10	織田信長が、対立するようになった将軍足利義昭を追放し、室町幕府を滅ぼしたのは西暦何年のことか。	10 1573年
★11	織田信長の鉄砲を重視した戦術が威力を発揮し、信長・徳川家康連合軍が宿敵を大敗させた、1575（天正3）年の戦いを何というか。	11 長篠合戦
★12	11の合戦に敗北し、7年後の天目山の戦いで滅亡した戦国大名はだれか。	12 武田勝頼
★13	織田信長が琵琶湖畔に築城し、根拠地とした城郭を何というか。	13 安土城
14	一向一揆の中心で、織田信長との11年におよぶ戦いののち、1580（天正8）年に屈服した勢力は何か。	14 石山本願寺

★15 織田信長と **14** の勢力との戦いを何というか。　　15 石山戦争(合戦)

16 **15** の戦いの一向一揆側の指導者(本願寺の住職)はだれか。　　16 顕如(光佐)

★17 織田信長に敵対した各地の一向一揆のうち、木曽川河口デルタ地帯の大勢力で、1574(天正2)年に信長に滅ぼされたものは何か。　　17 伊勢長島の一向一揆

★18 織田信長は武力による征服を進めると同時に、国内統一のための新政策を行ったが、彼が新しい征服地で実施した自己申告による土地調査を何というか。　　18 指出検地

★19 関所の廃止や撰銭令などとともに、商工業振興のために織田信長が命じた市場に関する法令をあげよ。　　19 楽市令

20 織田信長によって **19** の法令が出された美濃と近江の都市をそれぞれあげよ。　　20 加納・安土

★21 1582(天正10)年に謀反をおこし、織田信長を討った家臣はだれか。　　21 明智光秀

★22 織田信長が **21** の人物にそむかれて敗死した事件を何というか。　　22 本能寺の変

豊臣秀吉の全国統一

★★1 尾張の中村に生まれ、織田信長の有力家臣に出世し、天下統一をひき継いだ人物はだれか。　　1 羽柴(豊臣)秀吉

★★2 **1** の人物が、本能寺の変後まもなく明智光秀を討ち破った戦いを何というか。　　2 山崎の合戦

★★3 **1** の人物は1583(天正11)年、織田信長の後継者の地位を固める過程で、北陸に根拠を持つ信長の重臣を近江琵琶湖北岸で破った。この戦いを何というか。　　3 賤ヶ岳の戦い

★★4 **3** の戦いで破れた信長の重臣はだれか。　　4 柴田勝家

★★5 羽柴秀吉が、旧石山本願寺跡に築き、国内統一の拠点とした城郭を何というか。　　5 大坂城

★★6 1584(天正12)年、羽柴秀吉は徳川家康・織田信雄と尾張で戦ったが、この戦いを何というか。　　6 小牧・長久手の戦い

7 1585(天正13)年に、羽柴秀吉は四国を平定したが、この時屈服した四国の戦国大名はだれか。　　7 長宗(曽)我部元親

8 羽柴秀吉が全国の支配者として、1585年と、その翌年に任じられた官職を順にあげよ。　　8 関白・太政大臣

★9 羽柴秀吉は天皇から全国の支配権をゆだねられたと　　9 惣無事令

称し，全国の大名に停戦をよびかけたが，これを何というか。

★★10 羽柴秀吉が1586(天正14)年に朝廷から与えられた新たな姓を何というか。

10 豊臣

★11 1587(天正15)年に，豊臣秀吉は九州征討を行ったが，この時屈服した薩摩の戦国大名はだれか。

11 島津義久

★12 豊臣秀吉の全国統一の最終段階として行われた，関東地方制圧の戦いを何というか。

12 小田原攻め(小田原征伐)

★13 12 の戦いで降伏し，切腹させられた人物と，その子で，この時の当主をあげよ。

13 北条氏政・氏直

★14 豊臣秀吉が奥州を平定し，全国統一を完成させたのは西暦何年のことか。

14 1590年

★15 豊臣秀吉の奥州平定の折に服属した，陸奥を代表する戦国大名はだれか。

15 伊達政宗

★★16 豊臣秀吉は1588(天正16)年に，新築した邸宅に天皇を迎えて諸大名に忠誠を誓わせたが，天皇を迎えるために造営した邸宅名をあげよ。

16 聚楽第

★★17 16 の邸宅に迎えられた天皇はだれか。

17 後陽成天皇

★18 豊臣氏の直轄領のことを，当時何といったか。

18 蔵入地

19 豊臣氏の直轄領はおよそ何石あったか。

19 約220万石

★★20 豊臣秀吉が1588年に鋳造させた貨幣を何というか。

20 天正大判

★★21 豊臣秀吉が直轄にした鉱山のうち，2007年に世界遺産(文化遺産)に登録された島根県の鉱山は何か。

21 石見銀山(大森銀山)

22 16世紀前半に博多商人神屋(谷)寿禎が朝鮮から伝えた金・銀の製錬技術を何というか。

22 灰吹法

★★23 豊臣秀吉が直轄とした都市で，大坂城とならんで築城したのは山城のどこか。

23 伏見

24 豊臣秀吉の保護のもと，明や朝鮮との貿易で巨富を得，文禄・慶長の役にあたり博多町人の代表として，町の監督権を与えられた富商を2人あげよ。

24 島井宗室・神屋宗湛

★25 豊臣秀吉の政権のもとで，行政・司法・財務などを分掌した腹心の武将たちを何というか。

25 五奉行

★★26 豊臣秀吉が晩年に，後事を託するために任命して，重要政務を合議させた有力大名を何というか。

26 五大老

★27 五奉行のうち，首座として豊臣秀吉の死後の政局収拾に苦心したが，関ヶ原の戦いで徳川家康に従い，

27 浅野長政

常陸に転封になった人物はだれか。

★28 五奉行のうち、検地奉行として活躍したが、関ヶ原の戦いでは大坂城で西軍に属し、高野山に追放された人物はだれか。

28 増田長盛

★29 五奉行のうち、公家・寺院・京都の庶政を担当し、関ヶ原の戦いでは西軍に属したが、徳川家康に寝がえって所領を守った人物はだれか。

29 前田玄以

★30 五奉行のうち、財政および検地を担当し、関ヶ原の戦いで西軍に属し、敗北後、自決した人物はだれか。

30 長束正家

★31 五奉行のうち、内政面に練達した能力を発揮したが、関ヶ原の戦いでは西軍の中心となり、戦後、斬首になった人物はだれか。

31 石田三成

★32 五大老の筆頭はだれか。

32 徳川家康

★33 織田信長の家臣であったが、豊臣秀吉に仕えて北陸最大の大名となり、金沢を居城とした五大老はだれか。

33 前田利家

★34 「中国の雄」といわれたが、関ヶ原の戦いで西軍の主将として大坂城にいたため、周防・長門の2国に減封された五大老はだれか。

34 毛利輝元

★35 五大老のうち、毛利家の中国覇権確立を助けた、安芸の戦国大名はだれか。

35 小早川隆景

★36 備前岡山城主で、関ヶ原の戦いで西軍に参加したため、八丈島に配流された五大老はだれか。

36 宇喜多秀家

★37 北陸の雄として豊臣秀吉に仕え、関ヶ原の戦いで西軍に属したが、敗北後徳川家康に降り、米沢30万石に減封された五大老はだれか。

37 上杉景勝

検地と刀狩

★1 1582(天正10)年の山崎の合戦以来、全国統一の進行とともに実施された土地・人民の調査を何というか。

1 太閤検地

2 1の調査にあたり、不統一であった面積の単位を統一し、1町を10段、1段を10畝、1畝を30歩とし、1間四方を1歩としたが、1間の長さは何尺何寸に定められたか。

2 6尺3寸

★3 1の調査にあたり1段は何歩とされたか。

3 300歩

★4 年貢納入の時も、京都を中心に使用されていた枡を

4 京枡

1. 織豊政権

全国の標準枡としたが、この枡を何というか。

★5　太閤検地では、田畑・屋敷を上・中・下・下々の4等級に分け、その等級ごとに、段当りの標準収穫高を定めたが、これを何というか。

5　石盛（斗代）

★★6　5に面積をかけて得られる土地の生産高を何というか。

6　石高

★★7　太閤検地の結果、全国の生産力が玄米の収穫高で換算された制度を何というか。

7　石高制

8　従来の貫高制を7の制度に改めたことによる太閤検地の別称を何というか。

8　天正の石直し

★9　太閤検地は、一区画の土地の耕作者を一人の百姓に定め、従来の荘園制における複雑な土地に対する権利や中間搾取を排除した、この原則を何というか。

9　一地一作人

10　太閤検地と並行して行われた村の境を確定した政策を何というか。

10　村切

★★11　全国統一を終えた豊臣秀吉は、諸大名に対し、領国の土地調査の結果をまとめた土地台帳と国ごとの地図の提出を命じた。それぞれ何というか。

11　検地帳（御前帳）・国絵図

★★12　11の土地台帳の提出により、すべての大名の石高が確定され、各大名は石高に応じて豊臣秀吉に軍事的な奉仕を行う体制が確立した。この軍事負担を何というか。

12　軍役

★★13　1588（天正16）年に、豊臣秀吉が、方広寺の大仏造営を口実に諸国の農民から武器を没収した法令を何というか。

13　刀狩令

★★14　13の法令は農民の一揆を防止する目的のほかに、もう1つ目的があったが何か、漢字4字で示せ。

14　兵農分離

★15　1591（天正19）年、豊臣秀吉は武士の百姓・町人化、百姓の移転・転業を禁じ、身分を固定するための法令を出したが、これを何というか。

15　人掃令（身分統制令）

16　豊臣秀吉の姉の子で秀吉の養子となり、秀吉にかわり関白となったのはだれか。

16　豊臣秀次

秀吉の対外政策と朝鮮侵略

★★1　豊臣秀吉は九州平定の帰路、博多で突然キリスト教の禁教政策を打ち出したが、この法令を何という

1　バテレン（宣教師）追放令

　　　　か。
- ★ **2** **1**の法令は西暦何年に発布されたか。 — 2 1587年
- ★★ **3** 1588(天正16)年，豊臣秀吉はイエズス会領となっていた地を没収して直轄地としたが，どこか。 — 3 長崎
- ★★ **4** **3**の地をイエズス会に寄進したキリシタン大名はだれか。 — 4 大村純忠
- ★ **5** 1587(天正15)年，豊臣秀吉は大名らのキリスト教入信を許可制にしたが，この時キリスト教を捨てず領地を取り上げられた播磨国明石城主はだれか。 — 5 高山右近
- **6** 1596(慶長元)年，土佐に漂着したスペイン船の乗組員が，スペインが領土拡張に宣教師を利用していると証言する事件がおこった。この事件を何というか。 — 6 サン゠フェリペ号事件
- **7** 1596年，豊臣秀吉は**6**の事件を機に京畿地方のフランシスコ会の宣教師や信者を長崎で処刑した。これを何というか。 — 7 26聖人殉教
- ★★ **8** 豊臣秀吉は長崎・京都・堺などの商人に渡航許可証を与えて貿易を保護・奨励した。この許可証を何というか。 — 8 朱印状
- ★★ **9** 1588年に，豊臣秀吉が倭寇などの海賊行為を禁止し，海上支配を強化するために発した命令を何というか。 — 9 海賊取締令
- ★ **10** 豊臣秀吉は東アジア諸地域に強圧的な書簡を送り，服属と入貢を求めたが，それはどこにあったポルトガル政庁か。 — 10 ゴア
- ★ **11** 豊臣秀吉が強圧的な書簡を送り，服属と入貢を求めたのは，それはどこにあったスペイン政庁か。 — 11 マニラ
- ★ **12** 豊臣秀吉は高山国に入貢を求めたが，高山国とはどこのことか。 — 12 台湾
- ★ **13** 豊臣秀吉と朝鮮との仲介にあたった対馬の大名は何氏か。 — 13 宗氏
- ★ **14** 豊臣秀吉が，朝鮮に対し入貢と明への出兵の先導を求めたが拒否され，15万余りの大軍を朝鮮に派兵した。この1度目の朝鮮出兵を何というか。 — 14 文禄の役
- ★ **15** **14**の朝鮮出兵は西暦何年に始まったか。 — 15 1592年
- ★ **16** 豊臣秀吉による朝鮮出兵の本陣とされ，城が築かれたのは肥前のどこか。 — 16 名護屋
- ★★ **17** 文禄の役の先鋒として，兵を率いて出兵したキリシ — 17 小西行長

1. 織豊政権

タン大名はだれか。
- ★★18 文禄の役の先鋒として出兵した，豊臣秀吉の子飼いの武将はだれか。　　18 **加藤清正**
- ★19 文禄の役の時，朝鮮側の水軍を率いて奮戦した朝鮮の武将はだれか。　　19 **李舜臣**
- ★20 文禄の役後の日明交渉は，豊臣秀吉の意図と大きく異なったため秀吉は再出兵した。この２度目の朝鮮出兵を何というか。　　20 **慶長の役**
- ★21 20の朝鮮出兵は西暦何年に始まったか。　　21 **1597年**
- 22 朝鮮出兵の際，首にかえて戦功として日本に送られた耳や鼻を埋めたとされる京都方広寺近くにある埋納施設を何というか。　　22 **耳塚(鼻塚)**
- 23 豊臣秀吉の２度の朝鮮出兵は，朝鮮では何とよばれたか。　　23 **壬辰・丁酉倭乱**

2 桃山文化

桃山文化

- ★1 織田信長・豊臣秀吉に代表される新興武将と豪商の財力を土台とした文化を何というか。　　1 **桃山文化**
- 2 1の文化の特色を３つあげよ。　　2 **①仏教色のうすい文化(現実的・人間的文化)，②豪華・壮大な文化，③西欧文化の積極的受容**

桃山美術

- ★★1 桃山文化を象徴する高層の楼閣や郭・櫓を持つ建築物は何か。　　1 **城郭**
- ★★2 1の建築の中心をなす高層の楼閣を何というか。　　2 **天守閣**
- ★3 城郭は，軍事的拠点として山上を利用したものから，桃山時代にどのような形式に変化していったか。城郭の変遷を時代順に３つあげよ。　　3 **山城・平山城・平城**
- ★★4 池田輝政が慶長年間に築城した平山城で，五層七重の大天守に３個の小天守をつなぐ連立式天守を持つ城郭をあげよ。　　4 **姫路城**

★★ 5	豊臣秀吉の晩年の邸宅を兼ねた平山城で、秀吉死後、徳川家康が居館としたが、のちに破壊された京都の城郭を何というか。	5 伏見城
★ 6	5の城郭の遺構を本殿とする、琵琶湖の竹生島にある神社を何というか。	6 都久夫須麻神社
★★ 7	豊臣秀吉が京都に造営した城郭風の邸宅で、豊臣秀次に譲られ、秀次滅亡後に破壊された建築物を何というか。	7 聚楽第
★ 8	7の建築物の遺構といわれているものを2つあげよ。	8 西本願寺飛雲閣・大徳寺唐門
9	徳川家康が上洛の時の居館として造営した平城で、桃山風の二の丸御殿と庭園を持つ城郭をあげよ。	9 二条城
★★10	桃山文化を代表する絵画は、城郭の内部をかざる襖や屏風に描かれたものだが、このような絵を何というか。	10 障壁画(障屏画)
★★11	10の絵画に多く用いられた手法で、金地に群青や緑青などを厚く塗った金碧濃彩画を何というか。	11 濃絵
★★12	10の絵画にすぐれ、江戸幕府の御用絵師となった画派をあげよ。	12 狩野派
★★13	12の画派の発展の基盤を築いた人物で、安土城・大坂城などの障壁画を描いたのはだれか。	13 狩野永徳
★14	13の人物の代表作で、雌雄一対の獅子を描いた屏風絵を何というか。	14 唐獅子図屏風
★★15	13の人物の門弟で、絵画に装飾性を強めた画風を築き、「松鷹図」「牡丹図」で有名な絵師はだれか。	15 狩野山楽
★★16	金碧濃彩画と水墨画の両方ですぐれた作品を残した画家で、水墨画では「松林図屏風」、金碧濃彩画では「智積院襖絵」を残している人物はだれか。	16 長谷川等伯
★17	桃山文化の代表的画家で「山水図屏風」の作者はだれか。	17 海北友松
★18	桃山文化の庶民生活や風俗を題材とする絵画を総称して、何というか。	18 風俗画
★19	京都内外の名所や市民生活を描いた、狩野永徳の屏風絵を何というか。	19 洛中洛外図屏風
20	諸種の職人の姿を描いた屏風絵で、狩野吉信の作品を何というか。	20 職人尽図屏風

21	桜花の下で貴人と供の男女の遊楽を描く屏風絵で，桃山時代の風俗をよく示している狩野長信の作品を何というか。	21 花下遊楽図屛風
22	桃山時代に盛んに行われるようになった，戸や障子の上部にある鴨居と天井との間の板の部分にほどこされた彫刻を何というか。	22 欄間彫刻
23	朝鮮侵略の際に木製の活字印刷術が伝えられたが，この印刷術によって後陽成天皇の勅命を受けて出版された数種の書物を何というか。	23 慶長勅版

町衆の生活

★★ 1	堺の豪商出身で草庵茶室を完成し，茶道を大成した人物をあげよ。	1 千利休(千宗易)
★★ 2	1の人物が完成した茶道を何というか。	2 侘茶
★★ 3	1の人物が造作したとされる，京都の臨済禅院にある草庵風茶室建築を何というか。	3 妙喜庵待庵
★ 4	1587(天正15)年に，豊臣秀吉が身分・貧富の差なく自由に参集を求めた大茶会(大茶湯)は，京都のどこで行われたか。	4 北野神社
★ 5	桃山時代にある女性が創始し，念仏踊りに簡単な所作を加え，江戸時代に民衆演劇の代表的なものに発展するもととなったのは何か。	5 阿国歌舞伎(かぶき踊り)
★ 6	5の踊りを創始したとされる人物はだれか。	6 出雲阿国
★★ 7	16世紀半ばに琉球から日本に伝来したころは蛇皮を張っていたが，のちに猫皮を利用した三絃ともよばれる楽器は何か。	7 三味線
★★ 8	7の楽器を伴奏楽器として，操り人形を動かす民衆演劇を何というか。	8 人形浄瑠璃
★★ 9	堺の商人高三隆達が節付けしたという小歌を何というか。	9 隆達節
★ 10	桃山時代に男女の間に一般化した，袖が筒状の衣服を何というか。	10 小袖
11	近世以降，男性が10の衣類の上に身につけた，略礼服の上下をそれぞれ何というか。	11 肩衣・袴

南蛮文化

★1 桃山時代に，日本人の手によって南蛮人との交易や風俗を主題とする屏風絵が描かれたが，これらの作品を何というか。 | 1 南蛮屏風

★★2 金属製の活字による活字印刷術を伝えた，イエズス会の宣教師はだれか。 | 2 ヴァリニャーニ

★3 活字印刷術によって，宗教書の翻訳や辞典・日本古典などが印刷・刊行されたが，これらの書物を何というか。 | 3 キリシタン版(天草版)

★4 3の書物のなかで，日本古典を全文ポルトガル系ローマ字で記述した代表的な例をあげよ。 | 4 天草版平家物語

5 3の書物のなかで，ヨーロッパの物語をローマ字で記述して刊行した代表的な例をあげよ。 | 5 天草版伊曽保物語

6 3の書物の1つで，長崎で刊行されたイエズス会宣教師編纂による，日本語をローマ字で収録してポルトガル語で説明した辞書を何というか。 | 6 日葡辞書

3 幕藩体制の成立

江戸幕府の成立

★★1 三河の小大名出身で，小田原の北条氏の滅亡後，豊臣秀吉が東国の支配をまかせた人物はだれか。 | 1 徳川家康

★★2 1の人物は東国支配のため，北条氏の支城を根拠地としたが，その城の所在地はどこか。 | 2 江戸

★★3 1の人物が覇権を確立した天下分け目の戦いは，西暦何年の何という戦いか。 | 3 1600年・関ヶ原の戦い

★★4 3の戦いで西軍の中心になった豊臣政権の五奉行の一人で，内政面に練達した人物はだれか。 | 4 石田三成

★★5 五大老のうち，4の人物に推されて関ヶ原の戦いで西軍の盟主になったのはだれか。 | 5 毛利輝元

★★6 関ヶ原の戦いは西軍の敗北に終わったが，西軍の武将のうち，朝鮮出兵で活躍し，キリシタン大名としても有名なのはだれか。 | 6 小西行長

★★7 豊臣秀吉の武将の一人で，朝鮮出兵で活躍し，関ヶ原の戦いでは東軍に属した肥後を領国とする築城の | 7 加藤清正

名手はだれか。
8　豊臣秀吉の武将の一人で，関ヶ原の戦いでは東軍に属し，広島城主となったが，のちに居城を無断で修築したことを江戸幕府にとがめられ，領地を没収されたのはだれか。　　　　　　　　　　　　　　　　8　福島正則

★9　江戸幕府の大名に対する処分で，領地を没収しその家を断絶させることを何というか。　　　　　　　　　9　改易

★10　江戸幕府の大名に対する処分で，領地を削減することを何というか。　　　　　　　　　　　　　　　10　減封

★11　江戸幕府の大名に対する処分で，領地の変更を何というか。　　　　　　　　　　　　　　　　　　　11　転封（国替）

★12　関ヶ原の戦いに勝利した徳川家康は，征夷大将軍に任じられ幕府を創設したが，この幕府を何というか。　12　江戸幕府

★13　12の政権が開かれたのは西暦何年か。　　　　　　13　1603年

14　徳川家康は諸大名に，一村ごとの石高を郡単位に記載しこれを一国単位にまとめた帳簿の作成を命じたが，この帳簿を何というか。　　　　　　　　　　　　14　郷帳

★15　征夷大将軍の職は，1605（慶長10）年に徳川家康の3男に譲られ，家康の子孫が継承することが世に示された。この3男とはだれか。　　　　　　　　　　15　徳川秀忠

★16　征夷大将軍を辞した徳川家康は駿府に移ったが，前将軍として実権は握りつづけた。前将軍に対する尊称は何か。　　　　　　　　　　　　　　　　　　　16　大御所

★17　豊臣氏は，1614（慶長19）年・1615（元和元）年の2度の戦いで滅びたが，この戦いを何というか。　　　17　大坂の役（大坂冬の陣・夏の陣）

★18　17の戦いで滅ぼされた豊臣秀吉の子はだれか。　　18　豊臣秀頼

19　17の戦いの発端となった「国家安康，君臣豊楽」の銘がある鐘は，何という寺のものか。　　　　　　　19　方広寺

幕藩体制

★★1　大坂の役の直後に，幕府は諸大名に対し，居城以外の城は破却するように命じたが，この法令を何というか。　　　　　　　　　　　　　　　　　　　　　1　一国一城令

2　大坂の役の後，徳川家康は諸大名を伏見城に集め，将軍徳川秀忠の名で大名の守るべき基本法を公表し　　2　武家諸法度（元和令）

	た。これを何というか。	
3	2の法令を起草したのは，徳川家康に仕えた南禅寺の僧で「黒衣の宰相」とよばれた人物であるが，だれか。	3 金地院崇伝（以心崇伝）
★★ 4	江戸時代には，将軍と主従関係を結んだ石高1万石以上の支配地を与えられた武家が270家前後あったが，これを何というか。	4 大名
★★ 5	江戸時代の大名のうち，徳川氏の一門を何とよんだか。	5 親藩
★★ 6	関ヶ原の戦い以前から徳川氏に臣従していた大名を何というか。	6 譜代
★★ 7	関ヶ原の戦いに前後して徳川家に臣従した大名を何というか。	7 外様
★★ 8	徳川氏一門のなかでも家康の子どもの家系には最高の格式が与えられ，将軍を出すことができる家柄と定められていたが，それを何というか。	8 三家
★ 9	8の家柄の家名（藩名）をあげよ。	9 尾張・紀伊・水戸
★★10	江戸幕府3代将軍で，幕府の支配体制を確立した人物はだれか。	10 徳川家光
★★11	江戸幕府は諸大名や旗本に，石高に応じて人馬や武器類の保有を義務づけ，戦時にはこれらの兵馬をひきつれて参加させた。これを何というか。	11 軍役
12	江戸幕府は必要に応じ，諸大名に城郭の普請や修理・河川工事などを課したが，これを何というか。	12 お手伝（お手伝普請）
13	3代将軍徳川家光の時に発布された大名統制の基本法は何か。	13 武家諸法度（寛永令）
14	13の法は西暦何年に出されたか。	14 1635年
★★15	13の法によって，大名統制のために明文化された制度を何というか。	15 参勤交代
16	13の法によって大名は何石以上の船の建造が禁止されたか。	16 500石
★★17	強力な領主権を持つ将軍（幕府）と大名（藩）が，土地と人民を統治する支配体制を何というか。	17 幕藩体制

幕府と藩の機構

1	江戸幕府の直轄地を何というか。	1 幕領（天領）

3．幕藩体制の成立

★	2	**1**の領地は全国におよんだが, 何万石ぐらいあったか。	2 **400万石**
★	3	徳川将軍直属の家臣を総称して何というか。	3 直参
★	4	**3**の家臣は石高1万石未満のものであったが, このうち領地を与えられてその支配を許された上級の家臣を何というか。	4 旗本
★	5	**4**の家臣が支配を許された領地を何というか。	5 旗本知行地
	6	旗本の領地は全部で何万石ぐらいあったか。	6 **300万石**
★	7	直参のうち, 給与である蔵米を支給されていた下級家臣を何というか。	7 御家人
★	8	旗本と御家人とでは, 将軍に謁見を許されるかどうかという決定的な違いがあった。将軍に謁見することを何というか。	8 お目見え
★	9	江戸幕府草創期の政治組織は, 家老・年寄など三河時代の方式によったため,「庄屋仕立て」などといわれたが, 整備されたものになるのは何代目将軍のだれの時か。	9 3代将軍徳川家光
★★	10	江戸幕府の職制のうち, 政務を統轄していた常置の最高職を何というか。	10 老中
★★	11	幕府の非常時に, **10**の職の上位におかれた幕府の最高職を何というか。	11 大老
★★	12	老中を補佐し, 旗本・御家人の監督を行う職を何というか。	12 若年寄
★★	13	老中の下にあり, 特に大名の監察にあたる職を何というか。	13 大目付
★★	14	若年寄の下にあり, 旗本・御家人の監察にあたる職を何というか。	14 目付
★★	15	江戸幕府の職制のなかで, 三奉行と総称された役職をすべてあげよ。	15 寺社奉行・勘定奉行・町奉行
★★	16	三奉行のうち, 将軍直属で譜代大名より選任され, 最高の格式を持ち, 寺社・寺社領の管理や宗教統制, 関八州以外の私領の訴状受理などを担当したのは何か。	16 寺社奉行
★★	17	三奉行のうち, 旗本から選任され, 幕領の租税徴収や, 関八州の公私領や全国の幕領の訴訟を担当したのは何か。	17 勘定奉行

第6章 幕藩体制の確立

★★18	三奉行のうち，旗本から選任され，江戸市中の行政・司法・警察を担当し，南北両奉行からなっていたのは何か。	18 町奉行
19	江戸幕府の職制の特色は，各役職が複数で構成され，月ごとに勤務を交代した点にあるが，これを何というか。	19 月番交代
★20	三奉行が専決できない重大事や管轄のまたがる訴訟などは，三奉行に老中などを加えて最高司法機関を構成して処理したが，この機関を何とよんだか。	20 評定所
★★21	江戸幕府の職制のうち，朝廷の監察や連絡，西国大名の監視などにあたった要職を何というか。	21 京都所司代
★★22	江戸幕府の支配する城を，将軍にかわって守衛し政務をつかさどった職名を何というか。	22 城代
★★23	22のうち，西国諸大名の監視も行った職は何か。	23 大坂城代
★★24	江戸幕府は重要直轄地に奉行を設置したが，この奉行を総称して何というか。	24 遠国奉行
★★25	東照宮が造営された江戸幕府の直轄地の警衛のためにおかれた遠国奉行を何というか。	25 日光奉行
★26	江戸幕府直轄の金山の管理と民政のためにおかれた遠国奉行は何か。	26 佐渡奉行
★★27	オランダや清との貿易やその町の民政を管轄する遠国奉行を何というか。	27 長崎奉行
★★28	江戸時代に，江戸以外で町奉行が設置された直轄都市を3つあげよ。	28 京都・大坂・駿府
★★29	町奉行をはじめ幕府の主な職に配属されて，上役を助ける実務の職を何というか。2つあげよ。	29 与力・同心
★★30	奉行支配地以外の直轄地の民政は，勘定奉行の支配下の職がそれにあたった。そのうちでおよそ10万石以上の地を担当した職を何というか。	30 郡代
★★31	10万石に達しない幕領の支配を担当した職を何というか。	31 代官
★★32	江戸時代の大名の領地・領民・統治機構などを総称して，何というか。	32 藩
★★33	大名の重臣で，大名領の政治を総轄した職を一般的に何というか。	33 家老
34	大名領でも，幕領と同様に，地方民政を担当した職	34 郡奉行

3. 幕藩体制の成立

	があったが，これを一般的に何というか。	
★35	各藩において，大名が家臣に禄高にあたる一定の領地を与え，その領民支配を認める制度を何というか。	35 地方知行制
★★36	大名が家臣に蔵米を支給する制度を何というか。	36 俸禄制度

天皇と朝廷

1	1613(慶長18)年に出された公家衆法度で陰陽道を家業とされたのは何家か。	1 土御門家
★★2	朝廷や公家の統制のために江戸幕府が制定した法令で，「天子諸芸能の事，第一御学問也」で始まるのは何か。また，これは西暦何年に定められたか。	2 禁中並公家諸法度・1615年
3	江戸幕府が朝廷統制の主導権を与えた関白・三公を何と総称するか。	3 摂家
★4	公家から2人選ばれ，朝廷に幕府側の指示を与えた役職を何というか。	4 武家伝奏
★5	江戸幕府は天皇の領地を必要最低限にとどめ，徳川家康が整理して約1万石，のち秀忠が1万石，綱吉が1万石を献じて計約3万石とした。この天皇領を何というか。	5 禁裏御料
★6	1627(寛永4)年に，朝廷と寺社の関係に幕府が介入し，天皇の勅許を無効としたため，これに抗議した僧侶が処罰されたり，天皇が突然譲位したりする事件がおこった。これを何というか。	6 紫衣事件
★7	6の事件の時，譲位した天皇はだれか。	7 後水尾天皇
★8	6の事件後に皇位についたのは，2代将軍徳川秀忠の娘和子との間に生まれた娘であったが，何天皇か。	8 明正天皇
9	8の天皇は奈良時代以来，859年ぶりの女性天皇であったが，その後の女性天皇で，桃園天皇急死後の1762(宝暦12)～70(明和7)年に在位したのは何天皇か。	9 後桜町天皇
10	紫衣事件の時，幕府に抗議し，出羽に配流された大徳寺の僧侶はだれか。	10 沢庵(宗彭)

禁教と寺社

1	江戸幕府が直轄領に禁教令を出したのは西暦何年か。	1 1612年

#	問	答
★2	1614(慶長19)年に、マニラに追放されたキリシタン大名をあげよ。	2 高山右近
★3	1622(元和8)年に、長崎でキリスト教宣教師・信徒ら55名が処刑された事件を何というか。	3 元和の大殉教
★4	江戸時代に禁教にもかかわらず表面的には棄教を装い、密かに信仰を持続したキリシタンを何というか。	4 隠れ(潜伏)キリシタン
★5	九州のキリシタン農民らが領主(松倉氏や寺沢氏)の圧政に反抗して一揆をおこしたが、これを何というか。	5 島原の乱
6	5の一揆は西暦何年におこったか。	6 1637年
7	5の一揆の際に寺沢氏が領主をつとめていた領地を何というか。	7 天草
★★8	5の一揆の首領とされた少年はだれか。	8 益田(天草四郎)時貞
★9	5の一揆勢が、籠城したのはどこか。	9 原城跡
10	5の一揆を鎮圧した功績で川越藩主となった老中はだれか。	10 松平信綱
★11	江戸幕府はキリシタン摘発のため、キリスト像やマリア像を踏ませた。これを何というか。	11 絵踏
★12	江戸幕府は一般民衆を必ずどこかの寺院に所属させ、キリシタンでないことを証明させたが、この制度を何というか。	12 寺請制度
★13	12の制度で、寺院に所属した人々を何というか。	13 檀徒(檀家・檀那)
14	12の制度にもとづいて、寺院が結婚・奉公・旅行などの際に発行する身分証明書を何というか。	14 寺請証文(宗旨手形・寺請証明)
★15	江戸幕府が禁教の目的で行った民衆の信仰調査を何というか。	15 宗門改め
★16	15の調査の結果、作成された帳簿を何というか。	16 宗門改帳(宗旨人別帳・宗門人別帳)
17	法華を信じない者の施しを受けず、また施さずとする仏教の日蓮宗の宗派も、キリスト教とともに弾圧されたが、この派を何というか。	17 不受不施派
★18	江戸幕府が出した寺院法度では、宗派ごとに中心寺院の地位を保障してその統制下の寺院を組織させた。この制度を何というか。	18 本末制度(本山・末寺の制)
19	江戸幕府が1665年に出した、宗派をこえて仏教寺院の僧侶全体を共通に統制するために制定した法令を	19 諸宗寺院法度

	何というか。	
★20	江戸幕府が1665年に出した，神社・神職に対する統制のために制定した法令を何というか。	20 諸社禰宜神主法度
21	江戸時代の神職に関する多くの免状発行権を認められ，白川家とともに神職の統制に貢献したのは何家か。	21 吉田家
22	17世紀半ばに，来日した明の僧侶によって伝えられた禅宗の一派を何というか。	22 黄檗宗
23	22の禅宗を伝えた明の僧侶とはだれか。	23 隠元（隆琦）
24	23の人物によって山城の宇治に建立された中国風の寺院を何というか。	24 万福寺

江戸時代初期の外交

★★1	1600（慶長5）年に，豊後白杵湾に漂着したヨーロッパの船名をあげよ。	1 リーフデ号
★★2	1の船はどこの国の船か。	2 オランダ
3	イギリスやオランダなどが17世紀初めに設立した，貿易・統治の権限を持った東洋経営のための特許会社を何というか。	3 東インド会社
★★4	リーフデ号の乗組員のなかで，徳川家康の外交・貿易顧問となったイギリス人はだれか。	4 ウィリアム＝アダムズ
★5	4の人物の日本名を何というか。	5 三浦按針
★6	リーフデ号の航海士で徳川家康の信任を受け，江戸に屋敷を与えられ，朱印船貿易に従事したオランダ人はだれか。	6 ヤン＝ヨーステン
★7	6の人物の日本名を何というか。	7 耶揚子
★8	江戸時代初期，オランダ人やイギリス人は何とよばれたか。	8 紅毛人
★★9	江戸時代初期，イギリスやオランダは，日本との貿易のための商館をどこに開設したか。	9 平戸
★10	1610（慶長15）年に，徳川家康はスペインの植民地であった現在のメキシコに使節を派遣して通商を求めたが，使節として派遣された京都の商人はだれか。	10 田中勝介（勝助）
11	江戸時代初期，スペイン領であったメキシコを何とよんだか。	11 ノヴィスパン
★12	1613（慶長18）年に，宣教師ルイス＝ソテロのすすめ	12 慶長遣欧使節

で，ヨーロッパへ派遣された使節を何というか。

★13　12の使節を派遣した仙台藩主はだれか。　　　　　　　　13 伊達政宗

★★14　12の使節として派遣されたのはだれか。　　　　　　　14 支倉常長

　15　江戸時代初期に，対日貿易で巨利を得ていたポルト　　15 中国産の生糸（白糸）
　　　ガル商人の日本への最大の輸出品は何か。

★16　1604（慶長9）年に，ポルトガル商人の利益独占を排　　16 糸割符制度
　　　除するため，江戸幕府が定めた特定商人に15の輸
　　　入品を一括購入させる制度を何というか。

★17　16の制度で，輸入の特権が与えられた特定商人の　　　17 糸割符仲間
　　　構成員を何というか。

★★18　17の構成員は，はじめ3カ所の都市の商人にだけ　　　18 堺・長崎・京都
　　　認められたが，どこの都市の商人か。

★19　17の構成員は，のちに江戸・大坂の商人が加えら　　　19 五カ所商人
　　　れたが，これらの特定商人たちを総称して何とよん
　　　だか。

★★20　江戸時代初期，海外貿易を盛んにするために幕府が　　20 朱印状
　　　発行した渡航許可証を何というか。

★21　20の許可証を所有し，海外に渡航した船を何とい　　　21 朱印船
　　　うか。

★22　21の船の渡航地のうち，スペインがアジア貿易の　　　22 ルソン
　　　拠点とした地域はどこか。

★23　朱印船貿易の時代，タイは何とよばれていたか。　　　23 シャム

★24　朱印船貿易の時代，ベトナム北部の地は何とよばれ　　24 アンナン
　　　ていたか。

★25　朱印船貿易の時代，ベトナムの地に隣接し，メコン　　25 カンボジア
　　　川の下流域に位置した国はどこか。

★26　朱印船貿易で活躍した，長崎と摂津平野（大坂）の豪　　26 末次平蔵・末吉孫左
　　　商をそれぞれあげよ。　　　　　　　　　　　　　　　　衛門

★27　朱印船貿易で活躍した，京都の豪商を2人あげよ。　　27 角倉了以・茶屋四
　　　　　　　　　　　　　　　　　　　　　　　　　　　　　郎次郎

★28　日本人の海外貿易の活発化にともない，海外に日本　　28 日本町
　　　移民の集団居住地が形成されたが，これを何という
　　　か。

★29　日本人居住地があったシャムの首都を何というか。　　29 アユタヤ

★30　29の日本人居住地の長で，シャム王室に重く用い　　30 山田長政
　　　られ，リゴール（六昆）太守にもなった人物はだれか。

3. 幕藩体制の成立　131

31	明の海禁政策により，日明両国の商人が主に東南アジアに出向いて行った貿易の形態を何というか。	31 出会貿易

鎖国政策

★★	1	1616（元和2）年に，幕府は貿易統制のためヨーロッパ船の来航地を限定したが，その2港をあげよ。	1 長崎・平戸
★★	2	1624（寛永元）年に幕府が来航を禁じたのは，どこの国の船か。	2 スペイン
★★	3	1623（元和9）年にオランダとの貿易競争に敗れ，平戸の商館を閉鎖して引きあげたのはどこの国か。	3 イギリス
★★	4	いわゆる鎖国令の最初として，日本人の海外渡航は朱印状のほかに別の許可状を持つ船以外は禁止になった。その許可状と，それを持つ船のことを何というか。	4 老中奉書・奉書船
	5	4の船以外の海外渡航禁止は西暦何年のことか。	5 1633年
	6	日本人の海外渡航と帰国を全面的に禁止した鎖国令は西暦何年に出されたか。	6 1635年
	7	鎖国を実質的に完成させた法令は，「かれうた」の来航を禁止したものだが，「かれうた」とはどこの国の船のことか。	7 ポルトガル
	8	7の船の来航を禁じた法令は西暦何年に出されたか。	8 1639年
★★	9	1641（寛永18）年に，オランダ商館が，平戸から長崎港内につくられた扇形の埋立地に移され，鎖国体制が完成した。この埋立地を何というか。	9 出島
★	10	オランダ商館の医師として日本に滞在したドイツ人医師・博物学者で，帰国後に『日本誌』を著わした人物はだれか。	10 ケンペル
★★	11	鎖国という言葉は，10の人物が記した『日本誌』を翻訳する過程で，ある通詞がはじめて用いたとされている。このオランダ通詞はだれか。	11 志筑忠雄

長崎貿易

★★	1	鎖国体制の完成によって，日本との長崎貿易を許された国を2つあげよ。	1 オランダ・清
★★	2	鎖国の間，幕府がオランダ船入港のたびに提出させた海外事情の報告書を何というか。	2 オランダ風説書

★★ **3** 2の報告書を作成・提出したのはだれか。　　　　　3 **オランダ商館長（カピタン・甲比丹）**

★★ **4** 長崎郊外に設置した清国人の居住地を何というか。　4 **唐人屋敷**

朝鮮と琉球・蝦夷地

★★ **1** 豊臣秀吉の出兵で絶えた朝鮮との国交が回復し、江戸に派遣されるようになった修好使節を何というか。　1 **通信使**

★★ **2** 朝鮮との貿易は、1609（慶長14）年に、対馬の宗氏と朝鮮との間に通商条約が結ばれて始まった。この条約を何というか。　2 **己酉約条（慶長条約）**

3 16世紀前半まで中継貿易で発展した琉球王国は、後期倭寇やポルトガル船の進出により急速に衰退した。1609年に、この琉球王国を武力で征服した藩はどこか。また当時の藩主はだれか。　3 **薩摩藩・島津家久**

★ **4** 琉球王国は、国王の代がわりごとに就任を感謝する使節を江戸幕府に派遣したが、これを何というか。　4 **謝恩使**

★ **5** 琉球王国は、江戸幕府の将軍の代がわりごとにそれを奉祝する使節を幕府に派遣したが、これを何というか。　5 **慶賀使**

★★ **6** 蝦夷ヶ島の和人居住地に勢力を持っていた蠣崎氏は、近世になって何と改称したか。　6 **松前氏**

★ **7** 松前藩の支配地以外の広大な地域に居住するアイヌとの交易対象地を何というか。　7 **商場（場所）**

★ **8** 蝦夷地の松前氏は、交易対象地での交易権を家臣に与えることで主従関係を維持したが、この制度を何というか。　8 **商場知行制**

★★ **9** 1669（寛文9）年に、アイヌの首長が松前藩と戦闘におよんだが、この戦いを何というか。　9 **シャクシャインの戦い**

★ **10** 18世紀前半までには、多くのアイヌとの交易対象地は和人商人の請負となったが、この制度を何というか。　10 **場所請負制度**

寛永期の文化

★★ **1** 南宋の朱熹が大成し、鎌倉時代にわが国に伝来し、五山の禅僧の間で発展した儒学を何というか。　1 **朱子学**

★★ **2** もと五山の相国寺の僧で、徳川家康に儒学を進講し、　2 **藤原惺窩**

弟子を推薦したのはだれか。

3 2の人物を祖とする朱子学の学派名をあげよ。 　　　**3** 京学

★**4** 2の人物の弟子で徳川家康に仕え，さらに4代将軍徳川家綱の代まで将軍の侍講となり，また幕政にも参与した儒者はだれか。 　　　**4** 林羅山(道春)

★**5** 3代将軍徳川家光が幕府の財力を投じて建立した，祖父家康をまつる華麗な霊廟を何というか。 　　　**5** 日光東照宮

★★**6** 5の建物は，本殿と拝殿とを相の間で結ぶという建築様式をとった代表的なものである。この様式を何というか。 　　　**6** 権現造

★**7** 後陽成天皇の弟が京都桂川のほとりに造営した，書院建築群と庭園で有名な別邸を何というか。 　　　**7** 桂離宮

8 7の別邸を造営した後陽成天皇の弟の名をあげよ。 　　　**8** 八条宮智仁親王

★★**9** 7の建物の茶室風の建築様式を何というか。 　　　**9** 数寄屋造

10 後水尾天皇の山荘で，比叡山を背景に自然の傾斜面を利用した，雄大な庭園を持つ離宮を何というか。 　　　**10** 修学院離宮

★**11** 江戸時代初期の幕府の御用絵師で，狩野派繁栄の基礎を築いた人物はだれか。 　　　**11** 狩野探幽

★**12** 11の人物の代表作の方丈襖絵の残る寺院はどこか。 　　　**12** 大徳寺

13 11の人物の門人で，庶民的な画題の作品を描いた絵師はだれか。 　　　**13** 久隅守景

14 13の人物の代表作をあげよ。 　　　**14** 夕顔棚納涼図屏風

★★**15** 江戸時代初期の京都の絵師で，土佐派の画法をもとに，新しい絵の様式を生み出した人物をあげよ。 　　　**15** 俵屋宗達

★**16** 15の人物の代表作で，ユーモラスな2神を描いた屏風絵を何というか。 　　　**16** 風神雷神図屏風

★**17** 15の人物が生み出した新しい様式の絵を何というか。 　　　**17** 装飾画

18 徳川家家臣の井伊家が所蔵していた，当世風の風俗や生活を描いた屏風を何というか。 　　　**18** 彦根屏風

★**19** 古典に通じ，蒔絵・陶芸・書道の諸分野で活躍した江戸時代初期を代表する芸術家はだれか。 　　　**19** 本阿弥光悦

★**20** 19の人物の蒔絵の代表作を何というか。 　　　**20** 舟橋蒔絵硯箱

★★**21** 肥前鍋島藩で始まった，釉をかけて高温で焼き，その上に模様や絵を描き，低温で焼く上絵付の技法を完成してその名を高めた磁器を何というか。 　　　**21** 有田焼

★★ 22	21の磁器の上絵付の技法を完成させた人物をあげよ。	22 酒井田柿右衛門
★★ 23	22の人物が生み出した技法を何というか。	23 赤絵
★★ 24	朝鮮人陶工の沈寿官らが始めたのは何焼か。	24 薩摩焼
25	京都の楽家初代長次郎が豊臣秀吉の命で，京都の聚楽第で低温で焼いた軟質の陶器を何というか。	25 楽焼
★★ 26	毛利氏のもとで始まった焼物を何というか。	26 萩焼
27	肥前国で，平戸焼とともに朝鮮の陶工の手によって始められた焼物を何というか。	27 唐津焼
★★ 28	室町時代末期に，宗鑑らによって俳諧連歌が展開されたが，しだいに五・七・五のみが独立して一句を形成するようになった。これを何というか。	28 俳諧
★ 29	俳諧の作成を推進したのは江戸時代初期の貞門派であったが，貞門派の祖といわれるのはだれか。	29 (松永)貞徳
★ 30	江戸時代初期に，婦人・子ども向きに絵が描かれ，平易に仮名文で書かれた短編小説を何というか。	30 仮名草子

4 幕藩社会の構造

身分と社会

★★ 1	公式に苗字(名字)を称し，また刀を腰に帯びる武士の特権を何というか。	1 苗字帯刀
2	町人・農民らから法外の無礼を受けた時は斬殺しても処罰されないという武士の特権を何というか。	2 切捨御免
★ 3	将軍直属の家臣である旗本・御家人を指し，幕臣ともよばれた家臣を何というか。	3 直参
4	家来のまた家来の意味で，将軍の臣下である大名・旗本の家臣を何というか。	4 陪臣
5	農業を中心に林業・漁業など小規模な経営に従事する者を何というか。	5 百姓
★★ 6	大工や左官などの手工業者であり，江戸時代に商人とともに城下町などに集住した者を何というか。	6 職人
★★ 7	武家・百姓・町人の社会で，主家の家業・家事に従事した者を何というか。	7 奉公人
8	手工業者の主家に従事し，7～10年の年期で無給で親方の家に住み込み，雑用もしながら技術を教わる	8 徒弟制度

	制度を何というか。	
9	商家に年季奉公する10〜15・16歳の幼年者で，無給で走り使いなどの雑用をする者を何というか。	9 丁稚（でっち）
10	商家の使用人中の最上位にある者で，主人から認められれば，暖簾分けして別家を出してもらうこともあった奉公人を何というか。	10 番頭（ばんとう）
★11	江戸時代の職能にもとづく身分制を何というか。	11 士農工商（しのうこうしょう）
12	江戸時代に政治的意図などから11の下に設置された身分で，結婚・交際・居住など社会生活において差別された者の総称を何というか。	12 賤民（せんみん）
★★13	12のうち，皮革処理や牢屋の牢番・行刑役などを主な生業とした者を何というか。	13 えた（穢多）・かわた（長吏（ちょうり））
★★14	12のうち，村や町から排除され集団化をとげ，物乞い・遊芸・清掃などに従事した者を何というか。	14 非人（ひにん）
★15	山岳修行により，呪術的宗教活動を行う者を何というか。	15 修験者（しゅげんじゃ）
16	一家の主として，家族に対して強い権限を持った家長を何というか。	16 戸主（こしゅ）
17	男尊女卑の風潮が強く，女性は，幼少期・結婚後・老後も男性に従うのがその心構えであるとされたが，この考え方を何というか。	17 三従の教（さんじゅうおしえ）
18	離婚の権利も夫が有し，簡略な離縁状ですまされたが，離縁状のことを俗に何というか。	18 三行半（みくだりはん）
19	離婚したくても夫が承知をしない女性のために，足かけ3年在寺すると離婚を成立させた尼寺を何というか。	19 縁切寺（駆込寺）（えんぎりでら・かけこみでら）

村と百姓

★★1	江戸時代の百姓のなかで基本的な階層は，検地帳に登録された田畑屋敷を持ち，耕作に必要な用水権・入会権などを有する年貢負担者であった。この百姓を何というか。	1 本百姓（高持百姓）（ほん・たかもち）
★★2	検地帳に記載されず，田畑も所有せず，貢租も直接負担しない江戸時代の百姓を何というか。	2 水呑百姓（無高百姓）（みずのみ・むだか）
★3	江戸時代の村には，特定の地主と身分的隷属関係を持つ最下層の人々がいたが，その呼称を2つあげよ。	3 名子・被官（なご・ひかん）

★★ 4	江戸時代の多くの村は50戸前後の自然集落であった。領主はこれを行政単位として，村の役人を通じて村を支配したが，この村の役人を総称して何というか。	4 **村方三役(地方三役)**
★★ 5	4の役人のうち，村の長を，関東・関西・東北ではそれぞれ何というか。	5 **名主・庄屋・肝煎**
★★ 6	4の役人のうち，名主などの村の長の補佐役を何というか。	6 **組頭**
★★ 7	4の役人のうち，村民代表を何というか。	7 **百姓代**
★★ 8	江戸時代の田畑・屋敷地に対する本租で，本百姓が負担した税を何というか。	8 **本途物成(本年貢)**
★★ 9	江戸時代に本百姓が負担した税で，山林などからの収益や産物収入などを対象とした雑税を何というか。	9 **小物成**
★10	江戸時代の税で，村高に応じて課せられた付加税を何というか。	10 **高掛物**
★11	朝鮮使節の往来費や治水工事など，国ごとに課された江戸時代の臨時の税を何というか。	11 **国役**
★12	江戸時代の税で，街道筋の村々の農民に課せられた公用交通の運送補助の負担を何というか。	12 **伝馬役**
★★13	本年貢は村高に一定の税率をかけて計算され，名主など村役人が責任者となって納めたが，このように村が責任を持って税を納めることを何というか。	13 **村請制**
14	江戸幕府初期の本年貢の税率は，収穫の4割が標準であったが，この税率をどのように表現したか。	14 **四公六民**
★15	本年貢の税率は，はじめ米の収穫前に役人が派遣されて作柄を調査して定めた。この年貢率を決定する方法を何というか。	15 **検見法(毛見法)**
★★16	本年貢は，享保ころから豊凶に関係なく一定額の年貢を納入させるようになった。この方法を何というか。	16 **定免法**
★★17	江戸幕府は，年貢納入や治安維持などで連帯責任を負う，5戸1組を基本とした隣保組織を制度化したが，これを何とよぶか。	17 **五人組**
★★18	村では，田植えや屋根葺など一時に多くの人手を必要とする時は，お互いに助けあったが，これを何というか。	18 **結**
★19	自治の規律を持つ村は，種々の約束事を決め，これ	19 **村八分**

4. 幕藩社会の構造

	に反するものに制裁を加えたが，交際を断つことを何とよんでいるか。	
★★20	江戸幕府は本百姓の没落を防ぎ，年貢徴収高を維持するために，田畑の売買を禁止する法令を出した。この法令は西暦何年に出されたか。また，法令名をあげよ。	20 **1643年・田畑永代売買禁止令**
★★21	1673(延宝元)年に，零細農民の増加を防ぎ，年貢の確保のために土地の分割相続についての制限令を出した。これを何というか。	21 **分地制限令**
22	21の法令では，一般の百姓の田畑面積・石高をいくつ以上と定めたか。	22 **1町・10石**
★23	本田畑に五穀(米・麦・黍・粟・豆)以外の作物を栽培することを禁じた，江戸幕府の法令を何というか。	23 **田畑勝手作りの禁**

町と町人

★1	江戸時代，都市に住む商工階級の人たちを広く町人とよんだが，厳密には違いがあった。五人組を組織し，町政に参加できた町人を何というか。	1 **地主・家持(家主)**
★2	長屋などに借屋住まいをし，家守(大家)の監督を受けたものを何というか。	2 **借家・店借**
★3	土地(屋敷地)を借り自分で家屋を建てて住んだ者を何というか。	3 **地借**
★★4	江戸町奉行の下にあって町政を担当した町役人を3つあげよ。	4 **町年寄・町名主・月行事**
5	町人は重い年貢負担をまぬかれたが，都市機能を維持するための負担費用やさまざまな夫役を課された。この夫役を何というか。	5 **町人足役**
★6	町に住む商工業者には，営業税や営業免許税が課せられたが，それを2つあげよ。	6 **運上・冥加**
★7	屋敷の間口に応じて課せられた宅地税を何というか。	7 **地子(銭)**
8	江戸時代後期，幕府・諸藩が財政補塡のため御用商人らに課した，臨時・不定期の賦課金を何というか。	8 **御用金**

農業

★1	1670(寛文10)年に完成した大規模な治水・灌漑工事で，芦ノ湖の水を富士山麓の深良村へ導いた用水を	1 **箱根用水**

何というか。

★★ 2 江戸時代，検地済みの本田畑のほかに，新たに海浜の浅瀬・湖沼などを干拓するなどして耕地として造成することを何というか。

2 新田開発

★★ 3 17世紀末から各地に見られた，有力な都市商人が資金を投下して大規模な治水工事などを行い，開発した新田を何というか。

3 町人請負新田

4 1673（延宝元）年に工事が完了し，18カ村の新田村落が生まれた下総の湖沼干拓を何というか。

4 椿海

林業・漁業

★★ 1 尾張藩と秋田藩で藩が直轄する山林から伐り出された材木を商品化し，有名になったものはそれぞれ何か。

1 木曽檜・秋田杉

★ 2 江戸時代の漁業先進地である瀬戸内・熊野地方の漁法で，各種の網を使用したものを何というか。

2 上方漁法

★ 3 多くの零細漁民を使用し，城下町の魚問屋と取引した網漁経営者を何というか。

3 網元（網主）

手工業・鉱山業

1 江戸時代に広まった，楮を主な原料とする和紙を生産する紙漉の技術を何というか。

1 流漉

2 室町時代に朝鮮から伝わった銀の精錬技術で，銀鉱石に鉛を含ませた含銀鉛を骨灰を塗った炉で熱して，鉛などの不要物を除去する方法を何というか。

2 灰吹法

★★ 3 16世紀以後に開発され，戦国大名の争奪が激しかった島根県の銀山を何というか。

3 石見（大森）銀山

★ 4 16世紀半ばの発見といわれ，信長・秀吉・家康が直轄した銀山を何というか。

4 （但馬）生野銀山

5 江戸時代，秋田藩が経営した銀山を何というか。

5 院内銀山

★★ 6 16世紀後半に盛大に金銀が採掘され，明治時代には政府から三菱に払い下げられた新潟県の鉱山を何というか。

6 佐渡（相川）金・銀山

★ 7 1610（慶長15）年に発見されて江戸幕府の御用山とされ，明治時代には古河市兵衛が買収した栃木県にある日本最大の銅山を何というか。

7 足尾銅山

4．幕藩社会の構造

★ 8 1690(元禄3)年に発見され、大坂泉屋(住友家)が経営した江戸時代最大の銅山を何というか。　　8 別子銅山

★ 9 足踏み式の送風装置のある炉に砂鉄・木炭を交互に入れ、高熱を発生させて精錬する日本式製鉄法を何というか。　　9 たたら製鉄

商業

★★ 1 戦国時代から活発化した全国的な商取引や海外貿易の発達を背景に、権力者と結んだ特権的商人が活躍した。これを何というか。　　1 豪商

★ 2 朱印船貿易を行い、糸割符仲間としても活躍した京都嵯峨の商人で、大堰(保津)・富士・天竜・高瀬川などの水路開発にも貢献した人物はだれか。　　2 角倉了以

★ 3 江戸幕府の呉服師であり、朱印船貿易や糸割符仲間で巨利を得た京都の商人を何というか。　　3 茶屋四郎次郎

4 家康の命で銀座の創設に尽力、朱印船貿易でも活躍した摂津平野の商人を何というか。　　4 末吉孫左衛門

5 父の宗久に茶の湯を学び、秀吉・家康にも仕えて茶頭をつとめた堺の商人を何というか。　　5 今井宗薫

★ 6 博多の商人の子で長崎に移住し、長崎代官もつとめた朱印船貿易家を何というか。　　6 末次平蔵

★★ 7 17世紀後半から全国の商品流通を支配し、生産者や荷主と仲買・小売商人の仲介をしたものを何というか。　　7 問屋

8 7の商人や仲買は、都市や生産地で業種ごとに同業者団体をつくり、独自の法を定めて営業権を独占しようとしたが、この法を何というか。　　8 仲間掟

第7章 幕藩体制の展開

1 幕政の安定

平和と秩序の確立

1. 江戸時代初期の武力を背景とする幕府の強圧的な政治を何というか。
2. 儒学などを奨励して人民を教化し、法律や制度を整えることによって権威を高め、支配しようとする幕府政治を何というか。
3. 江戸幕府が2の政治へ転換したのは、何という将軍の時か。
4. 江戸幕府の2の政治への転換の契機となった牢人の不満による事件をあげよ。また、その事件がおこったのは西暦何年か。
5. 17世紀半ばころに社会秩序が安定するなかで、社会に不満を持ち、秩序におさまらない人々もいたが、このような人々は一般的に何とよばれたか。
6. 4代将軍徳川家綱の時、牢人発生の原因となる大名の改易を減らすために緩和されたことは何か。
7. 4代将軍徳川家綱の時、戦国時代の遺風をなくすためにとられた政策は人質(証人)の廃止と何か。
8. 1657年、4代将軍徳川家綱の時におきた大火で、江戸城天守閣も焼失し、多額の復興経費が幕府財政窮迫の一因になったといわれる、死者10万人をだした大火を何というか。
9. 4代将軍徳川家綱がその権威を示すため、すべての大名に対して、あらためて領土を与える文書を出したが、これを何というか。
10. 徳川家光の異母弟であり、山崎闇斎に朱子学を学び、藩政の刷新をはかった会津藩主はだれか。
11. 陽明学者熊沢蕃山を登用し、儒学にもとづく藩政改革を行った岡山藩主はだれか。
12. 熊沢蕃山が1641(寛永18)年に開いた私塾を何という

---

1. 武断政治
2. 文治政治
3. 徳川家綱
4. 由井(由比)正雪の乱(慶安の変)・1651年
5. かぶき者
6. 末期養子の禁
7. 殉死の禁止
8. 明暦の大火(振袖火事)
9. 領知宛行状
10. 保科正之
11. 池田光政
12. 花畠教場

★13	池田光政が1668(寛文8)年に開いた郷学を何というか。	13 閑谷学校
★★14	江戸に彰考館を設けて『大日本史』の編纂を開始し,水戸学のもとをつくった水戸藩主はだれか。	14 徳川光圀
★15	木下順庵,室鳩巣らの学者を招き,図書の収集につとめ,『東寺百合文書』の保存に尽力した加賀藩主はだれか。	15 前田綱紀

元禄時代

★★1	徳川家光の子で,館林藩主から5代将軍に就任したのはだれか。	1 徳川綱吉
2	1の将軍の擁立に功があり,大老となったが,1684(貞享元)年に江戸城内で刺殺されたのはだれか。	2 堀田正俊
★★3	1の将軍の館林時代からの側近で,文治政治を推進し,のちには大老格となった人物はだれか。	3 柳沢吉保
★★4	文治政治を推進した柳沢吉保の役職名をあげよ。	4 側用人
★★5	将軍徳川綱吉は林家が上野忍ヶ岡に設けた孔子廟と私塾を,学問所として江戸の別の場所に移したが,これを何というか。	5 湯島聖堂・聖堂学問所
★★6	将軍徳川綱吉に仕えた林家の人で,儒学を仏教から分離させたのはだれか。	6 林信篤(鳳岡)
★7	6の人物以来,林家が世襲した幕府の役職名は何というか。	7 大学頭
8	大嘗会などの朝廷儀礼の復興に意欲的に取り組み,朝幕協調した関係を築いた天皇はだれか。	8 霊元天皇
★9	1701(元禄14)年におきた赤穂事件で,朝廷関係の儀礼を管掌する高家の旗本を斬りつけたことで切腹を命じられた赤穂藩主はだれか。	9 浅野長矩
★★10	将軍徳川綱吉が出した極端な動物愛護令を何というか。	10 生類憐みの令
11	1684年,近親者に死者があった時に,喪に服したり忌引きをする日数を定めた法令が出されたが,それを何というか。	11 服忌令
★12	将軍徳川綱吉の華美な生活や多くの寺社造営による財政悪化に対し,悪貨への改鋳による差益を幕府の	12 荻原重秀

収入にする政策を進めた勘定吟味役(のち勘定奉行)はだれか。

★13 12の人物の意見により，貨幣の改鋳をして発行された金銀貨を総称して何というか。　13 元禄金銀

14 将軍徳川綱吉がその母桂昌院の願いにより亮賢を開山として建立した寺院名をあげよ。　14 護国寺

正徳の政治

★1 江戸幕府の6代・7代将軍の名をあげよ。　1 徳川家宣・家継
★★2 江戸幕府の6代・7代将軍の側用人をあげよ。　2 間部詮房
★★3 江戸幕府の6代・7代将軍の時，侍講として文治政治を展開した朱子学者はだれか。　3 新井白石
4 3の人物は，朱子学ではだれの弟子にあたるか。　4 木下順庵
★★5 3の人物の展開した政治を何というか。　5 正徳の政治
★★6 3の人物が1715(正徳5)年に出した，貿易の制限を行う法令を何というか。　6 海舶互市新例(正徳新令・長崎新令)
★★7 6の法令の対象となった国を2つあげよ。　7 清・オランダ
★8 新井白石は貨幣の改鋳を行い，家康時代と同質同量の良貨を発行したが，これらを何というか。　8 正徳金銀
★9 正徳の政治で，東山天皇の皇子を独立させ，新しい宮家を創立したが，この宮家を何というか。　9 閑院宮家
★10 正徳の政治で，ある国の使節の待遇を簡素化したが，どこの国の使節か。　10 朝鮮

2 経済の発展

農業生産の進展

★★1 江戸時代に発明・改良された農具で，田の荒おこしや深耕のため考案されたものを何というか。　1 備中鍬
★★2 手回しの翼でおこす風によって，籾がらや塵芥を箱外に飛ばす選別農具を何というか。　2 唐箕
3 穀類や豆類の脱穀のため，竿の先の短い竿を回転させて打つ農具を何というか。　3 からさお
★★4 扱箸にかわって登場した脱穀具で，非常に能率的であったため"後家倒し"の異名をとったものを何というか。　4 千歯扱

★★ 5	穀類を金網の上に流して，穀粒の大きさによってふるいわける選別農具を何というか。	5 千石簁（せんごくどおし）
★ 6	中国から伝えられた揚水機で，蛇腹のように水槽を重ねて上部へ水を送るものを何というか。	6 竜骨車（りゅうこつしゃ）
★ 7	17世紀半ばにおこった足踏みの小型水車を何というか。	7 踏車（ふみぐるま）
★★ 8	肥料は鎌倉時代以降，草葉を地中に埋めて腐敗させたものを主に使用したが何というか。	8 刈敷（かりしき）
★★ 9	木綿などの商品作物の生産に用いられた肥料で，鰯を日光にさらして干し固めた速効性肥料を何というか。	9 干鰯（ほしか）
★★ 10	油菜の種子である菜種や綿実から油をしぼったかすの肥料を何というか。	10 油粕（あぶらかす）
★★ 11	鰯や鰊，胡麻や豆から油をしぼり取ったかすの肥料を何というか。	11 〆粕（しめかす）
★★ 12	金銭で購入する肥料を総称して何というか。	12 金肥（きんぴ）
13	伊予国の戦国武将であった土居氏をめぐる軍物語の第7巻は農学書であるが，これは日本最古の農書といわれている。この書物を何というか。	13 清良記（せいりょうき）
★★ 14	江戸時代前期の農学者で，中国の農書を学び，日本ではじめて本格的な農学書を著わしたのはだれか。	14 宮崎安貞（みやざきやすさだ）
★★ 15	1697（元禄10）年に刊行された宮崎安貞の農学書名をあげよ。	15 農業全書
★★ 16	江戸時代後期の農学者で，商品作物加工による農家の利と国益を論じた人物はだれか。	16 大蔵永常（おおくらながつね）
★★ 17	16 の人物の著書として，約60種の作物の栽培法を述べた農書と，数十種の農具を図示し用法を記した農書の名をそれぞれあげよ。	17 広益国産考・農具便利論（こうえきこくさんこう）
★★ 18	四木三草の四木とは漆・桑・楮のほかに何か。	18 茶
★★ 19	三草のうち，江戸時代には主に阿波国を主産地としたものは何か。	19 藍（あい）
★★ 20	三草のうち，江戸時代には主に出羽国を主産地としたものは何か。	20 紅花（べにばな）
★★ 21	茶・藍・木綿・たばこなど，販売することを目的として栽培された作物を何というか。	21 商品作物
★★ 22	15世紀から国内栽培が始まり，河内や三河などを特	22 木綿

23	産地とする代表的な商品作物は何か。越前名産の上質紙で，幕府などの公用紙として重用されたことからついた紙の名を何というか。	23 奉書紙
★24	現在の岐阜県を産地とした日用紙を何というか。	24 美濃紙

諸産業の発達

★1	江戸時代に土佐・志摩・薩摩・伊豆などで行われた釣漁は何か。	1 鰹漁
★★2	江戸時代に紀伊・土佐・肥前・長門などで網や銛を駆使して行われた漁業は何か。	2 捕鯨
★3	江戸中期以降に蝦夷地の海産物として北前船で大坂に輸送されたものを2つあげよ。	3 鰊・昆布
★★4	江戸時代には潮の干満を利用して，低い砂地に海水を引き入れる方式が発達したが，こうした塩田を何というか。	4 入浜(式)塩田
5	綿織物生産は江戸中期から急速に各地に広まっていったが，当時の織機は低い腰かけに座り，足を前方に動かして操作するものであった。この織機を何というか。	5 地機
★★6	江戸時代の絹織物の産地について，京都の絹織物の産地名をあげよ。	6 西陣
★7	6では高い腰かけに座り，足を上下に踏む操作で織る織機が使用され，やがて江戸時代後期には綿織物でも使われるようになった。この織機を何というか。	7 高機
★★8	江戸時代の絹織物の産地について，現在の群馬県の絹織物の産地名を1つあげよ。	8 桐生(または伊勢崎)
★9	綿織物の名産品のうち，久留米で考案された織物を何というか。	9 久留米絣
★10	小倉地方の織物で帯地や袴地に用いられたものを何というか。	10 小倉織
11	麻織物のうち，小千谷地方でつくられたものを何というか。	11 越後縮
★12	奈良地方名産の麻布を何というか。	12 奈良晒
★13	摂津の灘・伊丹や山城の伏見などの名産品は何か。	13 酒
★14	醤油の名産地は房総地方に多いが，その産地名を2つあげよ。	14 野田・銚子

★15	漆器のうち，能登地方の名産で，堅牢な塗物を何というか。	15 輪島塗
16	能代(現在の秋田県)と高山(現在の岐阜県)などを産地とする漆器を何というか。	16 春慶塗

交通の整備と発達

★★1	江戸幕府は交通路の整備に力を入れたが，主要幹線路を総称して何というか。	1 五街道
2	1などの交通路を管理する江戸幕府の役職を何というか。	2 道中奉行
★★3	五街道のうち，江戸から白河までの街道を何というか。	3 奥州道中
4	五街道の起点はどこであったか。	4 江戸日本橋
★5	江戸時代の主要街道に設けられた，約4kmごとの路程標を何というか。	5 一里塚
★★6	五街道などの本街道に対して，それ以外の街道を何とよぶか。	6 脇街道(脇往還)
★7	江戸幕府は主要街道に関所を設けたが，小田原藩が管理した東海道の関所を何というか。	7 箱根関
★8	東海道の浜名湖口に設けられた関所名をあげよ。	8 新居関(今切関)
9	関所は，江戸防衛上，特に取締りがきびしかったが，このことを表わす「入○○に出女」の○○にあてはまるのは何か。	9 鉄砲
★10	中山道の関所を2つあげよ。	10 碓氷関・木曽福島関
11	日光・奥州道中の関所を1つあげよ。	11 栗橋関
12	甲州道中の関所を1つあげよ。	12 小仏関
★13	江戸幕府が治安維持のために橋をかけることを禁じたため，川越人足によって渡らねばならなかった東海道の島田宿と金谷宿の間の河川を何というか。	13 大井川
★★14	街道に荷物の輸送や宿泊のため，2～3里ごとに設けられたものを何というか。	14 宿駅(宿場)
★★15	14の施設で荷物の輸送・書状の継送などの業務を扱った施設を何というか。	15 問屋場
★16	14に常備されている公用の馬を何というか。	16 伝馬
★★17	14における大名宿を何とよんだか。	17 本陣・脇本陣
★★18	一般旅行者用の食事つき宿泊施設は何とよばれたか。	18 旅籠

- ★19 飛脚のなかで幕府公用のものを何というか。 — 19 継飛脚
- ★20 大名が江戸と国元との間においた飛脚を何というか。 — 20 大名飛脚
- ★21 町人が始めた飛脚を何というか。 — 21 町飛脚
- ★★22 東北の日本海沿岸より津軽海峡経由で太平洋を通り，江戸にいたる航路を何というか。 — 22 東廻り海運(航路)
- ★23 北陸方面より下関経由で瀬戸内海を経て，大坂にいたる航路を何というか。 — 23 西廻り海運(航路)
- ★★24 22・23の航路を17世紀後半に開いた商人はだれか。 — 24 河村瑞賢(瑞軒)
- ★25 大坂と江戸の間の航路を何というか。 — 25 南海路
- ★★26 17世紀初めより江戸と大坂を結ぶ航路に就航した廻船を何というか。 — 26 菱垣廻船
- ★★27 江戸・大坂間の定期船で，酒・酢の運送を主として始められ，のちに南海路の輸送の中心となった廻船を何というか。 — 27 樽廻船
- ★28 江戸時代中期から明治前期にかけて，北海道や東北の物資を日本海各地に寄港し，下関を廻って大坂などに輸送した船を何というか。 — 28 北前船
- ★29 京都の商人角倉了以によって開かれた水運のうち，主な河川を2つあげよ。 — 29 保津川・高瀬川・富士川・天竜川など
- 30 京都・伏見と大坂を結ぶ動脈となった河川を何というか。 — 30 淀川

貨幣と金融

- ★★1 江戸時代に流通した貨幣に金貨・銀貨・銭貨があったが，これらを総称して何というか。 — 1 三貨
- 2 江戸時代の金貨のうち，賜与・贈答などに用いられたものを何というか。 — 2 大判
- ★3 一定の純度と分量を持ち，一定の形に鋳造され，一定の価格が表示された貨幣を何というか。 — 3 計数貨幣
- 4 江戸時代の金貨の単位をあげよ。 — 4 両・分・朱
- ★5 江戸時代の金貨の単位は何進法か。 — 5 四進法
- ★★6 江戸時代の銀貨はなまこ形のものと，形から小粒とよばれたものが使用されたが，それぞれの名称をあげよ。 — 6 丁銀・豆板銀
- ★7 江戸時代の銀貨は量目が不定で使用ごとに重さがはかられたが，このような貨幣を何というか。 — 7 秤量貨幣(ひょうりょう)

★★ 8	小判や大判を鋳造し、また鑑定や封印などを行った後藤庄三郎が代々管轄した江戸幕府の鋳造所を何というか。	8 金座
★★ 9	江戸時代の銀貨は大黒常是家が代々頭取としてその鋳造にあたったが、この鋳造所を何というか。	9 銀座
★ 10	江戸時代の銭貨は民間請負のかたちで鋳造されたが、この鋳造所を何というか。	10 銭座
★ 11	徳川家康の時代に鋳造された良質の貨幣で、元禄時代に改悪されたものを総称して何というか。	11 慶長金銀
★ 12	徳川家光の時、1636(寛永13)年に鋳造された銭貨で、以後江戸時代を通じて鋳造された銭貨を何というか。	12 寛永通宝
★★ 13	諸藩や旗本領内で発行・通用させた紙幣を総称して何というか。	13 藩札
★★ 14	江戸時代に三貨の交換や預金・貸付・為替・手形などを扱った商人を総称して何というか。	14 両替商
15	14 の商人のうち、金銀の交換を行い、為替・貸付業務をする大坂に多くいた商人を何というか。	15 本両替
16	15 の商人の仲間より選ばれた天王寺屋・平野屋など10人の豪商を何というか。	16 十人両替
17	銭屋ともいい、金銀貨と銭との少額貨幣交換を本業とする、江戸で多く見られた商人を何というか。	17 銭両替
★ 18	十人両替のうち、掛屋や海運業・大名貸などを行い巨富をなし、新田開発も行った大坂の商家をあげよ。	18 鴻池屋(家)
★ 19	越後屋という呉服商などで財をなし、両替商にも従事するようになった江戸の商家をあげよ。	19 三井家

三都の発展

★★ 1	江戸時代、全国の物資の大集散地となったのは、江戸・大坂・京都であった。この三大都市を総称して何というか。	1 三都
2	18世紀前半のころ、江戸の人口はどのくらいあったと推定されているか。	2 約100万人
★★ 3	江戸時代、全国経済の中心となったのは大坂であった。このため大坂はどのようによばれたか。	3 天下の台所
★★ 4	諸藩や旗本などが、年貢米や特産物を販売するために、大坂や江戸においた施設を何というか。	4 蔵屋敷

5 4の施設が集中していたのは大坂のどこか。 — **5** 中之島

★★ **6** 4の施設に集められた米や特産物を総称して何というか。 — **6** 蔵物

7 4の施設に集められたものは米が中心であったが、この米を何とよんだか。 — **7** 蔵米

★ **8** 諸藩や旗本などが徴収した貢租や専売品ではなく、一般商人の手を経て市場に出まわる商品を何というか。 — **8** 納屋物

★★ **9** 蔵屋敷で蔵物の取引にたずさわる者を何というか。 — **9** 蔵元

★★ **10** 蔵物の売却代金の出納にあたる者を何というか。 — **10** 掛屋

★★ **11** 下級旗本や御家人の禄米は浅草にあった幕府の米蔵から支給されたが、旗本・御家人の代理として、蔵米を受領して売却した商人で、のちに金融業も兼ねたものを何というか。 — **11** 札差(蔵宿)

12 11の商人は江戸幕府の御蔵の周辺に居住し、派手な生活をしたが、彼らの居住地を何というか。 — **12** 蔵前

★ **13** 陶器のなかで、京都におこった陶磁器を総称して何というか。 — **13** 京焼

14 清水寺付近で生産された陶磁器を何というか。 — **14** 清水焼

商業の展開

★★ **1** 江戸の荷受問屋が商品別に組織した組合は何か。 — **1** 十組問屋

★★ **2** 大坂の荷積問屋が商品別に組織した組合は何か。 — **2** 二十四組問屋

★★ **3** 伊勢松坂の出身で江戸で呉服店を開き、「現金(銀)懸値なし」と「切売り商法」で財をなした三井家の屋号を何というか。 — **3** 越後屋

4 先祖以来蔵米で財をなし、店頭で米市が立つほどであったが、ぜいたくな生活が江戸幕府の目にとまり、町人の分限をこえるものとして全財産を没収された大坂商人はだれか。 — **4** 淀屋辰五郎

5 元禄のころの紀伊国熊野出身の商人で、材木・みかんで財をなしたといわれる江戸の豪商はだれか。 — **5** 紀伊国屋文左衛門

★★ **6** 18世紀から広まった問屋商人が原料・器具を家内生産者に前貸し、その生産物を買い上げる生産形態を何というか。 — **6** 問屋制家内工業

★★ **7** 江戸や大坂などには、特定商品のみを取り扱う市場 — **7** 堂島米市場

2. 経済の発展 149

が立つようになったが、全国の米の値段を左右した大坂の市場を何というか。所在地名をつけて答えよ。

★ **8** 大坂と江戸の野菜・果実卸売市場をそれぞれ何というか。所在地名をつけて答えよ。

8 天満青物市場・神田青物市場

★ **9** 大坂と江戸の魚市場をそれぞれ何というか。所在地名をつけて答えよ。

9 雑喉場魚市場・日本橋魚市場

3 元禄文化

元禄文化

★★ **1** 5代将軍徳川綱吉の時代、幕政は安定し、経済発展を背景にはなやかで活気にあふれた町人文化が発達したが、この文化を何というか。

1 元禄文化

★★ **2** 元禄文化の担い手は、遊里の事情に通じた粋な気性を尊ぶ豪商たちが中心であったが、それはどの地方の人々であったか。

2 上方

3 元禄文化では、現世の現実そのものを描こうとする町人文学が生まれたが、現世をどのようにとらえていたか。

3 浮き世

元禄期の文学

★ **1** 式目を定めて古風を確立した貞門派に対し、漢語や俗語を用い、日常見聞するものを句につくることが新風として町人の間に普及した。この新しい俳風を確立したのはだれか。

1 西山宗因

2 1の人物が確立した新しい俳風の派を何というか。

2 談林派

★★ **3** 元禄のころ、さび・しおりなどを理念とする幽玄閑寂の俳諧を確立したのはだれか。

3 松尾芭蕉

★★ **4** 3の人物が確立した俳風を何というか。

4 蕉風(正風)

★★ **5** 3の人物が東北・北陸地方へ旅行した時の俳諧紀行文の傑作を何というか。

5 奥の細道

6 3の人物が関西方面へ旅行した時の俳諧紀行文を何というか。

6 笈の小文

7 3の人物の門人らによる『俳諧七部集』のうち、巻頭句に「初しぐれ猿も小蓑をほしげなり」とある俳諧集を何というか。

7 猿蓑

★8	元禄期に上方を中心に町人社会の生活・風俗・世相などを写実的に描写した小説を何というか。	8 浮世草子
★★9	8の小説の代表的作家をあげよ。	9 井原西鶴
★10	8の小説は内容から3つに大別されるが、男女の愛欲を描写したものを何というか。	10 好色物
★11	8の小説のジャンルで、町人生活の現実の姿を写実的に描いたものを何というか。	11 町人物
★12	8の小説のジャンルで、武士の仇討や義理などを描いたものを何というか。	12 武家物
★13	井原西鶴の第一作で、主人公世之介と遊女との生活を描いたものを何というか。	13 好色一代男
14	井原西鶴の作品で、愛欲で身を滅ぼす5つの恋物語を描いた作品名を何というか。	14 好色五人女
★★15	井原西鶴の作品で、金銭を追求する町人の喜怒哀楽をリアルに描いた町人物を何というか。	15 日本永代蔵
★16	井原西鶴の作品で、「大晦日は一日千金」と副題された、大晦日の町人の悲喜劇をあらゆる角度から描いた町人物を何というか。	16 世間胸算用
★17	井原西鶴の作品で、32の仇討の説話集である武家物の作品をあげよ。	17 武道伝来記
★★18	室町時代中期ころから始まった節付きの語りに、伴奏楽器としての三味線と、操り人形が加わった民衆劇を何というか。	18 人形浄瑠璃
★19	18の民衆劇が元禄時代に最盛期を迎えたのは、諸流を集大成して新しい節付けの語りを行った語り手(音曲家)が出たことによる。この語り手はだれか。	19 竹本義太夫
★★20	元禄期に、18の民衆劇の脚本(戯曲)を書いたのはだれか。	20 近松門左衛門
21	元禄期の人形遣いの名手で、竹本座で活躍し、のち江戸に下り人形芝居を興行した人物はだれか。	21 辰松八郎兵衛
★★22	近松門左衛門の脚本(戯曲)は2つに大別されるが、歴史上の事実を脚本化したものを何というか。	22 時代物
★★23	近松門左衛門の脚本の種類で、当時の世相に取材し、心中・殺人などをテーマとしたものを何というか。	23 世話物
★★24	近松門左衛門の浄瑠璃作品のうち、明の遺臣とその子鄭成功が明の王室を再興する筋書きの時代物の作	24 国性(姓)爺合戦

	品を何というか。	
★25	近松門左衛門の浄瑠璃作品のうち、徳兵衛が遊女お初と心中する義理と人情を描いた世話物の作品を何というか。	25 曽根崎心中
★26	近松門左衛門の浄瑠璃作品のうち、遊女小春を身請けできなかった治兵衛と小春の心中を描いた世話物の作品を何というか。	26 心中天網島
★27	出雲阿国に始まる女性の舞踊を中心とする歌舞伎を何というか。	27 女歌舞伎
★28	江戸幕府は、風俗を乱すとの理由から **27** の歌舞伎を禁じたため、女性にかわり前髪姿の少年が演じるようになった。これを何というか。	28 若衆歌舞伎
★29	少年の舞踊が江戸幕府によって禁止されたのち、少年の象徴である前髪を落して演じることが許可された。このような歌舞伎を何というか。	29 野郎歌舞伎
★★30	元禄期を中心に活躍した江戸の歌舞伎俳優で、立廻りを主とする荒事を得意芸としたのはだれか。	30 市川団十郎
31	元禄期を中心に活躍した上方の歌舞伎俳優で、三都随一の名女形と称されたのはだれか。	31 芳沢あやめ
★32	元禄期を中心に活躍した上方の歌舞伎俳優で、恋愛を主とする和事の名人といわれたのはだれか。	32 坂田藤十郎

儒学の興隆

★1	幕命で林羅山・鵞峰父子が編集した、神武天皇から後陽成天皇までの編年体の歴史書を何というか。	1 本朝通鑑
★★2	徳川光圀の時、江戸藩邸の彰考館で編集が開始され、水戸藩の一大事業としてつづけられ、1906(明治39)年に完成した歴史書を何というか。	2 大日本史
3	藤原惺窩の弟子松永尺五に師事し、加賀藩主前田綱紀に仕え、のち5代将軍徳川綱吉の侍講(儒学の師)となった朱子学者はだれか。	3 木下順庵
★★4	**3** の人物の門下からは多くの俊才が輩出したが、6代・7代将軍の侍講となった人物はだれか。	4 新井白石
5	**3** の人物の門下から出て、8代将軍の侍講となった人物はだれか。	5 室鳩巣
6	戦国時代の儒者南村梅軒が祖とされて、土佐にお	6 南学(海南学派)

	こった朱子学の一派を何というか。	
7	学祖とされる南村梅軒に学び，その学風を継承し学派を隆盛に導いた土佐の学者はだれか。	7 谷時中
8	土佐藩の家老として新田開発・殖産興業などの藩政改革を推進した，南学に属する朱子学者はだれか。	8 野中兼山
★★9	南学派の儒者で，のちに吉川惟足の影響を受け，独自の神道を創始した人物はだれか。	9 山崎闇斎
★10	9の人物が創始した神道を何というか。	10 垂加神道
11	9の人物の学派を何というか。	11 崎門学派
★★12	南宋の陸象山に始まり，明の王陽明により大成された儒学を何というか。	12 陽明学
13	12の儒学の主張の要点で，実践を重んじることを何というか。	13 知行合一
★14	日本で最初に12の儒学を説き，「近江聖人」といわれたのはだれか。	14 中江藤樹
★15	14の人物の弟子で，岡山藩主池田光政に招かれ治績をあげた陽明学者はだれか。	15 熊沢蕃山
★16	15の人物は，武士の帰農や参勤交代の緩和を説いた書物を著わし，江戸幕府によって禁錮にされた。この書物名をあげよ。	16 大学或問
★★17	孔子や孟子の教えを直接学ぶことを主張した儒学の一派を何というか。	17 古学派
★★18	17の儒学の一派をその著書で主張し，朱子学を批判して幕府によって赤穂に配流されたのはだれか。	18 山鹿素行
★★19	18の人物が朱子学を批判し，古学を主張した書物を何というか。	19 聖教要録
20	18の人物の著書で，武家政治の由来や武家の儀礼・戦略などを記したものは何か。	20 武家事紀
★21	18の人物が赤穂配流中に書いた，中国崇拝を廃し日本主義を主張する内容の著書名を何というか。	21 中朝事実
★★22	京都の人で『論語』『孟子』などの原典にあたり，その批判を通じて直接聖人の道を正しく理解すべきであるとして，古義学を提唱したのはだれか。	22 伊藤仁斎
★23	古義学を提唱した22の人物の子で，この学問を継承・大成したのはだれか。	23 伊藤東涯
★★24	22・23の人物の学塾を何というか。	24 古義堂

3. 元禄文化

25	22・23の人物の学派を何というか。	25 堀川学派（古義学派）
26	古義学に対し，古典や聖賢の文辞に直接触れて，治国・礼楽の制を整えることを主張した江戸の学派を何というか。	26 古文辞学派（蘐園学派）
★★27	26の学派の創始者はだれか。	27 荻生徂徠
★28	27の人物が開いた塾を何というか。	28 蘐園塾
★29	27の人物は将軍徳川吉宗の諮問に答えて，武士の土着のすすめや参勤交代制の弊害を説いた書物を著わしたが，これを何というか。	29 政談
★30	『経済録』を著わし，経世済民の問題を考察し，藩営専売の必要を説いた古文辞学派の学者はだれか。	30 太宰春台

諸学問の発達

★★★1	新井白石が将軍徳川家宣に進講した日本通史の講義案で，独自の時代区分を行った歴史書を何というか。	1 読史余論
2	新井白石が『日本書紀』の神代巻について，"神は人なり"と合理的解釈を行った歴史書を何というか。	2 古史通
3	6代徳川家宣・7代徳川家継時代の幕政を知るうえで重要な史料となる，新井白石の自叙伝名を答えよ。	3 折たく柴の記
★★4	江戸時代に盛んになった，動物・植物・鉱物の薬用について研究する学問を何というか。	4 本草学
★5	4の学問の初期の学者で，朱子学者としても独自の哲学を持ち，教育面でも業績を残したのはだれか。	5 貝原益軒
★6	5の人物の本草学に関する著書を何というか。	6 大和本草
7	江戸時代中期に出版され，良妻賢母主義教育の聖典とされた，女子教育書をあげよ。	7 女大学
★8	加賀藩の学者で，藩主前田綱紀の保護を受けて本草学の大成につとめた人はだれか。	8 稲生若水
★9	8の人物の薬物・博物学の著書を何というか。	9 庶物類纂
★★10	天文・暦学に通じ，5代将軍徳川綱吉の時，幕府の天文方に任じられたのはだれか。	10 渋川春海（安井算哲）
★★11	10の人物はそれまで使用していた暦を修正し，元の暦をもとに新しい暦を作成したが，これを何というか。	11 貞享暦
12	11の暦ができるまで使われていた平安時代以来の暦を何というか。	12 宣明暦

★★13	中国伝来の数学より発達した日本独自の数学を何というか。	13 和算
★14	和算の普及に業績を残した，江戸前期の人はだれか。	14 吉田光由
★15	14の人物の数学・そろばんの普及に功績のあった著書をあげよ。	15 塵劫記
★★16	日本独自の数学の大成者で，円周率や円の面積などにすぐれた研究を成しとげた人物をあげよ。	16 関孝和
★17	1674（延宝2）年に発刊された16の人物の著書をあげよ。	17 発微算法
★★18	幕府の歌学方にも任じられ，『源氏物語』や『枕草子』の平明な注釈書を著わし，作者の意図をありのまま知ろうとしたのはだれか。	18 北村季吟
★19	18の人物の『源氏物語』の注釈書をあげよ。	19 源氏物語湖月抄
20	江戸時代，中世以来の古今伝授や制の詞の無意味さ，和歌に俗語を用いることの正当さを主張して，歌学の革新をはかったのはだれか。	20 戸田茂睡
★★21	『万葉集』の研究に専念し，徳川光圀の依頼で『万葉集』の注釈書を著わした僧侶はだれか。	21 契沖
★22	21の人物が著わした『万葉集』の注釈書を何というか。	22 万葉代匠記

元禄美術

★1	室町時代ころから発展し，17世紀には朝廷の絵所預として活躍した大和絵の一派を何というか。	1 土佐派
★2	大和絵の絵師で，1654（承応3）年に朝廷の絵所預となり，家を再興したのはだれか。	2 土佐光起
★3	父とともに土佐派に学び，幕府の御用絵師になった人物はだれか。	3 住吉具慶
4	京都を描いた3の人物の代表的作品をあげよ。	4 洛中洛外図巻
★★5	装飾的な画法を取り入れて，独自の構図と色彩を持つ作品を描いた京都の絵師・工芸家をあげよ。	5 尾形光琳
★★6	5の人物の梅を描いた作品をあげよ。	6 紅白梅図屛風
★7	5の人物が『伊勢物語』に題材をえてアヤメ科の花を描いた作品をあげよ。	7 燕子花図屛風
8	5の人物を祖とする装飾的画法の派を何というか。	8 琳派（光琳派）
★★9	元禄期のころから，美人や役者を題材とする風俗画	9 浮世絵

が庶民の間に愛好され始めたが，この種の絵画を何というか。

★10 9の絵画などの風俗画で，絵師・彫師・摺師の協力で作成されたものを何というか。

★★11 浮世絵版画の祖といわれている絵師はだれか。

★★12 11の人物の代表的な肉筆美人画をあげよ。

★★13 上絵付の手法をもとに色絵を完成し，京焼の祖といわれるのはだれか。

★14 13の人物に学び，装飾画的な美しい作品を残した陶工で，兄とともに画家でもあったのはだれか。

★★15 元禄のころ，京都の絵師が創始した花鳥山水模様の染物が大流行したが，この創始者はだれか。

16 山伏修行ののち，蝦夷地を含む全国をめぐり，各地に鉈彫りの仏像彫刻を残した僧はだれか。

10 版画

11 菱川師宣

12 見返り美人図

13 野々村仁清

14 尾形乾山

15 宮崎友禅

16 円空

第8章 幕藩体制の動揺

1 幕政の改革

享保の改革

★★ 1　1716(享保元)年に7代将軍徳川家継が8歳で死去したあと、紀州徳川家から迎えられた8代将軍はだれか。

1　徳川吉宗

★★ 2　1の将軍は「諸事権現様御掟の通り」と宣言して、家康時代への復古を掲げて改革政治を行ったが、この改革政治を何というか。

2　享保の改革

3　1の将軍は5代将軍徳川綱吉以来の側用人による側近政治をやめ、将軍の意志を幕政に反映させるために新設の側近をおいたが、これを何というか。

3　御用取次

★★ 4　享保の改革で、幕領に対し、一定の年貢を確保する法を広く採用したが、これを何というか。

4　定免法

★★ 5　将軍徳川吉宗は、旗本に対して役職の標準石高を定め、それ以下のものが就任する時、在職中のみ不足分を支給する制度を採用し、有能な人材の登用と支出の抑制をはかった。この制度を何というか。

5　足高の制

★★ 6　将軍徳川吉宗に登用された人物で、山田奉行から江戸町奉行に抜擢され、すぐれた行政手腕を発揮し寺社奉行にまで栄進した人物はだれか。

6　大岡忠相

7　川崎宿の名主であったが、将軍徳川吉宗に農政の手腕をかわれ、代官としてすぐれた民政を行ったのはだれか。

7　田中丘隅

★★ 8　将軍徳川吉宗は増収策として「御恥辱をも顧りみられず」と諸大名に八木(米)の上納を命じたが、この政策を何というか。

8　上げ米(の制)

9　8の政策の上納の割合はいくらであったか。

9　石高1万石につき100石

10　8の政策の代償として諸大名に認めたことは何か。

10　参勤交代の大名の在府を半減する

11　1722(享保7)年に幕府高札を受けて行われた新田開

11　飯沼新田

1. 幕政の改革　157

発で、下総国の農民によってつくられたものを何というか。

★★12 将軍徳川吉宗は、老中を主任に命じ、三奉行を中心に上下2巻の刑事・行政関係の法令や刑法・訴訟法に関する規定を編纂させた。これを何というか。

12 公事方御定書

★★13 1744(延享元)年に完成した、1615(元和元)年以降の触れを類別に編纂した幕府評定所の法令集を何というか。

13 御触書寛保集成

★★14 将軍徳川吉宗は、武士・町人間に激増する貸借訴訟に対し、評定所ではいっさい受理せず、すべて当事者間の和談で解決する法令を出した。これを何というか。

14 相対済し令

★★15 将軍徳川吉宗が庶民の意見を求めるため、評定所前においた投書箱を何というか。

15 目安箱

★★16 15の投書により、幕府の薬園内に医療施設を設けたが、これを何というか。

16 小石川養生所

★★17 将軍徳川吉宗は江戸市街の防火にあたる組織づくりを命じたが、誕生した消防組織を何というか。

17 町火消

★18 産業開発のために、将軍徳川吉宗が奨励した有用性の高い学問を総称して何というか。

18 実学

★★19 将軍徳川吉宗が新しい知識を海外に求めるために輸入を緩和したものは何か。

19 漢訳洋書

★★20 将軍徳川吉宗に蘭学を学ぶことを命じられ、のち『蕃薯考』を著わした人物はだれか。

20 青木昆陽

★21 将軍徳川吉宗が栽培をすすめた備荒作物で、20の人物が栽培法を研究したものは何か。

21 甘藷

22 三卿のうち、9代将軍徳川家重の次男重好に始まる家を何というか。

22 清水家

社会の変容

1 元禄期以降、富裕な農民が譜代の下人や年季奉公人などを使用して農業経営を行うことを何というか。

1 地主手作

★★2 近世後期に登場した、零細百姓の土地などを集めて大規模土地経営を行った上層農民を何というか。

2 豪農

★★3 村役人などの豪農に対し、平百姓や貧農が村政への参加や村役人の交代を要求して騒動をおこすことを

3 村方騒動

何というか。
4 江戸時代に「九尺二間」といわれ、狭くて劣悪な住居で棒手振や日用などの零細民が暮らした住居を何というか。

4 棟割長屋

一揆と打ちこわし

★★1 重い年貢や諸役に対し、百姓が領主に対し、さまざまな要求を掲げておこした直接行動を何というか。

1 百姓一揆

2 1の行動は江戸時代を通じて何件くらいおこったか。

2 3000件以上

3 17世紀後半、名主など村役人が代表して幕府や領主に訴え出ることが行われた。この一揆の形態を何というか。

3 代表越訴型一揆

★★4 17世紀末ごろから見られる、広い地域にわたる農民が村々をこえて団結し、政治的要求を掲げた一揆の形態を何というか。

4 惣百姓一揆

5 19世紀初めに見られた、参加の範囲が郡や国にまで拡大した合法的な農民闘争で、在郷商人と結びついた一般百姓が、領主や特権商人の流通独占に反対しておこしたものは何か。

5 国訴

★6 19世紀には、中小の百姓たちが、村役人・富農・高利貸などを襲撃する反封建闘争が発生したが、このような一揆を何というか。

6 世直し一揆

7 正しい審理手続を経ずに上長に訴えることを越訴というが、このうち直接上長に訴えることを何というか。

7 直訴

★8 百姓一揆では首謀者が処刑されることが多かったため、首謀者がわからないように訴状や要求書には円形に署名をした。これを何というか。

8 傘連判状

★★9 百姓一揆において、私財・生命を賭して、村のために活躍した一揆の代表者を何とよんだか。

9 義民(義人)

★★10 9の人々のなかで、下総佐倉藩主堀田氏の苛政を将軍徳川家綱に直接訴え、年貢の減免は勝ちえたが死刑になったといわれる人物はだれか。

10 佐倉惣五郎(木内宗吾)

★11 1732(享保17)年、長雨といなご・うんかの大発生により、西国一帯におこった飢饉を何というか。

11 享保の飢饉

★★12 都市の民衆が米の安売りを強要し、米屋をはじめ質

12 打ちこわし

屋・酒屋などを襲い，家屋などを破壊する行動を何というか。

★★ 13 1782（天明2）年から1787（天明7）年にかけて，冷害により東北地方を中心に全国的な飢饉となり多数の餓死者が出た。この飢饉を何とよんでいるか。

13 天明の飢饉

★★ 14 1783（天明3）年に死者2000人，埋没家屋1800戸の被害を出した大噴火をおこした山を何というか。

14 浅間山

15 飢饉時に多く見られた，新生児を殺生する江戸時代の悪習を何というか。

15 間引

田沼時代

1 江戸幕府の9代将軍は生来虚弱な体質で，言語も不明瞭であったため，父吉宗の後見を受け，のちに側用人大岡忠光に施政をまかせた。この将軍はだれか。

1 徳川家重

★★ 2 江戸幕府10代将軍はだれか。

2 徳川家治

★★ 3 9代将軍の小姓から大名にとりたてられ，1767（明和4）年に10代将軍の側用人となり，幕政を掌握したのはだれか。

3 田沼意次

4 将軍徳川家治の治世で，老中に昇進した父のもとで若年寄に任じられた3の子はだれか。

4 田沼意知

5 4の人物はのちに私怨により殿中で殺されるが，この人物を江戸城で刺殺し，「世直し大明神」ともてはやされた旗本はだれか。

5 佐野政言

★ 6 田沼意次が江戸・大坂商人の資本を利用して，干拓による新田開発を進めたのはどこか。

6 印旛沼・手賀沼

★★ 7 田沼意次は蝦夷地の開発やロシアとの貿易を計画したが，このことを進言した仙台藩医はだれか。

7 工藤平助

★★ 8 7の人物が田沼意次に蝦夷地開発やロシアとの貿易を進言した書物を何というか。

8 赤蝦夷風説考

★★ 9 田沼意次が派遣した北方探査隊の中心人物で，本多利明に天文・測量などを学んだ出羽出身の人物はだれか。

9 最上徳内

★ 10 幕府や諸藩から株札の交付を認められ，営業の独占権を与えられた商工業者の同業組織を何というか。

10 株仲間

★ 11 江戸時代の税率一定の各種営業税で，小物成の一種を何というか。

11 運上

★12	江戸時代の商工業者の営業免許税を何というか。	12 冥加
★13	田沼意次は増収策として銅・鉄・真鍮・人参などの専売制度を強化して，幕府直営の施設を増設した。これを何というか。	13 座
★★14	17世紀末以降，中国(清)への主要な輸出品となった海産物を総称して何というか。	14 俵物
★★15	中国(清)へ輸出された14の海産物を3つあげよ。	15 いりこ・ほしあわび・ふかのひれ
★16	田沼意次が貨幣体系の一元化をはかるために発行した銀貨で，二朱金と等価とされたものは何か。	16 南鐐二朱銀
★★17	1758(宝暦8)年，垂加神道を学んだ人物が公家たちに『日本書紀』を講じて尊王論を説き，追放刑に処せられた。この事件を何というか。	17 宝暦事件
★★18	17の事件で追放刑に処せられた神道家はだれか。	18 竹内式部

2 宝暦・天明期の文化

洋学の始まり

★★1	西洋の学術を，その導入された国にちなんで，江戸中期には何とよんだか。	1 蘭学
★★2	西洋の学術全般を幕末には何とよんだか。	2 洋学
★3	新井白石の時代に日本への布教を志し，屋久島に潜入し捕えられたイタリア人宣教師はだれか。	3 シドッチ
★4	3の人物を尋問した新井白石は，証言をもとに西洋の地理・風俗などに関する2冊の著書を著わしたが，そのうち地理書ともいうべきものをあげよ。	4 采覧異言
★★5	3の人物を尋問した新井白石は，証言をもとに西洋の地理・風俗などに関する2冊の著書を著わしたが，そのうち西洋研究書ともいうべきものをあげよ。	5 西洋紀聞
★★6	長崎の天文暦学家で地理・経済にも通じ，1718(享保3)年には将軍徳川吉宗に招かれ江戸に下り，諮問に答えた人物はだれか。	6 西川如見
★★7	6の人物が，長崎で見聞した海外事情や通商について記述した書物を何というか。	7 華夷通商考
8	徳川吉宗の命でオランダ語を学んだ学者で，『阿蘭陀本草和解』を著わしたのはだれか。	8 野呂元丈

9	元・明代の医学を退け，実験を重んじた漢代の医方に復帰することを説いた，名古屋玄医の医説を何というか。	9	古医方
★10	9の医説を学んだ医者で，1754(宝暦4)年に死刑囚の人体解剖に立会い，わが国ではじめて解剖図録を著わした人物はだれか。	10	山脇東洋
11	10の人物が著わした解剖図録名をあげよ。	11	蔵志
★12	1774(安永3)年に，ドイツ人クルムスの解剖書の蘭訳書が翻訳・出版されたが，その名称をあげよ。	12	解体新書
13	12の蘭訳書は何という本か。	13	ターヘル＝アナトミア
★14	12の蘭訳書の翻訳を行った人物のうち，豊前中津藩医はだれか。	14	前野良沢
★15	12の蘭訳書の翻訳の苦心談を中心として回想録を著わした人物はだれか。	15	杉田玄白
★16	15の人物が著わした，『解体新書』翻訳の苦心談を何というか。	16	蘭学事始
★17	前野良沢や杉田玄白に蘭学を学び，江戸で蘭学塾を開き，太陽暦の新年会であるオランダ正月を開催した人はだれか。	17	大槻玄沢
★18	17の人物の蘭学塾を何というか。	18	芝蘭堂
★19	17の人物は蘭学の入門書を著わしたが，それを何というか。	19	蘭学階梯
★20	幕府の奥医師であった桂川甫周に蘭医学を学び，オランダの内科書の翻訳を完成させたのはだれか。	20	宇田川玄随
★21	20の人物が著わした翻訳内科書を何というか。	21	西説内科撰要
★22	オランダ人ハルマの『蘭仏辞典』を翻訳して，日本最初の蘭日辞書を作成した人はだれか。	22	稲村三伯
★23	22の人物が作成した日本最初の蘭日辞書を何というか。	23	ハルマ和解
★24	18世紀後半に活躍した科学者で，長崎遊学後，江戸で寒暖計やエレキテル(摩擦起電器)を製作し，また西洋画にもすぐれた手腕を発揮した人物はだれか。	24	平賀源内

国学の発達と尊王論

★1	江戸時代中期におこった学問で，日本の民族精神の	1	国学

根源を，古典のなかで究明しようとした学問を何というか。

★2　1の学問は，元禄時代の契沖の古典研究から始まったものだが，その弟子で「記紀」を研究して日本固有の道を明らかにしようとした京都伏見神社の神職はだれか。

★★3　浜松の神職の出で，『万葉集』を中心とした古典研究から，外来思想である儒仏の影響を受けない純粋固有の日本古代精神の復活をはかり，復古主義をとなえた人はだれか。

★★4　伊勢松坂の医者で，自宅の鈴の屋で国学を講じ，精緻な実証的古典研究法や復古思想を大成した人はだれか。

　　5　賀茂真淵は儒教や仏教など外来思想の影響を受ける前の日本固有の純粋な精神を何と表現したか。

★6　賀茂真淵が5の精神への復帰を主張した著書名をあげよ。

★7　本居宣長の代表作で，精緻で実証的な古典研究を知ることができる古典の注釈書をあげよ。

★★8　賀茂真淵に学び，古代から江戸初期にいたる国書を分類・集録し，その後の国文・国史の研究に大きく貢献した盲目の国学者はだれか。

★★9　8の人物が編纂した国書の分類叢書を何というか。

★10　8の人物が幕府の許可を得て設立した学問所を何というか。

★★11　本居宣長の没後の門人で，古道説を継承し，儒仏を鋭く批判して宗教的国粋主義の傾向を強め，それを神道として大成したのはだれか。

★★12　11の人物がとなえた神道を何というか。

★★13　江戸で兵学塾を開き，幕府の要地攻略を例として説いたため，藤井右門とともに死刑に処せられたのはだれか。

★★14　13の人物が1767（明和4）年に死刑に処せられた事件を何というか。

★15　13の人物が尊王論を説いた著書名をあげよ。

2　荷田春満

3　賀茂真淵

4　本居宣長

5　古道

6　国意考

7　古事記伝

8　塙保己一

9　群書類従

10　和学講談所

11　平田篤胤

12　復古神道

13　山県大弐

14　明和事件

15　柳子新論

2. 宝暦・天明期の文化　163

生活から生まれた思想

★★ 1 18世紀初めころ，町人道徳として，神・仏・儒の諸説を平易に説明し，倹約・堪忍・正直や知足安分をはじめて説いたのはだれか。 — 1 石田梅岩

2 1の人物の主著で商業の正当性と商人の存在意義，さらには商人が守るべき徳目を説いたものは何か。 — 2 都鄙問答

★★ 3 1の人物の教えを何というか。 — 3 心学(石門心学)

4 3の教えの普及につとめ，その全盛期を現出させた人物を2人あげよ。 — 4 手島堵庵・中沢道二

★★ 5 18世紀半ばの思想家で，万人が平等に耕す自然の世を理想とし，身分制の世の中を否定した八戸の医者はだれか。 — 5 安藤昌益

★★ 6 自然世の考え方を展開した5の人物の主著と，その要約書をそれぞれあげよ。 — 6 自然真営道・統道真伝

儒学教育と学校

1 江戸中期の儒学の一派で，儒学諸説を取捨選択して穏当な学説を立てようとした学派を何というか。 — 1 折衷学派

2 江戸後期の儒学の一派で，日本・中国の古典を収集し，その解釈を確実な典拠にもとづいて理解しようとする実証的学派を何というか。 — 2 考証学派

★★ 3 江戸時代に諸藩が藩士の教育のため設立した学校を何というか。 — 3 藩学(藩校)

★ 4 熊沢蕃山が，1641(寛永18)年に設立した最古の私塾名をあげよ。 — 4 花畠教場

★ 5 秋田藩主佐竹義和によって，1789(寛政元)年に設立された藩校名をあげよ。 — 5 明徳館

★ 6 1776(安永5)年に，米沢藩主上杉治憲によって再興された藩校名をあげよ。 — 6 興譲館

★ 7 1841(天保12)年に，水戸藩主徳川斉昭によって開校された藩校名をあげよ。 — 7 弘道館

★ 8 長州(萩)藩の藩校名をあげよ。 — 8 明倫館

★ 9 会津藩の藩校名をあげよ。 — 9 日新館

★10 熊本藩の藩校名をあげよ。 — 10 時習館

★11 薩摩藩の藩校名をあげよ。 — 11 造士館

★**12** 諸藩のなかには、藩士子弟や庶民の教育のため、藩営の学校を設けるところもあったが、これを何とよんだか。 | 12 郷学(郷校)

★**13** 庶民教育のための学校としては、岡山藩の郷学が著名であるが、その名称をあげよ。 | 13 閑谷学校

★★**14** 牢人・神職・医師・町人らが、一般庶民に読み・書き・そろばんを教授した教育施設を何というか。 | 14 寺子屋

★★**15** 享保期に三宅石庵を学主として大坂町人たちの出資で設立され、幕府も準官学として援助を与え、おおいに発展した大坂の学塾を何というか。 | 15 懐徳堂

16 15の学塾の学主で、松平定信の諮問に答えた『草茅危言』を著わし、この学塾の全盛期を現出させたのはだれか。 | 16 中井竹山

★**17** 15の学塾出身の町人学者で、『翁の文』や『出定後語』などで、儒教・仏教を否定したのはだれか。 | 17 富永仲基

★★**18** 15の学塾出身の町人学者で、唯物論・無神論を説いたのはだれか。 | 18 山片蟠桃

★★**19** 18の人物の主著で、地動説をとり、国学の神道説や仏教の須弥山説、朱子学の鬼神論を否定し、無鬼(無神)論を説いた著書をあげよ。 | 19 夢の代

文学と芸能

1 17世紀後半に、さし絵入りの子ども向きの小説が登場し、内容によって表紙の色が違い、赤本・青本・黒本ともいわれた。これらの小説を総称して何というか。 | 1 草双紙(絵草子)

★**2** 元禄期から発生した見料という料金をとって本を貸す商人を何というか。 | 2 貸本屋

★★**3** 18世紀半ばころから流行した短編小説で、遊里を舞台に、日常会話を主体として町人の遊興や「通」の姿を、滑稽・軽妙に描いたものを何というか。 | 3 洒落本

★**4** 3の短編小説の代表的作家で、風俗を乱すものとして寛政の改革で手鎖50日の処罰を受けたのはだれか。 | 4 山東京伝

★**5** 4の人物の代表作で、題材を曽我兄弟にとった深川遊女の物語は何か。 | 5 仕懸文庫

★★**6** 草双紙は青本から大人の読み物になり、田沼時代 | 6 黄表紙

2. 宝暦・天明期の文化

には表紙の色も改まり、風俗・芝居・見世物など江戸市中の話題を取り上げる時事性を持ったものになった。これを何というか。

★★7 6の本の第一人者は、寛政の改革を風刺した小説を著わし幕府に処罰されたが、この小説と著者をあげよ。

7 金々先生栄花夢・恋川春町

8 江戸新吉原に本屋耕書堂を開業し、作家に原稿料を支払い、洒落本や黄表紙、錦絵などを版元として刊行した出版業者を何というか。

8 蔦屋(重三郎)

★★9 18世紀半ばの俳人・文人画家で、蕉風への復帰をとなえ、絵画的な俳諧で天明調と称されたのはだれか。

9 (与謝)蕪村

10 9の人物の俳諧を弟子たちが編集したものを何というか。

10 蕪村七部集

★★11 江戸時代の遊戯文芸のうち、前句付の付句が独立したものを何というか。

11 川柳

★12 浅草の名主で、前句付の点者として有名なのはだれか。

12 柄井川柳

★13 12の人物が数多くの付句から選び、出版した句集を何というか。

13 誹風柳多留

★★14 近松門左衛門の指導を受け、18世紀前半に活躍した浄瑠璃作家で座元でもあった人はだれか。

14 竹田出雲

★15 14の人物らの作品で、赤穂事件を室町期に擬して描いた戯曲を何というか。

15 仮名手本忠臣蔵

16 14の人物らの作品で、菅原道真の左遷を題材に取り扱った戯曲を何というか。

16 菅原伝授手習鑑

17 江戸幕府から興行が公認された歌舞伎劇場で、寛政期に栄えた江戸三座をそれぞれ何というか。

17 中村座・市村座・森田座

18 浄瑠璃のなかで、人形操りと離れて音曲として発展したものがあるが、これを何というか。

18 唄浄瑠璃

19 18の浄瑠璃で、常磐津文字太夫が創始した18世紀に人気を集めた流派をなんというか。

19 常磐津節

絵画

★★1 18世紀半ばころ、多色刷の技法による浮世絵版画が創始されたがこれを何というか。

1 錦絵

★★2 1の技法を創始したのはだれか。

2 鈴木春信

★ 3	美人画の大家で、特に人物の上半身を画面いっぱいの構図で描く様式で名声を博した浮世絵師はだれか。	3 喜多川歌麿
4	3の人物の代表作で、「ポッピンを吹く女」が有名な寛政期の作品を何というか。	4 婦女人相十品
★ 5	18世紀末の浮世絵師で、1年足らずの間に140枚もの個性的な役者絵と相撲絵を残したのはだれか。	5 東洲斎写楽
6	浮世絵版画のうち、人物の上半身や顔のみを大写しに描いたものを何というか。	6 大首絵
7	江戸中期以降に広まった、目の前の実物・実景画を重んじた日本画を何というか。	7 写生画
★★ 8	享保年間に来日した清の画家沈南蘋が伝えた写実法と洋画の遠近法を取り入れ、写生画を大成した人物はだれか。	8 円山応挙
9	8の人物の画派を何というか。	9 円山派
★10	8の人物が描いた雪に松を画題とした六曲一双の屏風を何というか。	10 雪松図屏風
★★11	中国(清)から伝わった南画(南宋画)の画法は、学者や文人たちによって盛んに行われるようになったが、これを何というか。	11 文人画
★★12	京都の人で、明・清の絵に学びながら、日本的な11の画法を大成した人はだれか。	12 池大雅
★13	12の人物が中国清代の文人の詩にもとづいて蕪村と合作した作品をあげよ。	13 十便十宜図
★14	桃山時代に南蛮人がもたらしたのち途絶えていたが、蘭学の興隆とともに再び盛んになった絵画は何か。	14 西洋画
★15	絵画を銅板に刻んで印刷したものを何というか。	15 銅版画
★★16	長崎におもむき洋画を研究し、日本最初の15の版画に成功したのはだれか。	16 司馬江漢
17	16の人物の代表作で、上野の池を描いたのは何か。	17 不忍池図
★★18	白河藩主松平定信に仕え、絵を谷文晁に学んだが、のちオランダ人に銅版画や洋画を学び、「浅間山図屏風」を残したのはだれか。	18 亜欧堂田善

2. 宝暦・天明期の文化

3 幕府の衰退と近代への道

寛政の改革

1. 11代将軍として一橋家から迎えられたのはだれか。 … 1 徳川家斉
2. 11代将軍の初期に、老中首座として幕政を担当したのはだれか。 … 2 松平定信
3. 2の老中は、徳川吉宗の孫にあたるが、どこの藩主であったか。 … 3 白河藩
4. 2の老中による政治改革を何とよんでいるか。 … 4 寛政の改革
5. 2の老中は天明の飢饉の教訓を活かし、諸藩に対し1万石につき50石の貯蔵を命じたが、これを何というか。 … 5 囲米
6. 寛政の改革では、各地に倉を設け米穀をたくわえるように命じたが、この倉を何というか、2つあげよ。 … 6 社倉・義倉
7. 寛政の改革では、江戸の町人に町費を節約させ、その7割を積み立てさせて貧民救済にあてるよう指導したが、これを何というか。 … 7 七分積金(七分金積立)
8. 江戸時代の町費のことを何というか。 … 8 町入用
9. 七分積金では、節約させた7割をどこに運用させたか。 … 9 江戸町会所
10. 松平定信が旗本・御家人を救済するために、札差らに6年以前の債権を破棄させ、以後のものも返済利率を下げるよう命じた法令を何というか。 … 10 棄捐令
11. 10の法令は西暦何年に出されたか。 … 11 1789年
12. 寛政の改革で、浮浪人や再犯のおそれのある罪人などを収容して職業技術を習得させる施設を江戸に設けた。これを何というか。 … 12 人足寄場
13. 12の施設はどこに設けられたか。 … 13 石川島
14. 江戸時代に、都市で定職・住居を持たない人々は何とよばれたか。 … 14 無宿人(者)
15. 寛政の改革で、百姓の出稼ぎを制限し、正業を持たないものに対し資金を与えて農村へ帰ることを奨励した政策を何というか。 … 15 旧里帰農令(帰農令)
16. 1790(寛政2)年、松平定信は柴野栗山の建言をいれ … 16 寛政異学の禁

て，湯島聖堂の学問所で朱子学以外の学問を教授することを禁止した。これを何というか。

★17 松平定信が老中を退いた後も，幕府は朱子学を奨励し，1797(寛政9)年に幕府が援助を与えていた林家の私塾を正式に幕府の統制下におき，名称も改めた。その名称をあげよ。

17 昌平坂学問所(昌平黌)

18 朱子学の振興につとめた17の学問所の3人の教官を何というか。

18 寛政の三博士

19 18の人物のなかで，最後に学問所に登用されたのはだれか。

19 古賀精里

★20 松平定信は民間に対してはきびしい出版統制令を出したが，風俗を乱すとの理由で処罰を受けた洒落本作家はだれか。

20 山東京伝

★★21 寛政の改革で処罰を受けた黄表紙作家はだれか。

21 恋川春町

★★22 松平定信は，1792(寛政4)年に，ロシアに備えて海防の必要を説いた人物を禁錮刑に処し，著書を絶版・発売禁止にした。この弾圧された人物はだれか。

22 林子平

★★23 22の人物の絶版・発売禁止となった著書を何というか。

23 海国兵談

★★24 22の人物の蝦夷地・朝鮮・琉球を図示・解説した著書を何というか。

24 三国通覧図説

★★25 1789(寛政元)年に朝廷は，光格天皇の実父閑院宮典仁親王に太上天皇の称号を宣下したいと幕府に同意を求めたが，松平定信はこれを拒否し，さらに武家伝奏らを処罰した。この事件を何というか。

25 尊号一件

★★26 江戸時代中期以降，諸藩が財政再建を軸に改革を行ったが，これを何とよんでいるか。

26 藩政改革

★★27 18世紀に入ると，諸藩は利潤を目的に自領の産物の生産・販売を独占する体制をつくり出したが，これを何というか。

27 専売制

★★28 米沢藩主で鷹山と号し，財政を再建して殖産興業につとめたり，藩校興譲館を再興して学問を奨励し，名君とよばれたのはだれか。

28 上杉治憲

★★29 肥後藩主で，殖産興業や治水につとめ，税の軽減を行い，また時習館を設立して文武を奨励したのはだれか。

29 細川重賢

3. 幕府の衰退と近代への道　169

★30	秋田藩主で，天明の飢饉ののちに，農・鉱・林業を奨励し，織物・製紙・醸造業などを育成して藩政を立て直したのはだれか。	30	佐竹義和

鎖国の動揺

★★1	エカチェリーナ2世の命を受け，日本人漂流民の引渡しと通商を求めて来航したロシア使節はだれか。	1	ラクスマン
2	1の使節は西暦何年に，どこに来航したか。	2	1792年・根室
3	1の使節が来航した時，幕政を担当していたのはだれか。	3	松平定信
★4	1の使節が幕府に引渡した漂流民(伊勢の船頭)はだれか。	4	大黒屋光太夫
5	4の人物の体験を幕府の官医である桂川甫周が聞きとり，まとめた書物は何か。	5	北槎聞略
★★6	幕府の松前蝦夷地御用として，1798(寛政10)年以降，数回にわたり千島方面の探査を行った人はだれか。	6	近藤重蔵
★★7	6の人物の探査した千島列島のうち，「大日本恵登呂府」の標柱を建てた島名をあげよ。	7	択捉島
★★8	1808(文化5)年，幕命により樺太を探査し，島であることを確認した人はだれか。	8	間宮林蔵
9	8の人物が発見した海峡を何というか。	9	間宮海峡
★★10	アレクサンドル1世の命により，通商を求めて長崎に来航したロシアの使節はだれか。また西暦何年のことか。	10	レザノフ・1804年
11	1811(文化8)年，千島測量中に国後島で松前藩の役人に捕えられ，箱館・松前に監禁されたロシアの軍人はだれか。	11	ゴローウニン
★12	11の人物の監禁事件の解決に尽力した，淡路出身の蝦夷地産物売捌方商人はだれか。	12	高田屋嘉兵衛
★13	ロシアの接近にともない，江戸幕府が1799(寛政11)年に直轄とした地域はどこか。	13	東蝦夷地
14	ロシアの接近にともない，江戸幕府が1807(文化4)年に直轄とした地域を何というか。	14	西蝦夷地
15	1807年に江戸幕府の直轄地となった全蝦夷地を支配した役職を何というか。	15	松前奉行
★★16	ナポレオン戦争の余波で，オランダ船捕獲のため長	16	フェートン号

崎に侵入し，薪水・食糧を強奪して退去した外国船を何というか。

17 16の外国船による事件は西暦何年におこったか。 … 17 1808年

18 長崎に侵入した16の外国船はどこの国の船か。 … 18 イギリス

19 16の外国船を砲撃・拿捕できなかったため，責任をとり自殺した長崎奉行はだれか。 … 19 松平康英

★★20 幕府は1806（文化3）年に，外国船に薪水を与えて退去させるように命じていたが，この方針を変更して，撃退することを命じた。これを何とよぶか。 … 20 異国船打払令（無二念打払令）

21 20の法令は西暦何年に出されたか。 … 21 1825年

文化・文政時代

1 11代将軍徳川家斉は，将軍職を退いたのちも実権を握りつづけた。この政治を何というか。 … 1 大御所政治

★2 百姓の階層分化が進行し，無宿人や博徒が横行するなかで，関東の治安維持強化を目的に，1805（文化2）年に創設された役職で，俗に八州廻りとよばれたものは何か。 … 2 関東取締出役

3 1827（文政10）年に，農村秩序を維持するため，関東において幕領・私領を問わず40～50カ村をあわせて設定された組織は何か。 … 3 寄場組合

大塩の乱

★★1 大御所時代の末期に洪水・冷害などにより東北地方を中心に全国的な飢饉がおこったが，この飢饉を何というか。 … 1 天保の飢饉

★★2 1の飢饉に際し，窮民の救済のために，門弟や同志とともに大坂市中で蜂起し，鎮圧され自殺した大坂町奉行元与力はだれか。 … 2 大塩平八郎（中斎）

★★3 2の人物は私塾を開いて子弟の教育にあたっていたが，どのような学問を教授していたか。 … 3 陽明学

4 2の人物の私塾を何というか。 … 4 洗心洞

★★5 大塩の乱の影響を受けて越後柏崎でも国学者が蜂起したが，この人物を何というか。 … 5 生田万

6 大塩の乱・生田万の乱は，西暦何年におこったか。 … 6 1837年

★★7 異国船打払令（無二念打払令）によって，日本人漂流 … 7 モリソン号

民を引渡すため来航したアメリカ商船が，相模の浦賀や薩摩の山川で砲撃された。この船を何というか。

8 7の外国船による事件は西暦何年におこったか。　　8 1837年

★9 7の外国船による事件を知り，幕府の方針を批判した江戸の蘭学者のグループが処罰される事件がおこったが，この事件を何というか。　　9 蛮社の獄

10 9の事件で処罰された蘭学者が参加していた江戸の知識人の勉強会を何というか。　　10 尚歯会

★11 9の事件で処罰された人物で，三河田原藩家老で，文人画家としても著名であったのはだれか。　　11 渡辺崋山

★12 11の人物がモリソン号事件を批判した著書名をあげよ。　　12 慎機論

★13 蛮社の獄で処罰された陸奥水沢出身の人物で，医学をシーボルトに学んだのはだれか。　　13 高野長英

★14 13の人物がモリソン号事件を批判した著書名をあげよ。　　14 戊戌夢物語

天保の改革

★★1 19世紀前半の幕藩体制をゆるがす内憂外患に対処するために行われた幕政改革を何というか。　　1 天保の改革

★★2 1の改革を推進した老中はだれか。　　2 水野忠邦

3 1の改革は西暦何年に始まったか。　　3 1841年

★4 1の改革の時の将軍はだれか。　　4 徳川家慶

★★5 水野忠邦は，農村の荒廃を防ぐため，百姓に出稼ぎを禁じ，江戸に住む窮民を強制的に農村に返したが，この命令を何というか。　　5 人返しの法

★★6 天保の改革で，高騰した江戸の物価を抑制するために，商工業者に対してとった政策は何か。　　6 株仲間の解散

★★7 水野忠邦は幕府権力の強化のため，江戸・大坂周辺の大名・旗本領を直轄領にする命令を出して失敗した。この命令を何というか。　　7 上知令（あげち）

★8 江戸時代中期以降に，農村内で成長してきた商人を何というか。　　8 在郷商人（在方商人）

経済の変化

★★1 幕末の相模の農政家で，没落した一家を再興し，節　　1 二宮尊徳（金次郎）

約・貯蓄を説く報徳仕法で各地の農村の復興に尽力したのはだれか。

★★ 2 幕末の農民指導者で，下総国に土着して農村復興や農業生産の合理化を説いたのはだれか。

2 大原幽学

★★ 3 工場を設立し賃労働者を集めて，分業による協同作業を行う生産様式を何というか。

3 マニュファクチュア（工場制手工業）

4 3の生産様式は，天保期には桐生・足利などで行われるようになったが，どのような業種で行われたか。

4 絹織物業

★ 5 3の生産様式で使用された織機で，もともと京都西陣の高級絹織物の生産などに広く用いられていたものは何か。

5 高機

朝廷と雄藩の浮上

★★ 1 江戸時代後期に藩政改革を行い，財政を好転させ，軍事力を強化して幕政に大きな影響力を持った諸藩があった。これらを何とよぶか。

1 雄藩

★★ 2 江戸時代後期，薩摩藩では莫大な借財を解消して藩財政の再建に成功したが，藩政改革を担当した家老はだれか。

2 調所広郷

3 2の人物による薩摩藩の改革で強化された専売品目をあげよ。

3 黒砂糖

★ 4 2の人物による薩摩藩の改革で，拡大されたのは，どことの貿易か。

4 琉球

★ 5 将軍継嗣問題で徳川慶喜を推すなど，中央政界で活躍しながら，鹿児島に反射炉やガラス製造工場などを設けた薩摩藩主はだれか。

5 島津斉彬

6 薩摩藩が鹿児島に設けた洋式工場群を総称して何というか。

6 集成館

★★ 7 長州藩主毛利敬親が登用した人物で，負債の整理や専売制の改正など，藩政改革を担当したのはだれか。

7 村田清風

8 長州藩が専売品としていた品目で，灯明に使用するものは何か。

8 蠟

★ 9 長州藩では他国の廻船の積荷を抵当に，資金の貸付や委託販売を行い利益を得た。このために下関に設けられた役所を何というか。

9 越荷方

★★ 10 幕末に本百姓体制の再建など農村の復興につとめ，

10 肥前（佐賀）藩

	磁器の専売など殖産興業につとめた藩はどこか。	
★11	10の藩の改革を進めた藩主名をあげよ。	11 鍋島直正
★12	10の藩では小作地を収公し，一部を地主に再給付し，残りは小作人に分けて本百姓にした。この土地制度を何というか。	12 均田制
13	10の藩で，1850(嘉永3)年に設立された施設では，何を製作したか。	13 大砲
★14	13の鋳造のためにオランダから学んでつくられたもので，炉内で火炎を反射させて鉱石や金属を熱する炉を何というか。	14 反射炉
★★15	おこぜ組とよばれる改革派を登用して，財政の緊縮を行い，藩権力の強化をはかった雄藩をあげよ。	15 土佐(高知)藩
★★16	藩主徳川斉昭のもとで改革政治が推進されたが，藩内保守派の反対で藩論を統一できず，多くの志士を出すことになった藩は何か。	16 水戸藩
★17	長崎の町年寄で，オランダ人に砲術を学び，幕府にその採用を建議して水野忠邦に認められ，のち講武所砲術師範になった人物はだれか。	17 高島秋帆
★18	伊豆韮山の代官で，17の人物に砲術を学び，韮山に反射炉を築いたのはだれか。	18 江川太郎左衛門(坦庵，英龍)
19	水戸藩は幕命により，江戸のどこに造船所を設立したか。	19 石川島

4 化政文化

化政文化

★★1	文化・文政時代，江戸を中心に文学と美術を主として発達した町人文化を何というか。	1 化政文化
2	1の文化の時代に好まれた滑稽・洒落の気風は何とよばれたか，2つあげよ。	2 粋・通

学問・思想の動き

★★1	丹後宮津出身の儒学者・経済学者で，商品経済・貨幣経済への蔑視は誤りであると指摘し，専売制度による富国強兵，封建制の再建を主張したのはだれか。	1 海保青陵
★★2	1の人物の主著をあげよ。	2 稽古談

#	問	答
★★ 3	越後出身の思想家で，開国の必要と貿易振興，植民地経営による富国策を主張したのはだれか。	3 本多利明
★ 4	3の人物の著書で，西洋諸国の国勢・風俗を記し，航海・貿易の必要を人口論とあわせて説いているものをあげよ。	4 西域物語
★ 5	3の人物の著書で，国内開発・金銀採掘・商業貿易の掌握・属島の開発など四大急務・三慮策による富国策を説いているものをあげよ。	5 経世秘策
★★ 6	出羽出身の思想家・経済学者で，諸学を修め，生産の国営化・貿易振興のために海外経略論を展開したのはだれか。	6 佐藤信淵
★ 7	6の人物の著書で，農政の沿革や農事を詳述したものを何というか。	7 農政本論
8	6の人物の著書で，産業の振興・官営商業・貿易展開などを主張したものを何というか。	8 経済要録
★ 9	水戸藩で『大日本史』の編纂事業を中心にして形成された学風を何というか。	9 水戸学
★10	尊王論は，幕末の水戸藩主徳川斉昭のころには，内外情勢の緊迫化のなかでどのような考え方に発展したか。	10 尊王攘夷論
11	水戸藩の藩校（藩学）弘道館の設立に尽力し，『弘道館記述義』で新しい考え方を主張して水戸学の中心となったのはだれか。	11 藤田東湖
12	『大日本史』の編纂事業推進の機関である水戸藩の彰考館の総裁で，『新論』を著わし，新しい考え方を主張したのはだれか。	12 会沢安（正志斎）
★13	幕府の天文方となり，間重富らとともに西洋暦法を取り入れた暦をつくったのはだれか。	13 高橋至時
★14	13の人物らがつくった暦を何というか。	14 寛政暦
★★15	下総佐原の酒造家で，50歳で江戸に出て13の人物に測地・暦法を学び，幕命で蝦夷地をはじめ全国を測量したのはだれか。	15 伊能忠敬
★16	15の人物の死後に完成された日本の実測図を何というか。	16 大日本沿海輿地全図
★17	1811（文化8）年に，幕府の天文方に蘭書翻訳局が設置されたが，これを何というか。	17 蛮書和解御用

4. 化政文化

★18	17の設置を建言したのはだれか。	18 高橋景保
★★19	本木良永に学び，天文・物理学の入門書を翻訳し，地動説を紹介した蘭学者で，長崎のオランダ通詞でもあった人物はだれか。	19 志筑忠雄
★20	地動説・引力説などニュートン力学を紹介した19の人物の著書名をあげよ。	20 暦象新書
21	イギリス人が著わした化学書を『舎密開宗』として訳述し，また『菩多尼訶経』で西洋植物学を紹介したのはだれか。	21 宇田川榕庵
★22	鳴滝塾を開いた商館医が帰国の時，国外への持ち出しが禁じられていた日本地図を持っていたため国外追放となった。この事件を何というか。	22 シーボルト事件
★23	22の事件は西暦何年のことか。	23 1828年
★24	22の事件で，日本地図を贈ったことで罪に問われ，牢死した幕府の天文方はだれか。	24 高橋景保
25	信濃松代の出身の洋学者・兵学家で，「東洋の道徳・西洋の芸術」と和魂洋才を説き，開国論をとなえ暗殺されたのはだれか。	25 佐久間象山
★★26	25の人物の教えを受け，ペリー再来の時，アメリカへの密航を企てた長州藩出身の人物はだれか。	26 吉田松陰

教育

★1	豊後日田の商家に生まれ，家業を弟に譲り，みずからは教育に専念した折衷学派の儒者はだれか。	1 広瀬淡窓
★2	1の人物の私塾には高野長英や大村益次郎も学んだが，この塾の名をあげよ。	2 咸宜園
★★3	江戸で宇田川玄真に，また長崎でオランダ商館医に学び，のちに大坂で蘭学塾を開いて青年の教育，種痘の普及に尽した人物はだれか。	3 緒方洪庵
★★4	3の人物の大坂の蘭学塾を何というか。	4 適塾(適々斎塾)
★★5	長州藩士で江戸に出て佐久間象山に師事し，叔父が開いた学塾で久坂玄瑞や高杉晋作ら幕末の尊攘倒幕派の人材を育てたのはだれか。	5 吉田松陰
★6	5の人物が尊攘倒幕派の人材を育てた学塾の名をあげよ。	6 松下村塾
★★7	ドイツ人でオランダ商館の医師として来日し，長崎	7 シーボルト

郊外に診療所兼学塾を設けた人物はだれか。
★ 8 7の人物が長崎郊外に設けた診療所兼学塾を何というか。

8 鳴滝塾

文学

★ 1 洒落本が禁止されたあと，その滑稽味を受け継ぎ，庶民の生活を会話中心に写実的に描写した小説を何というか。

1 滑稽本

★ 2 1の小説の代表的作品に，江戸の弥次郎兵衛と喜多八の旅行記があるが，この作品を何というか。

2 東海道中膝栗毛

★★ 3 2の小説の作者はだれか。

3 十返舎一九

★ 4 江戸時代の社交場ともいうべき湯屋や髪結床を舞台に，庶民のさまざまな様子を描いたのはだれか。

4 式亭三馬

★ 5 4の人物が著わした湯屋を舞台とする滑稽本を何というか。

5 浮世風呂

★ 6 文政期以後，洒落本にかわって流行した，江戸町人の恋愛や愛欲を主題とした絵入り小説を何というか。

6 人情本

★★ 7 6の小説の代表的作家で，天保の改革で処罰されたのはだれか。

7 為永春水

★ 8 7の人物の代表作をあげよ。

8 春色梅児誉美（梅暦）

9 黄表紙は寛政の改革で弾圧を受けてから，数冊分をとじあわせた大衆読物となり，天保期に全盛期を迎えた。この小説を何というか。

9 合巻

★10 9の小説の代表的作品で，室町時代のこととして大奥の実情を写し，天保の改革で弾圧されたものがある。これを何というか。

10 偐紫田舎源氏

★11 10の作者はだれか。

11 柳亭種彦

★★12 仮名草子の流れをくみ，初期には歴史的伝奇が多く，のちには勧善懲悪を説くようになった小説を何というか。

12 読本

★★13 12の小説の初期に登場した上方の作家の作品で，日本・中国の古典からとった怪談を取り扱ったものを何というか。

13 雨月物語

★★14 13の小説の作者はだれか。

14 上田秋成

★★15 19世紀初期の読本の作家で，雄大な構想と複雑な事

15 曲亭（滝沢）馬琴

件を整然と脚色したのはだれか。

★★16 15の人物の代表作で，安房の里見家再興を取り扱ったものを何というか。 — 16 南総里見八犬伝

★★17 化政期に出た信濃出身の俳人で，強者に対する反抗心と弱者への温かい同情心を示す，人間味豊かな俳諧を残したのはだれか。 — 17 (小林)一茶

★18 17の人物が日記風に著わした随筆と発句からなる俳書を何というか。 — 18 おらが春

★19 19世紀前半にかけて活躍した越後出身の歌人・禅僧で，万葉調の歌風で童心にあふれた歌を詠んだのはだれか。 — 19 良寛

★★20 遊戯文芸のうち，和歌の形式を借りたものを何というか。 — 20 狂歌

★21 20の代表的作家で，四方赤良とか寝惚先生などの戯号を持った幕臣はだれか。 — 21 大田南畝(蜀山人)

★★22 21の人物に学んだ国文学者で，宿屋を営んでいたのはだれか。 — 22 宿屋飯盛(石川雅望)

23 越後の縮商人で，山東京伝・曲亭馬琴らとも交遊し，地方色の濃い作品を残した文人はだれか。 — 23 鈴木牧之

24 23の人物の随筆集で，雪国のきびしい自然や百姓の生活・風俗を実証的に描き，雪の観察と奇聞珍話で有名な作品を何というか。 — 24 北越雪譜

美術

★★1 風景版画の大成者の一人で，和漢洋諸派の画法を学び独自の画風を開き，富士山を大胆な構図と剛健な筆致で描いたのはだれか。 — 1 葛飾北斎

★★2 1の人物の代表作で，富士を各地から眺めた46枚の風景版画を何というか。 — 2 富嶽三十六景

★3 風景版画の大成者の一人で，歌川派の画法を学び，1833(天保4)年に代表作となる東海道宿場の風景と風俗の版画を刊行して名声を得たのはだれか。 — 3 歌川(安藤)広重

★4 3の人物の代表作で，55枚からなる東海道の宿場の様子を描いた風景版画を何というか。 — 4 東海道五十三次

5 蛮社の獄ののちに自殺した渡辺崋山の代表的肖像画と，庶民の種々相を描いた風俗画をそれぞれあげよ。 — 5 鷹見泉石像・一掃百態

6	江戸の文人画家として、「公余探勝図」を描いたのはだれか。	6 谷文晁
7	豊後竹田の出身で、「亦復一楽帖」を描いた文人画家はだれか。	7 田能村竹田
8	円山派に学び、蕪村の画法を取り入れて一派をなした人物はだれか。	8 呉春(松村月溪)
9	8の人物の一派を京都での居所にちなんで何というか。	9 四条派

民衆文化の成熟

★1	18世紀中頃、桟敷席の間の花道や付舞台が設けられた歌舞伎の劇場のことを何というか。	1 芝居小屋
★2	見世物興行のためにつくられた軽便な施設を何というか。	2 見世物小屋
★★3	「人寄せ席」の意味で、元禄期に江戸に始まった大衆芸能の興行場所を何というか。	3 寄席
★4	軍談や実録などを、抑揚をつけて口演する寄席演芸の一種を何というか。	4 講談
★★5	18世紀後半から19世紀前半にかけての歌舞伎狂言作者で、怪談物を得意としたのはだれか。	5 鶴屋南北
★6	5の人物の代表的な作品を1つあげよ。	6 東海道四谷怪談
★7	江戸末期から明治期にかけて活躍した歌舞伎狂言作者で、盗賊をテーマとする白浪物とよばれる脚本で大当りしたのはだれか。	7 河竹黙阿弥
8	寺院が特定の日に秘仏の公開を行うことを何というか。	8 開帳
9	寺院が秘仏の公開を他の場所に出張して行うことを何というか。	9 出開帳
★10	箱のなかの木札を小さな穴から錐で突き、突いた木札の番号を当りくじとして、莫大な賞金を払った興行を何といったか。	10 富突(富くじ)
11	東北各地を巡歴し、貴重な民俗資料を残した三河出身の国学者はだれか。	11 菅江真澄
12	11の人物の代表的な紀行日記を何というか。	12 菅江真澄遊覧記
★13	お札が降ったという噂などで、特定の年に日本全国から熱狂的に群衆が参詣におとずれたのはどこか。	13 伊勢神宮

★14	13への集団参拝が流行し，特定の年に群衆が熱狂的に参詣したが，これを何というか。	14 御蔭参り（ぬけ参り）
15	江戸時代には団体をつくって寺社へ参詣することが盛んであったが，特に長野にある寺院への参詣が流行した。これを何というか。	15 善光寺詣
16	海上の守護神として信仰された讃岐の神社を何というか。	16 金毘羅宮（金刀比羅宮）
17	庶民の間に観音信仰や弘法大師信仰が広まり，各地の聖地や霊場をめぐることが盛んに行われた。これを何というか。	17 巡礼
18	近畿地方を中心とする観音信仰が盛んな霊場を何というか。	18 西国三十三カ所
19	遍路とよばれる巡礼で有名な弘法大師の霊場を何というか。	19 四国八十八カ所
20	幕府は季節の変り目などの日を式日として祝ったが，民間でも行われるようになった。これを何というか。	20 節句
21	旧暦の7月15日に祖先の霊をまつる供養を何というか。	21 盂蘭盆会
★22	同じ信仰を持つものが，特定の日に集まって神をまつり，飲食をともにしたり，また特定の神社への参詣を目的に組織する集まりを何というか。	22 講
23	庚申の夜に眠ると命が縮み，眠らずに身を慎めば災難が除かれるとの信仰から，眠らずに夜を明かす集まりを何というか。	23 庚申講
★24	前夜から潔斎（汚れを除き心身を清潔にする）して，寝ないで日の出を待って拝む集まりを何というか。	24 日待
★25	十五夜や二十三夜など特定の月齢の日に集まり，月の出を拝む集まりを何というか。	25 月待
26	伊勢神宮への参詣を目的として組織される集まりを何というか。	26 伊勢講
27	富士山の信仰や参拝のための集まりを何というか。	27 富士講

第9章 近代国家の成立

1 開国と幕末の動乱

開国

★★ **1** 18世紀末から19世紀の初めにかけて、産業革命を達成したヨーロッパ諸国がアジア地域へ進出するなかで、鎖国体制をとる幕府が1825(文政8)年に制定した異国船打払令を緩和して出した法令を何というか。

1 天保の薪水給与令

★ **2** 1の法令は西暦何年に発令されたか。

2 1842年

★★ **3** 1の法令発令の要因となった中国での戦争をあげよ。

3 アヘン戦争

★★ **4** 1844(弘化元)年には、ある国の国王が12代将軍徳川家慶に親書をもたらし、幕府に開国をすすめた。ある国とはどこか。

4 オランダ

★ **5** 1846(弘化3)年に浦賀に来航し、開国を求めたアメリカ東インド艦隊司令長官はだれか。

5 ビッドル

★ **6** 日本を開国させた、アメリカ東インド艦隊司令長官はだれか。

6 ペリー

★ **7** 6の人物が軍艦4隻を率いて来航したのは西暦何年のことか。

7 1853年

★ **8** 6の人物は1853(嘉永6)年にどこに来航したか。

8 浦賀

★ **9** 6の人物はアメリカ大統領の国書を強い態度で幕府に受理させたが、この大統領名をあげよ。

9 フィルモア

★★ **10** 6の人物が来航した時の、幕府の老中首座はだれか。

10 阿部正弘

★★ **11** 6の人物につづいて来日し、開国を要求したロシアの使節はだれか。

11 プチャーチン

★★ **12** 1853年に11の人物はどこに来航したか。

12 長崎

★★ **13** 7隻の艦隊を率いてペリーが再来日し、江戸幕府と締結した条約を何というか。

13 日米和親条約(神奈川条約)

★★ **14** 13の条約が締結されたのは西暦何年のことか。

14 1854年

★★ **15** 13の条約はどこで締結されたか、当時の宿駅名をあげよ。

15 神奈川

★★ **16** 13の条約で開港された地を2つあげよ。

16 下田・箱館

★ **17** 13の条約にもとづき開港地で供給されたものをあ

17 薪や水・食料

	げよ。	
★★18	13の条約で，種々の権益についてアメリカに一方的な優遇を与えることを認めた。これを何というか。	18 片務的最恵国待遇
★★19	13の条約締結後，プチャーチンと幕府との間で締結された条約を何というか。	19 日露和親条約
★★20	19の条約は西暦何年に締結されたか。	20 1854年
★21	19の条約で認められた下田・箱館以外の開港地をあげよ。	21 長崎
★★22	19の条約では国境についても取り決めがなされたが，千島列島で日本領とされた最も北の島は何か。	22 択捉島
★★23	19の条約で両国人雑居地とされたのはどこか。	23 樺太(サハリン)
★★24	1854年にイギリスとの間で結ばれた条約を何というか。	24 日英和親条約
★25	1855(安政2)年にオランダとの間で結ばれた条約を何というか。	25 日蘭和親条約
★26	ペリー来航を機に，幕府が江戸湾防衛のために築いた砲台を何というか。	26 台場

開港とその影響

1	1851(嘉永4)年から1864(元治元)年にかけて，清国でおこった洪秀全を首領とする反清朝革命軍による内乱を何というか。	1 太平天国の乱
★2	1856(安政3)年にイギリス船が広東港で清国官憲に臨検を受けたことを口実に，翌年，英仏軍が天津に侵入した事件を何というか。	2 アロー戦争(アロー号事件)
3	1857(安政4)年から1859(安政6)年にかけてインドでおこったインド人傭兵による反イギリス独立戦争を何というか。	3 セポイ(シパーヒー)の反乱
★★4	日米和親条約の規定により，アメリカから日本に着任したのはだれか。	4 ハリス
★5	江戸時代末期に来日した4の人物の役職は何か。	5 総領事
★6	4の人物は西暦何年に来日したか。	6 1856年
★★7	4の人物が最初に着任したのはどこか。	7 下田
★★8	4の人物が着任した当時，老中首座として外交事務にあたっていた人物はだれか。	8 堀田正睦
★★9	アロー戦争で天津条約が結ばれたことを利用して，	9 日米修好通商条約

4の人物は新たな条約の調印を幕府に迫ったが、この条約を何というか。

★★10 9の条約は西暦何年に締結されたか。 — 10 **1858年**

★★11 9の条約は勅許を得られないまま調印されたが、これを指示した大老はだれか。 — 11 **井伊直弼（いいなおすけ）**

★★12 9の条約に勅許を与えなかった天皇はだれか。 — 12 **孝明天皇（こうめい）**

13 9の条約の批准書交換のため、米艦ポーハタン号でアメリカにおもむいた幕府の正使はだれか。 — 13 **新見正興（しんみまさおき）**

★14 9の条約の批准書交換の使節に随行し、太平洋横断を成しとげた幕府の木造軍艦を何というか。 — 14 **咸臨丸（かんりんまる）**

★15 海軍伝習所（かいぐんでんしゅうじょ）で学び、14の軍艦の艦長として遣米使節に随行したのはだれか。 — 15 **勝義邦（海舟）（かつよしくに かいしゅう）**

★★16 日米修好通商条約で、幕府は和親条約の開港地のほかに、4港を開くことと江戸・大坂の開市を約束したが、翌1859年に開港することを約した地を2つあげよ。 — 16 **神奈川・長崎**

★★17 日米修好通商条約の開港地のうち神奈川は東海道の宿場町であったため、混乱を避けるために近接した漁村が開港された。それはどこか。 — 17 **横浜**

★★18 17が開港されたため、半年後に閉鎖された港はどこか。 — 18 **下田**

★★19 日米修好通商条約で、1860（万延元）年と1863（文久3）年に開港を約した港をそれぞれあげよ。 — 19 **新潟・兵庫**

★★20 修好通商条約はアメリカについで蘭・露・英・仏とも締結されたが、これらを総称して何というか。 — 20 **安政（あんせい）の五カ国条約**

★★21 20の条約は、日本にとって不利な不平等条約だが、不平等な点を2つあげよ。 — 21 **領事裁判権（治外法権）（ちがいほうけん）の承認・関税自主権の欠如（協定関税制）**

22 20の条約の関税について定めた規定を何というか。 — 22 **貿易章程（しょうてい）**

★23 20の条約により神奈川（横浜）・長崎などの開港地に、外国人が居住し貿易を許された地域が設けられたが、これを何というか。 — 23 **居留地（きょりゅうち）**

★24 幕末、修好通商条約の締結で、貿易は西暦何年から開始されたか。 — 24 **1859年**

★★25 幕末に、貿易の中心地になった開港地はどこか。 — 25 **横浜**

1. 開国と幕末の動乱

★★ 26	幕末の貿易における取引相手国で中心になったのはどこか。	26 **イギリス**
★★ 27	幕末の貿易における輸出品の上位2品目を取引量の多い順にあげよ。	27 **生糸・茶**
★ 28	幕末の貿易における輸入品の上位2品目を取引量の多い順にあげよ。	28 **毛織物・綿織物**
★ 29	貿易の開始にともない多量の金貨が海外に流出した原因は何か。	29 **金銀比価の相違**
★ 30	金貨の海外多量流出への対策として、幕府は金の含有量を減らした貨幣を鋳造したが、これを何というか。	30 **万延小判**
★★ 31	貿易の開始により生じた市場の混乱に対し、幕府が江戸問屋の保護と流通経済を統制するために出した命令を何というか。	31 **五品江戸廻送令**
★ 32	31の法令は西暦何年に出されたか。	32 **1860年**
★ 33	31の法令で、開港場への直送が禁じられた5品目をあげよ。	33 **雑穀・水油・蠟・呉服・生糸**

公武合体と尊攘運動

★★ 1	1853(嘉永6)年のペリー来航直後に13代将軍になったのはだれか。	1 **徳川家定**
★★ 2	1の人物は生来病弱で嗣子もなかったため、次期将軍の問題が1857(安政4)年から公然化したが、これを何というか。	2 **将軍継嗣問題**
★★ 3	14代将軍に賢明な人物を迎え、幕政改革を行って難局を乗り切ろうと考えた人たちが推したのはだれか。	3 **徳川(一橋)慶喜**
★★ 4	14代将軍に3の人物を推した人たちは何派とよばれたか。	4 **一橋派**
★★ 5	14代将軍に、譜代大名らは血筋を重んじて幼少の紀伊藩主を推したが、この紀伊藩主とはだれか。	5 **徳川慶福**
★★ 6	14代将軍に5の人物を推した譜代大名らは何派とよばれたか。	6 **南紀派**
★ 7	薩摩藩主で、一橋派の中心人物の一人はだれか。	7 **島津斉彬**
★★ 8	越前藩主で、一橋派の中心人物の一人はだれか。	8 **松平慶永(春嶽)**
★ 9	南紀派とよばれた譜代大名らの中心となっていたのはだれか。また、その人物はどこの藩主であったか。	9 **井伊直弼・彦根藩**

★★10	1858(安政5)年に9の人物は大老に就任し,将軍継嗣をだれと定めたか。	10 徳川慶福(家茂)
★★11	9の人物は批判勢力に対して徹底的に弾圧を加え,処罰したが,これを何とよんでいるか。	11 安政の大獄
★★12	11の弾圧で蟄居を命じられた前水戸藩主はだれか。	12 徳川斉昭
★★13	11の弾圧で刑死した長州藩出身の尊王論者で,萩の塾で幕末の志士を育成したのはだれか。	13 吉田松陰
★14	13の人物が志士を育成した萩の塾を何というか。	14 松下村塾
★15	安政の大獄で処刑された越前藩士で,緒方洪庵の適塾に学び,藩主松平慶永を助けて活躍していたのはだれか。	15 橋本左内
★★16	安政の大獄に反発した志士たちが,大老井伊直弼を登城途中に暗殺した事件を何というか。	16 桜田門外の変
★17	16の事件は西暦何年におこったか。	17 1860年
★★18	16の事件をおこしたのは,主に何藩の脱藩志士たちであったか。	18 水戸藩
★19	18世紀の中頃から,天皇(皇室)を尊ぶべきであるという主張がおこってきたが,これとペリー以来の外圧によりおこってきた外国人排斥思想とが結合して,反幕政治運動の潮流となった。この思想を何というか。	19 尊王攘夷論
20	井伊直弼の独裁政治が否定されたことから,幕府では朝廷の伝統的権威と結びつくことで幕政を維持しようとした。この考え方を何というか。	20 公武合体論
★★21	20の政策を推進した老中はだれか。	21 安藤信正
★★22	21の人物が,公武合体の政策を進めるために,朝廷に申し入れたことは何か。	22 和宮の将軍家茂への降嫁
★23	22の申し入れを受け入れた天皇はだれか。	23 孝明天皇
★★24	22の政策に憤激した尊攘派の志士たちにより,老中安藤信正が傷つけられる事件がおこった。この事件を何というか。	24 坂下門外の変
★25	24の事件は西暦何年におこったか。	25 1862年
★★26	独自の公武合体論をもって幕政改革にのり出し,国父と称された薩摩藩の実力者(藩主の実父)はだれか。	26 島津久光
27	26の人物は藩兵を率いて上京した折,倒幕挙兵を計画していた薩摩藩士の有馬新七らを斬り殺す事件	27 寺田屋事件

1. 開国と幕末の動乱　185

	をおこした。この事件を何というか。	
★28	26の人物は勅使大原重徳とともに江戸に下り，幕政改革を要求したが，この時に幕府が行った改革を何というか。	28 文久の改革
★★29	28の改革で新設された将軍を補佐する役職を何というか。また，だれが任命されたか。	29 将軍後見職・徳川(一橋)慶喜
★★30	28の改革で新設された幕政を統轄する職を何というか。また，だれが任命されたか。	30 政事総裁職・松平慶永
★★31	28の改革で京都所司代の上に，京都の治安を維持するための職を設けたが，これを何というか。また，だれが任命されたか。	31 京都守護職・松平容保
★32	28の改革で大名に対し緩和された制度とは何か。	32 参勤交代
★33	幕末の尊攘事件として，1860(万延元)年に駐日アメリカ総領事ハリスの通訳であったオランダ人が赤羽橋で薩摩藩の浪士に殺される事件が発生した。このオランダ人の名をあげよ。	33 ヒュースケン
★★34	1862(文久2)年に，江戸から京都に帰国する途中の島津久光の行列を横切ったため，イギリス人が殺傷された。この事件を何というか。	34 生麦事件
★★35	34の事件が原因となっておこった戦いを何というか。また，それは西暦何年におこったか。	35 薩英戦争・1863年
★36	水戸藩の浪士が1861(文久元)年に，江戸高輪のイギリス仮公使館である寺院を襲撃した。この事件を何というか。	36 東禅寺事件
37	1862年に，品川御殿山のイギリス公使館が高杉晋作らによって襲撃され全焼した。この事件を何というか。	37 イギリス公使館焼打ち事件
★38	1862年の後半になると，長州藩を中心とする尊攘派の志士と尊攘派公卿が結びついて朝廷を動かすようになった。同年末に，朝廷は幕府に対して攘夷の実行を命ずる勅使を派遣したが，この時の勅使はだれか。	38 三条実美
★★39	攘夷が不可能なことを知りながら幕府は勅命を受け，1863(文久3)年3月に将軍が上洛したが，この将軍はだれか。	39 徳川家茂
★★40	幕府は1863年5月10日を攘夷決行の日と定めて，諸	40 長州藩

藩にその実行を命じたが，これに応じて攘夷を実行した藩はどこか。

★41　1863年に40の藩が実行した攘夷事件を何というか。

41 長州藩外国船砲撃事件

★42　1863年8月，公武合体派が朝廷から尊攘派を一掃し，京都から追放する政変がおこったが，これを何というか。

42 八月十八日の政変（文久3年の政変）

★43　42の政変で公武合体派の中心になった藩を2つあげよ。

43 薩摩藩・会津藩

★44　42の政変で，急進派公卿の参内が禁止されたため，7人の公卿が長州に逃れた(七卿落ち)。その中心人物で，のちに明治政府の太政大臣に就任したのはだれか。

44 三条実美

45　42の政変の前後に尊攘派が挙兵し，大和五条の代官所を襲撃した事件を何というか。

45 天誅組の変

46　45の事件の中心となった尊攘派の公卿はだれか。

46 中山忠光

47　46の人物とともに，天誅組の変の中心となった土佐藩出身の浪士はだれか。

47 吉村寅太郎(虎太郎)

48　尊攘派が公卿の沢宣嘉を擁して，但馬の百姓とともに代官所を襲撃した事件を何というか。

48 生野の変

49　48の事件の中心人物で，福岡藩出身の浪士はだれか。

49 平野国臣

★50　1863年に幕府の浪士政策で結成され，京都守護職の指揮下で尊攘派の弾圧に活動した組織を何というか。

50 新選(撰)組

51　50の組織の隊長として尊攘派の取締りに活躍した人物はだれか。

51 近藤勇

★52　勢力挽回をはかった尊攘派の志士たちが，京都三条の旅籠屋で新選組に襲撃され，斬殺・逮捕された事件を何というか。

52 池田屋事件

★53　52の事件ののち，長州藩は，その勢力回復のため藩兵や各地の志士を率いて京都に攻め上り，御所を中心に公武合体派と激しく戦った。この戦いを何というか。

53 禁門の変(蛤御門の変)

★54　53の戦いは西暦何年のことか。

54 1864年

55　53の戦いを指導した，吉田松陰門下の長州藩士はだれか。

55 久坂玄瑞

★56	53の戦いの罪を問うため、幕府は尾張藩主の徳川慶勝を総督にして長州藩を包囲して屈服させたが、これを何というか。	56 第1次長州征討(伐)
★57	56の戦いで、長州藩が恭順の意を表わしたのは、長州藩が外国勢力により砲撃を受けたことが影響している。この外国勢力の砲撃事件を何とよんでいるか。	57 四国艦隊下関砲撃事件
58	1865(慶応元)年に、列国が兵庫沖まで艦隊を送って圧力をかけたため、孝明天皇は正式に通商条約に承認した。これを何とよんでいるか。	58 条約勅許
★59	58の承認後も兵庫開港については勅許を得ることのできない幕府は、列強の圧力をかわすために、輸入税を一律に5％に引き下げた。この時に列強と締結した協約を何というか。	59 改税約書

倒幕運動の展開

★1	第1次長州征討の結果、長州藩では保守政権が成立したが、1864(元治元)年12月の下関挙兵により倒幕派が政権を掌握した。この中心となったのはだれか。	1 高杉晋作
★2	長州藩では、1863(文久3)年から正規兵以外に、農工商その他の人々で諸隊が編成されたが、1の人物が中心になって組織した軍隊は何か。	2 奇兵隊
★3	対立していた薩摩藩・長州藩が倒幕で一致し、提携したが、この提携を何とよんでいるか。	3 薩長連合(薩長同盟)
★4	3の提携は西暦何年に成立したか。	4 1866年
★5	3の提携を仲立ちした土佐藩出身の人物を2人あげよ。	5 坂本龍馬・中岡慎太郎
★6	3の提携は京都で成立したが、薩摩藩・長州藩の代表者を1人ずつあげよ。	6 西郷隆盛・桂小五郎(木戸孝允)
★7	3の提携に関係した薩摩藩士で、のちに明治政府の参議兼内務卿として殖産興業に尽力した人物はだれか。	7 大久保利通
★8	長州藩で倒幕派が権力を握ったことに対し、幕府は武力討伐を行うことにしたが、これを何というか。	8 第2次長州征討(伐)
★9	8の戦いで、幕府軍は各地で敗れ、将軍徳川家茂の	9 1866年

★10 徳川家茂にかわって15代将軍に就任したのはだれか。　　10 徳川慶喜

★11 10の人物はフランスの援助で幕政改革を行ったが、この時のフランスの公使はだれか。　　11 ロッシュ

★★12 1865(慶応元)年に駐日イギリス公使になり、薩長倒幕派に接近した人物はだれか。　　12 パークス

13 12の人物の前任のイギリス公使で、1864年の四国艦隊下関砲撃事件を指導した人物はだれか。　　13 オールコック

★14 幕末に頻発した一揆のなかには、貧農らが中心となって村役人や地主・特権商人を攻撃して社会革新を求めたものもあった。このような一揆を何というか。　　14 世直し一揆

★★15 1867(慶応3)年8月ころから翌年にかけて、京坂地方を中心に伊勢神宮その他諸宮の御札が降ったとして、大衆の乱舞がおこり、倒幕派もこれを利用したといわれている。この現象を何とよんでいるか。　　15 ええじゃないか

16 幕末から明治時代初期に創始された民衆宗教で、のちに明治政府により公認された13派の神道を何というか。　　16 教派神道

★17 16の神道のうち、大和で創始されたものを何というか。　　17 天理教

18 17の宗教の創始者はだれか。　　18 中山みき

★19 教派神道のうち、岡山で創始され、天地金乃神を尊信するものを何というか。　　19 金光教

20 19の宗教の創始者はだれか。　　20 川手文治郎(赤沢文治)

★21 教派神道のうち、岡山で創始され、瀕死の病のなかに神人合一の境地を悟ることができるとしたものを何というか。　　21 黒住教

22 21の宗教の創始者はだれか。　　22 黒住宗忠

幕府の滅亡

★★1 武力倒幕をめざす薩長連合に対し、土佐藩はあくまで公武合体の立場をとり、大政奉還をすすめたが、これをすすめた前土佐藩主はだれか。　　1 山内豊信(容堂)

2 土佐藩が主唱した、衆議による政治を主張する考え方を何というか。　　2 公議政体論

★★ 3	土佐藩のすすめに従い，将軍徳川慶喜は，朝廷に政権返上の上表を提出した。これを何というか。	3 **大政奉還**
★ 4	3の上表提出は，西暦何年何月何日のことか。	4 **1867年10月14日**
★★ 5	3の上表提出と同じ日に，朝廷から武力倒幕の命令が薩長両藩に出されたが，これを何とよんでいるか。	5 **討幕の密勅**
★★ 6	5の命令発布に尽力した公家はだれか。	6 **岩倉具視**
★★ 7	徳川慶喜による政権返上の上奏が許可され，一時後退を余儀なくされた倒幕派はまき返しをはかって，1867(慶応3)年12月9日に摂関・幕府の廃絶などを定めた宣言を発した。これを何というか。	7 **王政復古の大号令**
★ 8	7の宣言で新しい政府の役職が設けられたが，その総称を何というか。	8 **三職**
★★ 9	8の役職のうち，最高の官職で有栖川宮熾仁親王が任命されたのは何か。	9 **総裁**
★★ 10	8の役職のうち，皇族・公卿・諸侯が任命されたのは何か。	10 **議定**
★★ 11	8の役職のうち，倒幕勢力の藩士が任命され，実質的な権力を握ったのは何か。	11 **参与**
★★ 12	王政復古の大号令が発せられた日の夜に，三職による最初の会議が開かれた。この会議を何というか。	12 **小御所会議**
★ 13	12の会議では徳川慶喜の扱いをめぐって，倒幕派と公武合体派の間で激論がたたかわされたが，その結果，徳川慶喜に命じられたこととは何か。	13 **辞官納地**

幕末の科学技術と文化

1	国防強化のため幕府は1854(安政元)年に講武場を設け，砲術・洋式軍事訓練を行ったが，この訓練所は1856(安政3)年に何と改称されたか。	1 **講武所**
2	1855(安政2)年，オランダから軍艦が贈られたのを機に，幕府は長崎に海軍の教育・訓練の機関を設けたが，これを何というか。	2 **海軍伝習所**
★★ 3	2の機関に学んだ幕臣で，のちに咸臨丸の艦長となった人物と，五稜郭の戦いで敗北した人物をあげよ。	3 **勝義邦(海舟)・榎本武揚**
★ 4	ペリー来航後，洋学の摂取にも力をそそぎ，それまで洋書の翻訳を中心としていた蛮書和解御用(掛)を	4 **蕃書調所**

拡充し，語学や科学を教授する機関とした。洋学所を経て1856年に設置されたこの機関を何というか。

5 1859(安政6)年に来日し，医療・伝道に従事し，ローマ字を考案して聖書の和訳を完成させたアメリカ人宣教師はだれか。

5 ヘボン

2 明治維新と富国強兵

戊辰戦争と新政府の発足

★★1 徳川慶喜に対して出された辞官納地の命令に刺激された旧幕府側は，1868(明治元)年1月に京都で薩長両藩と戦ったが，この戦いを何というか。

1 鳥羽・伏見の戦い

★★2 1の戦いに敗れた徳川慶喜は江戸に逃れ，新政府はただちに江戸征討の軍を発し，4月には戦うことなく江戸を支配下においた。これを何とよんでいるか。

2 江戸(無血)開城

★★3 2は，政府軍の参謀と旧幕臣との会談の成果であったが，政府軍の参謀とはだれか。

3 西郷隆盛

★4 2は，政府軍の参謀と旧幕臣との会談の成果であったが，旧幕臣とはだれか。

4 勝義邦(海舟)

5 2に不満を持つ旧幕臣は，上野の寛永寺に拠って抗戦したが，この約1000人からなる旧幕臣の有志隊を何というか。

5 彰義隊

★★6 仙台・米沢両藩の提唱で，東北25藩と越後6藩とが会津藩を救済するため同盟を結んだが，この同盟を何というか。

6 奥羽越列藩同盟

7 会津藩が敗北し，6の同盟が崩壊したのは西暦何年か。

7 1868年

8 旧幕府海軍副総裁が，軍艦を率い蝦夷地で抗戦した戦いを何というか。

8 五稜郭の戦い(箱館戦争)

★★9 8の戦いで降伏した旧幕府海軍副総裁はだれか。

9 榎本武揚

★★10 鳥羽・伏見の戦いから五稜郭の戦いまでを，総称して何というか。

10 戊辰戦争

★11 1868年1月に倒幕のため，関東・東北の脱藩士・豪農商を組織し，年貢半減を布告しながら進撃した草莽の志士はだれか。

11 相楽総三

★12 11の志士が組織した草莽隊(義勇軍)を何というか。

12 赤報隊

2. 明治維新と富国強兵　191

13	**12** の隊は政府軍の先鋒と称して進撃したものの，途中で弾圧されたが，政府軍からはどのように扱われたか。	13 偽官軍
★★14	薩摩・長州など西南雄藩の下級武士たちが中心となって進めたもので，幕府体制を崩壊させ，近代天皇制国家を創出していく一連の大改革を総称して何というか。	14 明治維新
★★15	明治政府の基本方針は天皇が天地神明に誓うという形式で発表されたが，これを何というか。	15 五箇条の誓文
★16	**15** の基本方針は西暦何年の何月に発布されたか。	16 1868年3月
★★17	**15** の基本方針の要点を2つあげよ。	17 公議世論の尊重・開国和親
★18	**15** の基本方針の原案作成者はだれか。	18 由利公正
★19	**15** の基本方針の加筆修正者を2人あげよ。	19 福岡孝弟・木戸孝允
★★20	1868年閏4月に，新政府の基本的政治組織を定めた法令が発表されたが，これを何というか。	20 政体書
★21	**20** の法令の起草に関係した人物を2人あげよ。	21 福岡孝弟・副島種臣
★22	**20** の法令に示された三権分立制はどこの国のものをモデルとしたものか。	22 アメリカ
★23	**20** の法令で示された政治制度で，古代の律令において採用されていたものは何か。	23 太政官制
24	明治時代の **23** の政治制度は西暦何年までつづいたか。	24 1885年
★★25	明治政府が五箇条の誓文公布の翌日に出した，民衆統制のための高札を何というか。	25 五榜の掲示
26	**25** の高札で永世の定法とされたのは，五倫の道の遵守，徒党・強訴・逃散の禁止のほかに何があったか。	26 キリスト教の禁止
27	明治政府は，天皇一代の間は，元号(年号)は1つのみと定めたが，この制度を何というか。	27 一世一元の制
28	1868年7月に江戸を東京と改め，翌年3月に天皇も行幸し，東京に首都を移した。これを何というか。	28 東京遷都

廃藩置県

★★1	木戸孝允・大久保利通らの画策で，4藩主が連名で領地や領民を奉還する上表を提出したが，これを何	1 版籍奉還

192　第9章　近代国家の成立

といっているか。

★ 2　1の上表は西暦何年のことか。　　2　1869年

★★ 3　1の上表を提出した4藩とはどこか。　　3　薩摩・長州・土佐・肥前

★★ 4　1の上表により，旧藩主は明治政府からあらためて地方官に任命されたが，その地方官名をあげよ。　　4　知藩事

★★ 5　政府は中央集権体制を確立するため，薩長土3藩から募集した兵力を背景にして，従来の府・藩・県の三治体制を改める改革を断行したが，この改革を何というか。　　5　廃藩置県

★ 6　5の制度は西暦何年に行われたか。　　6　1871年

★★ 7　5の制度により知藩事が廃され，新たに中央から官僚が地方官に任じられた。この地方官を2つあげよ。　　7　府知事・県令

★ 8　5の制度実施に備え，政府が薩長土3藩から募集して編成した兵力を何というか。　　8　(御)親兵

　9　5の制度実施の直前に編成された新政府直属軍は，翌1872(明治5)年に何と改称されたか。　　9　近衛兵

★10　政体書にもとづいて，太政官は七官から構成されていたが，行政機関を何というか。　　10　行政官

★11　太政官七官制で，財政統轄機関を何というか。　　11　会計官

★12　太政官七官制で，祭祀をつかさどる機関を何というか。　　12　神祇官

★13　太政官七官制で，軍政処理機関を何というか。　　13　軍務官

★14　太政官七官制で，外務行政機関を何というか。　　14　外国官

★15　太政官七官制で，司法機関を何というか。　　15　刑法官

★16　太政官七官制で，立法機関を何というか。　　16　議政官

★17　16の機関のうち，議定・参与から構成され，重要国政を議決するものを何といったか。　　17　上局

★18　16の機関のうち，諸藩の代表で組織され，公議世論の実現をはかったものを何といったか。　　18　下局

★19　18の機関の構成員である諸藩の代表を何というか。　　19　貢士

　20　18の機関はたびたび改称されたが，最終的に左院に吸収されるまでの名称を時代順に2つあげよ。　　20　公議所・集議院

　21　1869年の版籍奉還後の官制改革で，二官六省制となったが，民政関係の官庁を何というか。　　21　民部省

★22　二官六省制で，国家財政関係の官庁を何というか。　　22　大蔵省

2．明治維新と富国強兵　193

★23	二官六省制で，軍事関係の官庁を何というか。	23	兵部省
24	二官六省制で，司法関係の官庁を何というか。	24	刑部省
★25	二官六省制で，皇室関係の官庁を何というか。	25	宮内省
★26	二官六省制で，外交関係の官庁を何というか。	26	外務省
★27	1871年の廃藩置県後の官制改革で，太政官の構成はどのようになったか。	27	三院制
★28	27の制度のなかで内閣にあたる最高政治機関を何というか。	28	正院
★29	28の機関を構成する4役をあげよ。	29	太政大臣・左大臣・右大臣・参議
★30	三院制のなかで，立法の諮問機関とされたものを何というか。	30	左院
★31	三院制のなかで，各省の長官・次官で構成され，法案の起草や行政に関する実務を審議した機関を何というか。	31	右院
★32	1871年の廃藩置県後の官制改革で創設された，教育・学術・文化などの行政を担った中央官庁を何というか。	32	文部省
★33	官営事業を統轄し，産業の近代化を推進するため，1870年に設置された中央官庁を何というか。	33	工部省
★34	33の中央官庁の初代長官はだれか。	34	伊藤博文
★35	地方行政・警察などの民衆行政や勧業を行うために，1873年に設置された中央官庁を何というか。	35	内務省
★36	35の中央官庁の初代長官はだれか。	36	大久保利通
★37	農業・商業・鉱工業などの事務をつかさどり，また工場の払下げなどにかかわった1881年設置の中央官庁を何というか。	37	農商務省
★38	1871年に神祇官の後身として太政官の下に配置された中央官庁は何か。	38	神祇省
★39	38の官庁は1872年に廃止となり，その後身として国民教化関係の官庁が設置されたが，これを何というか。	39	教部省
★40	1871年に刑部省と弾正台を合わせて新設された中央官庁は何か。	40	司法省
41	1885年の内閣制度創設時に工部省を廃して設置された，電信・鉄道関係の中央官庁は何か。	41	逓信省

42	佐賀藩出身の政治家で、民部卿・文部卿を経て司法卿となり、敬神党の乱・萩の乱・西南戦争などの判決、処刑にあたった人物はだれか。	42 大木喬任
★★ 43	明治新政府の樹立に貢献した薩長土肥、特に薩長出身の指導者が大きな勢力をつくり要職を独占した。こうした勢力を漢字2文字で何というか。	43 藩閥
★★ 44	政府は強力な近代的兵制を樹立するため、国民皆兵主義にもとづく太政官布告を出したが、これを何というか。	44 徴兵告諭
★★ 45	徴兵制度の構想を立てた長州藩出身の人物はだれか。	45 大村益次郎
★★ 46	徴兵制度を実現させた長州藩出身の人物はだれか。	46 山県有朋
★★ 47	徴兵告諭は西暦何年に出されたか。	47 1872年
★★ 48	徴兵告諭にもとづき、満20歳以上の男性を兵籍に編入し、3カ年の軍役に服させる法令が出されたが、これを何というか。	48 徴兵令
★ 49	48の法令は西暦何年に制定されたか。	49 1873年
50	48の法令で整備された政府の常備軍は重要地に配備されたが、この軍団を何というか。	50 鎮台
51	1874年に警察制度の整備・拡充策の一環として、東京の警察行政を担うために新設された官庁を何というか。	51 警視庁

四民平等

★★ 1	1869(明治2)年に明治政府は封建的身分制度を撤廃したが、これを何というか。	1 四民平等
★★ 2	1の制度にともない公家・大名は何とよばれるようになったか。	2 華族
★★ 3	1の制度にともない旧幕臣・旧藩士は何とよばれるようになったか。	3 士族
★★ 4	1の制度にともない農工商に属する庶民は何とよばれるようになったか。	4 平民
5	1の制度にともない足軽など最下層の武士は何とよばれるようになったか。	5 卒(卒族)
6	全国統一の戸籍作成法規として1871年に制定されたものを何というか。	6 戸籍法
★ 7	6の法規にもとづき、1872年に最初の近代的戸籍が	7 壬申戸籍

- ★8 1871年にえた・非人の称を廃し、身分・職業とも平民同様とする太政官布告が出されたが、これを何というか。 — 8 (身分)解放令
- ★9 1870年から1875年にかけて出された平民の身分にかかわる諸法令によって、全国民が名乗ることになったものは何か。 — 9 苗字
- ★10 1876年に出された、軍人・警官以外が帯刀することを禁止した法令を何というか。 — 10 廃刀令
- ★★11 華士族への秩禄の支給は、国家財政上大きな負担であったため、その支給を打ち切ることにしたが、秩禄とは具体的に何と何であったか。 — 11 家禄・賞典禄
- ★12 1873年に秩禄奉還の法によって、公債と現金を一括支給することによりその一部を整理したが、ついに1876年に公債のみを与えて、その支給を打ち切った。この公債の証書を何というか。 — 12 金禄公債証書
- ★★13 明治政府の一連の俸禄支給制度の廃止を、何とよんでいるか。 — 13 秩禄処分
- 14 俸禄支給制度廃止により、収入を失った士族たちは急激に没落し始めた。そこで、政府は士族救済のために農工商への就業奨励を行ったがこの方策を何というか。 — 14 士族授産
- ★15 明治維新後、なれない商業に手を出して失敗する士族が多かった。これを何とよんだか。 — 15 士族の商法

地租改正

- ★1 明治政府は1871(明治4)年に田畑に自由に作物をつくることを認めたが、江戸時代の作付制限令を何といったか。 — 1 田畑勝手作の禁令
- ★★2 1872年に明治政府は地価を定めるため、土地の売買の禁を解いたが、これを何というか。 — 2 田畑永代売買解禁
- ★★3 明治政府の財源は、旧幕府時代と同様に貢租収入を基本としたためきわめて不安定であった。そのため、1873年に条例を公布して改革にのり出したが、この改革を何というか。 — 3 地租改正
- ★4 1873年に公布された税制度に関する条例を何という — 4 地租改正条例

か。

★★ 5 **4**の条例公布の前年に，土地所有者に対し所有権を確認する権利証を発行したが，これを何というか。

5 地券

★★ 6 地租改正の実施にあたり，田畑面積・収穫高・平均米価などにもとづいて，貢租額を定める基準が算出されたが，これを何というか。

6 地価

★★ 7 1873年に出された地租改正条例では，地租は地価の何％とされたか。

7 3％

★ 8 地租改正後も小作人が小作料を地主に納める方法はかわらなかった。小作料はどのような方法で納められたか。

8 現物納

★★ 9 1873年の税制度の改革で，負担の軽減を期待した農民は，それが実現されないことを知り，1876年に各地で反対運動を展開した。これを何というか。

9 地租改正反対一揆

★★10 **9**の運動が不平士族の反乱と結びつくことをおそれた政府は，1877年に地租の軽減を実施したが，税率は何％になったか。

10 2.5％

殖産興業

★★ 1 工部省や内務省を中心に，明治政府は近代産業の育成政策を進めたが，この政策を何というか。

1 殖産興業

★ 2 **1**の政策推進のため，各地に政府経営の工場が設立されたが，これを何とよんでいるか。

2 官営模範工場

3 明治政府は旧幕府・諸藩から10余りの鉱山を接収し経営したが，こうした政府経営の鉱山は何とよばれたか。

3 官営鉱山

★ 4 江戸時代に肥前藩が経営し，一時官営となり，のちに後藤象二郎を経て三菱の経営となった長崎県の炭鉱名をあげよ。

4 高島炭鉱

★ 5 1873(明治6)年に官営となった福岡県の炭鉱で，佐々木八郎に払い下げられ，のち三井の経営下に入った炭鉱名をあげよ。

5 三池炭鉱

6 秋田藩直営であった銀山・銅山で，官営となったあと，古河市兵衛に払い下げられた銀山・銅山名をあげよ。

6 院内銀山・阿仁銅山

7 政府は旧幕府や諸藩の洋式工場などを接収して官営

7 東京砲兵工廠

	工場としたが，幕府の関口製造所を受け継いだ兵器製造工場を何というか。	
8	幕府の長崎製鉄所の主要機械類を移した官営の大砲製造所を何というか。	8 大阪砲兵工廠
★9	幕府の長崎製鉄所を受け継いだ官営工場を何というか。	9 長崎造船所
10	幕府の横須賀製鉄所を受け継いだ官営工場を何というか。	10 横須賀造船所
★★11	明治政府は重要輸出品である生糸生産のため，外国の機械・技術を導入して，群馬県に官営模範工場を設立したが，これを何というか。	11 富岡製糸場
★12	11の工場にはどこの国の機械・技術が導入されたか。	12 フランス
★13	11の工場は，西暦何年に操業を開始したか。	13 1872年
★14	大久保利通の主唱で，1877年に東京ではじめて開催された機械・美術工芸品の展示・即売の会を何というか。	14 内国勧業博覧会
★★15	手紙・小荷物などを輸送する近代的官営事業制度を何というか。	15 郵便制度
★16	駅逓頭として15の制度確立に貢献したのはだれか。	16 前島密
17	1877年に，日本は郵便物交換上の国際協力を定めた条約に加盟したが，この条約を何というか。	17 万国郵便連合条約
★18	日本ではじめて敷設された鉄道は，どことどこを結んだか。	18 新橋・横浜
★19	日本ではじめて鉄道が開通したのは，西暦何年のことか。	19 1872年
★20	日本ではじめて敷設された鉄道には，どこの国の資金と技術が導入されたか。	20 イギリス
★★21	土佐藩の名義と船を借り受けて海運業を営み，九十九商会・三菱商会と事業を拡大し，のちに日本の海運業を独占する政商に成長したのはだれか。	21 岩崎弥太郎
★★22	1869年に，政府は蝦夷地を何と改称したか。	22 北海道
★★23	22の開発のため，1869年に東京に設置された官庁を何というか。	23 開拓使
★24	北海道の開拓と警備のためにおかれた農兵を何というか。	24 屯田兵
★25	24の制度を建議した開拓次官はだれか。	25 黒田清隆

26 25の人物によって，開拓使付属の学校が創設されたが，その学校名をあげよ。

26 札幌農学校

27 1876年に**26**の学校に招かれ，キリスト教にもとづく人格教育を行ったアメリカ人教師はだれか。

27 クラーク

28 近代的農事教育機関として1874年に設立された農事修学場は，1877年に駒場に移転したが，この東京大学農学部の前身である学校を何というか。

28 駒場農学校

29 北海道におかれた札幌・函館・根室の3県は1886年に廃され，全道を管轄する官庁が設けられたが，この官庁を何というか。

29 北海道庁

30 アイヌ民族の保護を名目にしながらも，実際には同化政策の延長線上にある法律が1899年に出されたが，これを何というか。

30 北海道旧土人保護法

31 1997（平成9）年，**30**の法律を廃止するとともにアイヌ民族の自立と人権保護を目的とした新しい法律が制定された。これを何というか。

31 アイヌ文化振興法（アイヌ新法）

32 1868年に戊辰戦争がおこると，政府は由利公正の建議を受け入れて，紙幣を発行したが，この最初の政府紙幣を何というか。

32 太政官札

33 1869年に少額紙幣の不足を解消するため発行された政府紙幣を何というか。

33 民部省札

34 貨幣制度の混乱を是正し，統一的貨幣制度樹立のために1871年に制定された条例を何というか。

34 新貨条例

35 **34**の条例で定められた新しい貨幣の単位をあげよ。

35 円・銭・厘

36 **34**の条例では，アジア諸国の貨幣制度の実情や貿易上の便宜から貿易銀も鋳造し，当分の間は無制限通用を認めた。そのため実質的にはどのような本位制になっていたか。

36 金銀複本位制

37 1872年，政府は殖産興業に資金を提供するため，民間の金融機関設立を認める条例を制定したが，この条例を何というか。

37 国立銀行条例

38 **37**の条例の制定に努力したのはだれか。

38 渋沢栄一

39 国立銀行条例に従い，**38**の人物によって東京に設立された金融機関名をあげよ。

39 第一国立銀行

40 国立銀行から発行された紙幣は，どのような紙幣であったか。

40 兌換銀行券（兌換紙幣）

2. 明治維新と富国強兵　199

41	国立銀行条例は1876年に改正され、正貨兌換の義務が取り除かれたため、銀行の設立が急増した。1879年に設立された最後の銀行名をあげよ。	41 第百五十三国立銀行
★★42	明治政府と結び、多くの特権を与えられ、莫大な利益を得た民間の事業家を何とよんでいるか。	42 政商
43	42のうち、1874年に政府の為替方となり、その後日本で最初の民間普通銀行を設立し、のちに日本を代表する大財閥に発展したものを何というか。	43 三井組

文明開化

★★1	明治時代初期に旧習を打破し、盛んに西洋の文物の移植が行われたが、この風潮を何といったか。	1 文明開化
★★2	1の風潮の一環として、政府は西洋の暦法を採用して、明治5年12月3日を明治6年1月1日とした。この新しい暦法を何というか。	2 太陽暦
★3	2の新暦に対し、明治以前に用いられていた暦を何というか。	3 太陰太陽暦
★4	幕末から明治時代にかけて流行した、文明開化の時代のシンボルともされた髪形を何といったか。	4 ざんぎり(頭)
★5	明治時代の初め、和泉要助らが考案した乗り物で、文明開化の時代のシンボルともなったものは何か。	5 人力車
★★6	1872(明治5)年に横浜外国人居留地で点灯され、ついで銀座通りに点灯されて名物となったものは何か。	6 ガス灯
7	1882年、日本橋・新橋間ではじめてレール上を走る馬車があらわれたが、これを何というか。	7 鉄道馬車
★8	1873年にアメリカから帰国した人物が中心となって文化団体を結成し、啓蒙雑誌を発行したが、この人物とはだれか。	8 森有礼
★★9	1873年に8の人物を中心に結成された文化啓蒙の団体を何というか。	9 明六社
★10	9の団体が発行した雑誌を何というか。	10 明六雑誌
★★11	豊前中津藩士で、欧米を3回にわたって巡歴し、欧米諸国の実情を日本に紹介し、慶応義塾を開いた啓蒙思想家はだれか。	11 福沢諭吉
12	11の人物の著書のうち、欧米諸国の実情を紹介し	12 西洋事情

た著書をあげよ。

★★**13** 11の人物の著書のうち，実学をすすめ，個人の幸福や国家の隆盛は学問によって生まれると説いた著書をあげよ。

14 11の人物の著書のうち，古今東西の文明発達の例をあげ，西洋文明摂取が急務であることを説いた著書をあげよ。

★**15** 1862（文久2）年に幕府の留学生としてオランダに留学し，政治・法律を研究し，西洋哲学の紹介者として著名な啓蒙思想家はだれか。

★**16** 1866（慶応2）年にイギリスに留学し，維新後にイギリス人スマイルズの『自助論』，ミルの『自由論』を翻訳・出版した啓蒙思想家はだれか。

★**17** 16の人物が翻訳したスマイルズの『自助論』，ミルの『自由論』をそれぞれ何というか。

18 はじめ天賦人権説を主張していたが，進化論に接して国家主義思想へと移行した啓蒙思想家はだれか。

19 18の人物が天賦人権論を否認し，既刊の著書を絶版にし，新たに国家の利益を優先する国権論を説いた代表的著書をあげよ。

20 明六社同人として啓蒙運動に尽力し，日本最初の西洋法学書『泰西国法論』を出版するとともに，新政府で新律綱領をはじめとする諸法典の編纂に従事したのはだれか。

21 明六社に参加し，1887年に日本弘道会を設立して，皇室中心主義の国民道徳の普及・確立に尽力したのはだれか。

★**22** 政府は国民皆学と教育の機会均等をめざし，「学事奨励ニ関スル被仰出書」の布告を出したが，この布告は西暦何年に出されたか。

★★**23** 「学事奨励ニ関スル被仰出書」の布告と同時に，布告の精神にもとづき全国を大学区・中学区・小学区に分ける近代的学校制度の基本法が頒布された。これを何というか。

★**24** 23の制度は，どこの国の制度を取り入れたものか。

25 23の制度樹立のため尽力した文部卿はだれか。

13 学問のすゝめ

14 文明論之概略

15 西周

16 中村正直

17 西国立志編・自由之理

18 加藤弘之

19 人権新説

20 津田真道

21 西村茂樹

22 1872年

23 学制

24 フランス

25 大木喬任

★26	23の制度により創設された初等教育機関を何というか。	26 小学校
27	明治以降の中等普通教育機関の一般的名称は何か。	27 中学校
28	1868年に開成所を改称してできた教育機関は何か。	28 開成学校
29	1868年に医学所を改称してできた医学教育機関は何か。	29 医学校
30	1869年に昌平学校・開成学校・医学校を統合してできた教育機関は何か。	30 大学校
★31	大学南校の後身である東京開成学校と大学東校の後身の東京医学校とが合併して,最初の官立大学が設立されたが,これを何というか。	31 東京大学
32	31の大学は西暦何年に設立されたか。	32 1877年
33	1872年の学制発布と同時に教員養成のための学校が設立されたが,これを何というか。	33 師範学校
★★34	新政府は,神武創業への復古,祭政一致の実現のため,神仏習合を禁止する法令を出したが,これを何というか。	34 神仏分離令
35	34の法令は西暦何年に出されたか。	35 1868年
★★36	34の法令が出されたため,全国的に寺院や仏像を破壊する風潮がおこったが,これを何というか。	36 廃仏毀釈
★37	1870年に神道による国民思想の統一と国家意識の高揚をはかる詔書が出されたが,これを何というか。	37 大教宣布の詔
★38	政府は37の詔書によって何を推進しようとしたか。	38 神国国教化
★39	政府は神道を国教と定め,天皇制国家を支える思想として利用しようとしたが,このような神道を何というか。	39 国家神道
★40	明治以後,国家が定めた紀元節や皇霊祭などの特別な日をまとめて何というか。	40 祝祭日
★★41	40のうち,神武天皇即位日とされる2月11日を何というか。	41 紀元節
★★42	40のうち,明治天皇誕生日である11月3日を何というか。	42 天長節
43	1868年以降,政府は長崎のキリシタンを捕え弾圧したが,この事件を何というか。	43 浦上信徒弾圧事件
44	43の事件で政府は列国の抗議を受け,キリスト教禁止の高札を撤廃したが,これは西暦何年のことか。	44 1873年

明治初期の対外関係

★1 明治新政府が直面した，欧米との外交上の最大懸案問題は何か。
1 条約改正

★2 欧米列強との不平等条約の問題点を2つあげよ。
2 領事裁判権の承認・関税自主権の喪失

★3 明治新政府が条約改正をめざして，1871(明治4)年に欧米に派遣した使節団を何とよんでいるか。
3 岩倉(遣外)使節団

★4 3の使節団の特命全権大使はだれか。
4 岩倉具視

★5 3の使節団の副使で，旧長州藩出身者は木戸孝允とだれか。
5 伊藤博文

★6 税権の回復を目的とした交渉の結果，1878年にアメリカは新条約に調印したものの，英・独などの反対で不成功に終わった。この時の外務卿はだれか。
6 寺島宗則

★7 清国とのはじめての条約は，日本代表伊達宗城と清国代表李鴻章との間で，対等なかたちで締結されたが，これを何というか。
7 日清修好条規

★8 7は西暦何年に調印されたか。
8 1871年

★9 1873年に朝鮮の鎖国排外政策を武力で打破し，国交を開こうとする主張がおこったが，この主張を何というか。
9 征韓論

★10 征韓論争に敗れ，下野した旧薩摩藩出身の政府要人はだれか。
10 西郷隆盛

★11 征韓論に対し，内治優先を説いた旧薩摩出身の政府要人はだれか。
11 大久保利通

★12 征韓論争に敗れて政府を去った5人の参議の名をあげよ。
12 西郷隆盛・江藤新平・板垣退助・後藤象二郎・副島種臣

★13 征韓論争をきっかけに発生した政変を何とよんでいるか。
13 明治六年の政変

★14 日本の軍艦雲揚が，朝鮮の漢江河口付近で示威行動中に砲撃を受け，応戦した。この挑発事件を何というか。
14 江華島(カンファド)事件

★15 14の事件がおこったのは，西暦何年のことか。
15 1875年

★16 14の事件で，日本政府は朝鮮に圧力をかけ，条約を締結したが，この条約を何というか。
16 日朝修好条規(江華条約)

2. 明治維新と富国強兵　203

★17	16の条約によって開港された3港のうち，日本に最も近いのはどこか。	17 釜山（プサン）
★★18	1871年に琉球の漂流民が台湾に漂着して現地住民に殺害される事件がおきたが，この事件を何というか。	18 琉球漂流民(漁民)殺害事件
★★19	18の事件の責任問題をめぐり，日清間の対立がおこり，日本が武力行使を行った。これを何というか。	19 台湾出兵(征台の役)
20	19の武力行使の時，日本軍を率いたのはだれか。	20 西郷従道
21	19の武力行使が行われたのは西暦何年か。	21 1874年
★22	日本政府は日清両属関係にあった琉球を日本領とする方針をとり，琉球藩王を華族としたが，その藩王名をあげよ。	22 尚泰
★23	1879年に日本政府は琉球を何県にしたか。	23 沖縄県
★★24	琉球が日本に統合される過程を何というか，漢字4字で示せ。	24 琉球処分
25	沖縄は日本領となったのち，差別的政策がとられることが多く，そのため沖縄倶楽部を組織し，参政権獲得運動を展開した。その中心人物はだれか。	25 謝花昇
★★26	開拓長官黒田清隆の建議により，ロシアとの国境を確定する条約が締結されたが，この条約を何というか。	26 樺太・千島交換条約
★27	26の条約は西暦何年に締結されたか。	27 1875年
★★28	26の条約の全権で，駐露公使はだれか。	28 榎本武揚
★29	文禄年間に小笠原貞頼が発見したといわれ，その後幕末には英・米が領有を主張したこともあったが，1876年に新政府が英・米に通告し，正式に日本領とした諸島を何というか。	29 小笠原諸島

新政府への反抗

1	明治六年の政変で下野した前参議のうち西郷隆盛を除く4人は，岡本健三郎・古沢滋らと政治結社を組織したが，これを何というか。	1 愛国公党
★★2	1の政治結社を組織した前参議4人のうち，のちに自由民権運動の中心的存在として活躍する旧土佐藩出身の人物はだれか。	2 板垣退助
★★3	1の政治結社は政府を非難し，また国会の開設を要求する意見書を政府に提出したが，この意見書をふ	3 民撰議院設立の建白書

★ 4	3の意見書はどこに提出されたか，政府機関名をあげよ。	4 左院
★ 5	3の意見書は，イギリス人の経営する新聞に掲載されたがその新聞名をあげよ。	5 日新真事誌
★ 6	3の意見書が政府に提出されたのは西暦何年か。	6 1874年
★ 7	没落した士族たちは明治政府の政策に不満をいだいたが，このような士族を何とよんだか。	7 不平士族
★ 8	征韓論を主張し敗れて参議の職を辞し，郷里の征韓党に迎えられ，島義勇らとともに反政府の兵をあげたのはだれか。	8 江藤新平
★ 9	8の人物を中心とする士族の反乱を何というか。	9 佐賀の乱
10	9の反乱は西暦何年におこったか。	10 1874年
★11	明治政府は士族の帯刀を禁止する法令を出したが，これを何というか。	11 廃刀令
12	11の法令は西暦何年に出されたか。	12 1876年
★13	1876（明治9）年に熊本県でおこった士族の反乱名をあげよ。	13 神風連（敬神党）の乱
★14	1876年に福岡県でおこった士族の反乱名をあげよ。	14 秋月の乱
★15	1876年に山口県でおこった士族の反乱名をあげよ。	15 萩の乱
★16	徴兵令に対して西日本を中心に反対の一揆がおこったが，これを何というか。	16 血税一揆（血税騒動）
★17	征韓論を強硬に主張して敗れ，政府を辞し，郷里の鹿児島で私学校を経営したのはだれか。	17 西郷隆盛
★18	17の人物は私学校の生徒たちに擁立されて，ついに武力蜂起にふみきったが，これを何というか。	18 西南戦争
★19	18の武力蜂起は西暦何年におこったか。	19 1877年

3 立憲国家の成立と日清戦争

自由民権運動

★★ 1	藩閥政治打破や憲法制定，国会開設などを要求した，政府に対する民主主義的政治運動を何とよんでいるか。	1 自由民権運動
2	政治活動をめざして結成された結社を何というか。	2 政社
★★ 3	民撰議院設立の建白書を政府に提出後，郷里の土佐	3 立志社

に帰った板垣退助が民権思想普及のために設立した政社を何というか。

★ 4　3の政社の社長で，板垣退助を助け，のちに衆議院議長にもなったのはだれか。

4 片岡健吉

★★ 5　1875（明治8）年に板垣退助は，全国の有志とともに大阪で政治結社を組織したが，これを何というか。

5 愛国社

6　立志社は，西南戦争中に8カ条にわたって政府の失政を掲げ，民撰議院の設立を要求する文書を政府に提出したが，これを何というか。

6 立志社建白

★ 7　高揚してきた民権運動に対し，政府の中心人物である大久保利通は，1875年に民権側の板垣退助らと会談した。この会談を何というか。

7 大阪会議

★★ 8　7の会議には板垣退助のほかに，台湾出兵に反対して下野した人物も参加したが，だれか。

8 木戸孝允

★★ 9　7の会議の結果，徐々に立憲政治に進む方針が決定され，詔として公表されたが，この詔を何というか。

9 漸次立憲政体樹立の詔

★★ 10　9の詔で新設されることになった諸機関のうち，立法諮問機関名をあげよ。

10 元老院

★★ 11　9の詔で新設されることになった諸機関のうち，司法機関名をあげよ。

11 大審院

★★ 12　9の詔で開催されることになった府知事・県令の会議を何というか。

12 地方官会議

13　政府は1875年に言論・著作の取締りを強化する法令を定めたが，1869年に公布され，この年に改正された条例は何か。

13 出版条例

★★ 14　1875年に民権運動を取り締まるために新たに定められた法令を2つあげよ。

14 讒謗律・新聞紙条例

15　1878年に統一的地方制度の確立を意図した3つの法令が公布されたが，これらを総称して何というか。

15 地方三新法

16　15の法令のうち，府県の下部にあたる地方単位を定めた法令を何というか。

16 郡区町村編制法

17　15の法令のうち，府県など地方における議会制度を全国的な制度として法制化した法令を何というか。

17 府県会規則

★ 18　17の法令にもとづいて設けられた地方議会を何というか。

18 府県会

#	問題	解答
19	地方三新法のうち，従来の府県税・民費などを地方税に統合して徴収するよう定めた法令を何というか。	19 地方税規則
★★20	1878年に再興された愛国社は，1880年の第4回大会で組織を拡張し，名称を何と改めたか。	20 国会期成同盟
★21	20の団体が集めた2府22県8万7000人の署名は何を要求したものであるか。	21 国会開設
★★22	20の団体は国会開設請願書を政府に提出したが，政府はこれを拒絶し，言論・集会・結社をきびしく取り締まる法令を定め，運動を弾圧した。この法令名をあげよ。またこれは西暦何年のことか。	22 集会条例・1880年
★★23	国会開設要求の高まりのなかで，政府内でも意見がわかれたが，国会の即時開設を主張した参議はだれか。	23 大隈重信
★★24	1881年に政府物件が不当に安く払い下げられることが明らかになり，民権派は激しく政府を攻撃した。この事件を何というか。	24 開拓使官有物払下げ事件
★25	24の事件で，払下げを行おうとした人物とその役職名をあげよ。	25 黒田清隆・開拓長官
★26	24の事件で，払下げ先となった政商はだれか。	26 五代友厚
27	24の事件で，払下げ先となった政商が経営していた会社を何というか。	27 関西貿易社
★★28	1881年に，政府は世論の動きに関係しているとして大隈重信を罷免し，勅諭で10年後に国会を開設することを公約したが，この勅諭を何というか。	28 国会開設の勅諭
★29	28の勅諭で，国会開設が約束された10年後は西暦何年になるか。	29 1890年
★★30	開拓使官有物払下げ事件から大隈重信の罷免，国会開設の勅諭までの一連の事件を何というか。	30 明治十四年の政変
★★31	国会開設の時期が決まると，民権運動は政党の結成へと動き出し，まずフランスの影響を受けた急進的自由主義の主張を持つ政党が結成された。この政党を何というか。	31 自由党
32	31の政党は西暦何年に結成されたか。	32 1881年
★★33	31の政党の総理（党首）はだれであったか。	33 板垣退助
★★34	31の政党は主権はどこに存在するとしたか。それを示す言葉をあげよ。	34 主権在民

3. 立憲国家の成立と日清戦争

★35	板垣退助に従い活躍した土佐出身の自由党の理論的指導者で，多数の著書とともに「(東洋)大日本国国憲按」を残した人物はだれか。	35 植木枝盛
36	35 の人物の著書のなかで，民衆のために平易に民権思想を説いた著書名をあげよ。	36 民権自由論
★★37	ルソーの『社会契約論』を抄訳し，『東洋自由新聞』の主筆としてフランス流自由民権論を説き，東洋のルソーともいわれた思想家はだれか。	37 中江兆民
38	37 の人物はルソーの『社会契約論』を抄訳して，何という書物を著わしたか。	38 民約訳解
39	自由民権運動に加わり，民権論とともに男女同権を説き，自由党副総理と結婚した女性解放運動の先駆者はだれか。	39 岸田(中島)俊子
★★40	明治十四年の政変で下野した人々を中心にして結成され，イギリス流の漸進的立憲論を説いた政党を何というか。	40 立憲改進党
★★41	40 の政党の総理(党首)はだれであったか。	41 大隈重信
42	40 の政党は西暦何年に結成されたか。	42 1882年
43	40 の政党は，主権はどこに存在するとしたか。それを示す言葉をあげよ。	43 主権在君民(君民同治)
★44	福沢諭吉と親しい実業家を会員とする，改進党系の民間団体を何というか。	44 交詢社
★45	自由民権派の政党結成を見て，『東京日日新聞』の社長らが政府擁護のために政党を結成したが，これを何というか。	45 立憲帝政党
★46	45 の政党の党首はだれであったか。	46 福地源一郎
★★47	45 の政党は，主権はどこに存在するとしたか。それを示す言葉をあげよ。	47 主権在君
★★48	民権派は，その主張や政策を表わすため，理想とする憲法の私案を作成したが，これを総称して何とよんでいるか。	48 私擬憲法
49	自由党系の立志社が作成・発表した私擬憲法を何というか。	49 日本憲法見込案
★50	植木枝盛が起草したという国民主権・一院制・抵抗権・革命権などを規定した私擬憲法を何というか。	50 (東洋)大日本国国憲按
★51	立憲改進党系の民間団体の交詢社が作成・発表した	51 私擬憲法案

私擬憲法を何というか。
★52 東京府下の千葉卓三郎が起草した、国民の権利の保障に力点をおいた私擬憲法をあげよ。

52 五日市憲法草案(日本帝国憲法)

松方財政

★★ 1 明治10年代の初め、激しいインフレーションにより経済界はおおいに混乱し、政府歳入は実質的減少となり財政困難をきたした。このため、財政整理に着手した大蔵卿はだれか。

1 松方正義

★★ 2 1の人物の財政改革を、ふつう何とよんでいるか。

2 松方財政

★★ 3 2の改革はいつから始められたか。西暦年で答えよ。

3 1881年

4 2の改革は、増税と歳出の切りつめによるデフレ政策であったが、経済界を安定させるための通貨政策として、まず行われたことは何か。

4 (不換)紙幣の整理

5 2の改革における政府事業の整理を何とよんでいるか。

5 官営事業(民間)払下げ

★★ 6 2の改革によって抜本的な貨幣・金融制度の改革が行われたが、1882(明治15)年に設立された政府の銀行を何というか。

6 日本銀行

★ 7 6の銀行は、1885年から兌換紙幣を発行したが、その紙幣は何とよばれたか。

7 日本銀行券

8 松方財政で正貨(本位貨幣)とされたのは何か。

8 銀貨

9 日本で金本位制が確立したのは西暦何年のことか。

9 1897年

10 1883年に国立銀行条例が改正されて、国立銀行は銀行券発行権を停止され、どのような銀行になったか。

10 普通銀行

民権運動の再編

★★ 1 1882(明治15)年に福島県令の土木工事強行案に、県会議長ら自由党員が中心となって反対運動を展開したため、多数の自由党員・農民が逮捕・処罰された。この事件を何というか。

1 福島事件

★ 2 1の事件の時の県令はだれであったか。

2 三島通庸

★ 3 1の事件の時の県会議長はだれであったか。

3 河野広中

4 1882年に遊説中の自由党総理板垣退助が暴漢に襲われて負傷した。「板垣死すとも自由は死せず」と喧伝されたこの事件を何というか。

4 岐阜事件

★5	1883年に新潟県で政府高官の暗殺を計画したとして、自由党員が捕えられ処罰された事件を何というか。	5 高田事件
★★6	1884年に自由党急進派が妙義山麓で蜂起した事件を何というか。	6 群馬事件
★★7	1884年に栃木県令三島通庸の圧政に対し、茨城・福島・栃木県の自由党員が、県令の暗殺を計画したが失敗し、茨城県加波山で蜂起したが、鎮圧・処罰された事件を何というか。	7 加波山事件
★★8	1884年に不況にあえぐ埼玉県の農民が武力蜂起し、政府は軍隊を出動させて鎮圧した。この事件を何というか。	8 秩父事件
9	8の事件で農民たちは、自由党員に指導され、借金の返済延期、村費や雑収税の減免を求めて党を結成したが、これを何というか。	9 困民党(借金党)
★10	8の事件に呼応するため、長野県・愛知県の自由党員が政府打倒の挙兵計画を立てたが、事前に発覚し処罰された。これらの事件をそれぞれ何というか。	10 飯田事件・名古屋事件
11	1886年に自由党左派が政府高官の暗殺を計画したが、未然に発覚し処罰された。自由党による激化事件の最後となったこの事件を何というか。	11 静岡事件
★★12	1885年に自由党左派は、朝鮮に武力で独立党政権を樹立し、日本の民権運動の再興を促進しようと計画したが、発覚し逮捕された。この事件を何というか。	12 大阪事件
★13	12の事件の中心人物はだれか。	13 大井憲太郎
14	12の事件にはのちに『妾の半生涯』という自叙伝を著わした女性運動家が関係したが、それはだれか。	14 景山(福田)英子
15	過激事件に対処し切れず、自由党は解党を決定したが、西暦何年のことか。	15 1884年
★★16	自由党解党後、衰退していた民権運動は、1886年末に、連合論が提唱されて、復活のきざしをみせた。この連合論を何というか。	16 大同団結
★17	国会開設を前に、16を提唱したのはだれか。	17 星亨
★★18	16の運動をひき継ぎ、1887年に丁亥倶楽部を結成して旧自由・改進両党幹部の結集をはかったのはだれか。	18 後藤象二郎
★★19	1887年に井上馨外相の条約改正交渉を契機として、	19 三大事件建白運動

第9章 近代国家の成立

民権派ばかりでなく国粋主義者も参加して反政府国民運動がおこった。この運動を何というか。

★20 19の運動が掲げた3つの要求をあげよ。

20 地租の軽減，言論・集会の自由，外交失策の挽回

★★21 19の運動の高揚に際して，政府は，1887年12月に突如弾圧法規を公布し，即日施行して民権派多数を皇居外3里の地に追放した。この法規を何というか。

21 保安条例

★★22 21の法規で東京から追放された人物のうち，のちに護憲運動の指導者となるのはだれか。

22 尾崎行雄

憲法の制定

★★1 長州出身の政治家で，大久保利通の死後，明治政府の最高指導者となり，明治憲法の制定などに貢献したのはだれか。

1 伊藤博文

★2 憲法調査のため渡欧した1の人物に，プロシア憲法を講義したウィーン大学の教授とベルリン大学の教授名をあげよ。

2 シュタイン・グナイスト

★3 1878(明治11)年に外務省法律顧問として来日し，憲法・商法の制定に尽力したドイツ人はだれか。

3 ロエスレル

★4 1886年に内閣および内務省法律顧問として来日し，憲法制定の助言や市制・町村制の原案作成に尽力したドイツ人はだれか。

4 モッセ

5 1884年に宮中に設置された，憲法その他諸制度の調査のための機関名をあげよ。

5 制度取調局

★6 伊藤博文のもとで憲法の起草にあたった人物を3人あげよ。

6 井上毅・伊東巳代治・金子堅太郎

★★7 1884年，将来の上院議員選出の基盤とするため，旧公卿・旧大名・維新の功臣に，家柄その他で爵位を与える法令を公布したが，これを何というか。

7 華族令

★8 7の法令で爵位は5等にわかれたが，上から順にあげよ。

8 公爵・侯爵・伯爵・子爵・男爵

★★9 憲法制定作業が進むなか，最高行政機関として新しい制度が創設されたが，これを何というか。

9 内閣制度

★★10 9の制度が創設されたのは西暦何年か。

10 1885年

★★11 9の制度の首班となる大臣を何というか。

11 内閣総理大臣

#	問題	解答
★★12	11の初代はだれか。	12 伊藤博文
13	内閣を構成する各省の長官を総称して何というか。	13 国務大臣
14	初代農商務大臣に、西南戦争の際、熊本鎮台を死守した人物が任じられたが、だれか。	14 谷干城
15	初代陸軍大臣に任じられ、また最初の元帥となり、日清・日露戦争に活躍した薩摩出身の軍人・政治家はだれか。	15 大山巌
16	内閣制度の創設により、宮中・府中の別が確立し、天皇を補佐する宮中官が設けられたが、これを何というか。	16 内大臣
★★17	憲法の草案を審議する機関として設置され、のちに天皇の重要政務に関する諮問機関とされたのは何か。	17 枢密院
18	17の機関は西暦何年に設けられたか。	18 1888年
★★19	プロシア憲法を参考にし、伊藤博文らの起草により発布された憲法の正式名を答えよ。	19 大日本帝国憲法
★20	19の憲法は西暦何年何月何日に発布されたか。	20 1889年2月11日
★★21	19の憲法は、天皇が定め国民に与える形式をとったが、このような形式の憲法を何とよぶか。	21 欽定憲法
★22	19の憲法とともに、皇位継承・即位などを定めた皇室関係の法規も制定されたが、これを何というか。	22 皇室典範
★23	19の憲法では国民はどのように位置づけられたか。	23 臣民
★★24	統治権の総攬者としての天皇が、議会の協賛なしに行使できる権能を何というか。	24 天皇大権
★25	大日本帝国憲法では天皇の権限であった、軍隊の最高指揮権を何というか。	25 統帥権
26	大日本帝国憲法では、議会閉会中に緊急の必要により天皇が法律にかわる命令を発布することができたが、これを何というか。	26 緊急勅令
27	天皇が直接軍隊を統帥すること、さらに忠節・礼儀・武勇・信義・質素の徳目を掲げ、天皇への絶対服従を説いた、1882年に出された勅諭を何というか。	27 軍人勅諭
★28	大日本帝国憲法下における最高立法機関を何というか。	28 帝国議会
★★29	28の機関のうち、皇族・華族議員などによって構成された立法機関を何というか。	29 貴族院
★★30	28の機関のうち、選挙によって選出された議員に	30 衆議院

より構成され，予算の先議権を有した立法機関を何というか。

★★31 大日本帝国憲法の定める衆議院の議員の任期・定員・選挙などについて定めた法令が，憲法と同時に公布されたが，これを何というか。　　31 衆議院議員選挙法

★★32 1889年に公布された31の法令では，直接国税を何円以上納入する者に選挙権が与えられたか。　　32 15円

★★33 1889年に公布された31の法令では，何歳以上の男性に選挙権が与えられたか。　　33 25歳

★★34 第1回総選挙の時，選挙権を与えられていた人は，全人口の約何％であったか。　　34 1.1％

★★35 1900年と1919（大正8）年に選挙法が改正され，選挙権の財産制限が緩和されたが，それぞれどのように改められたか。　　35 1900年に10円以上，1919年に3円以上

★36 選挙権の財産制限が撤廃されたのは西暦何年か。　　36 1925年

★★37 郡区町村編制法では，人口稠密の地を区としたが，1888年の新制度で改められ市となり，また町村の合併もこの時並行して行われた。この新制度を何というか。　　37 市制・町村制

★★38 1890年には，プロイセンの州制度にならい，府・県・郡の整備がなされて，地方行政制度が確立した。これを何というか。　　38 府県制・郡制

★★39 地方自治制整備の中心となった当時の内務大臣はだれか。　　39 山県有朋

★40 39の人物を補佐し，地方自治制の制定に尽力したドイツ人顧問はだれか。　　40 モッセ

諸法典の編纂

★1 近代的諸法典の編纂が進められるなか，1873（明治6）年に制定された改定律例にかわって，1880年に公布された犯罪と刑罰に関する法典を何というか。　　1 刑法

2 フランス法に範をとり，フランス人法学者ボアソナードが起草し，1880年に公布された刑事手続に関する法典を何というか。　　2 治罪法

3 2の法典を改定して，1890年に公布された刑事手続に関する法典を何というか。　　3 刑事訴訟法

★ 4	ドイツ人ロエスレルが起草し，1890年に公布されたが，修正が加えられ1899年に施行された法典を何というか。	4 商法
5	1890年にドイツ法に範をとり公布された法律で，民事上の紛争を解決するための手続法を何というか。	5 民事訴訟法
★★ 6	フランス人法学者が草案を起草し，1890年に公布された法律が「民情風俗に適せず」の批判を受け，施行が無期延期となった。この法典を何というか。	6 民法
★★ 7	1890年に公布された6の法典を起草したフランス人法学者はだれか。	7 ボアソナード
★ 8	1890年に公布された6の法典をめぐって反対・賛成の意見がたたかわされたが，これを何とよんでいるか。	8 民法典論争
9	「民法出デ，忠孝亡ブ」という論文で，ボアソナード民法の施行に反対した法学者はだれか。	9 穂積八束
10	「家長権は封建の遺物」とし，ボアソナード民法の施行を主張した法学者はだれか。	10 梅謙次郎
★ 11	1896～98年に修正されたいわゆる明治民法の下で，絶対的な権限を与えられた家族の統率者を何というか。	11 戸主
12	明治民法の下で，家族の統率者の権限は何とよばれたか。	12 戸主権

初期議会

★★ 1	大日本帝国憲法発布の翌日，内閣総理大臣は地方長官を鹿鳴館に集めて，政府は政党の外に立ち公正の道をとるべきことを訓示した。この考え方を何というか。	1 超然主義
★ 2	大日本帝国憲法発布の翌日，1の演説を行った内閣総理大臣はだれか。	2 黒田清隆
★ 3	1890(明治23)年に最初の衆議院議員選挙が行われ，議会が召集されたが，この最初の議会を何というか。	3 第1回帝国議会(第一議会)
★★ 4	3の時の内閣総理大臣はだれであったか。	4 山県有朋
★★ 5	最初の議会から日清戦争勃発直前の議会までは，政府と負担軽減を求める反対派が対立し，議会は混乱した。この時期の議会を何とよんでいるか。	5 初期議会

6 5の議会では，反政府勢力が衆議院で過半数を占めたが，この反政府勢力を何というか。また，政府勢力を何といったか。

6 民党・吏党

7 第一議会で，民党勢力はスローガンを掲げて政府の提出した予算案の削減を求めたが，このスローガンを2つあげよ。

7 政費節減・民力休養

8 第一議会召集に際し，大井憲太郎らが中心となって自由党が再建されたが，この再建自由党の名称をあげよ。

8 立憲自由党

9 第一議会で山県有朋首相が陸海軍経費増強の必要性を強調した際に用いた言葉で，国家主権の範囲（固有の領土）を指した用語は何か。また，国家の安全独立を保障する勢力範囲として，朝鮮半島を指した用語は何か。

9 主権線・利益線

10 第二議会で，政府が提出した軍艦建造費を含む予算案は民党により大幅に削減され，政府は議会を解散した。この時の内閣総理大臣はだれか。

10 松方正義

11 第二議会で，政府を擁護する蛮勇演説を行って民党を批判した海軍大臣はだれか。

11 樺山資紀

12 はじめての衆議院の解散後の1892年の総選挙では，内務大臣が先頭に立って民党に対する大規模な圧迫を行った。この内務大臣はだれか。

12 品川弥二郎

13 1892年の総選挙では，政府の圧迫で多数の死傷者が出るにいたったが，一連の圧迫を何というか。

13 選挙干渉

14 第1次松方正義内閣は，第三議会をのり切れずに総辞職し，山県有朋・黒田清隆・井上馨ら実力者を閣僚とする内閣が成立した。この内閣を何というか。

14 第2次伊藤博文内閣

15 14の内閣は明治維新以来の実力者を擁したところから何内閣とよばれたか。

15 元勲内閣

16 14の内閣の軍事予算を民党が削減した際，天皇は宮廷費を節減して軍艦建造費にあてるから，議会も政府に協力してほしいという詔書を出した。この詔書を何というか。

16 和衷協同の詔書（建艦詔書）

条約改正

1 1870年代の岩倉具視・寺島宗則の外交交渉の失敗を

1 井上馨

3．立憲国家の成立と日清戦争　215

受けた1880年代, 列国の歓心を得て, 外交上の懸案事項を解決しようと西欧化政策を進めた外務卿・外務大臣はだれか。

★★ 2 **1**の人物の条約改正交渉が行われていたころ, イギリス人コンドルの設計した社交場で, 音楽会や舞踏会が盛んに催された。この社交場を何とよぶか。

2 鹿鳴館(ろくめいかん)

★ 3 **1**の人物の条約改正案は, 内容的にも問題があったため, 政府内外から反対の声があがった。領事裁判権撤廃の代償として批判された点は何か。

3 外国人判事(はんじ)の任用・外国人の内地雑居許可

★★ 4 **1**の人物の条約改正案に反対した, 政府の外国人法律顧問はだれか。

4 ボアソナード

5 **1**の人物の条約改正案に反対をとなえて, 農商務大臣を辞任したのはだれか。

5 谷干城(たにたてき)

★★ 6 1886(明治19)年にイギリスの貨物船が紀州(きしゅう)沖で難破した際, 日本人乗客が救出されなかった事件がおこり, 国民は領事裁判権撤廃の必要を痛感したが, このイギリス船を何というか。

6 ノルマントン号

★★ 7 井上馨の条約改正交渉の失敗を機に, 民権派が展開した運動を何というか。

7 三大事件建白(けんぱく)運動

★★ 8 井上馨の欧化政策は言論界からもきびしい批判を受けたが, 雑誌『日本人』で国粋(こくすい)保存主義をとなえたのはだれか。

8 三宅雪嶺(みやけせつれい)

9 井上馨の欧化政策に対し, 新聞『日本』で国民主義をとなえ反対したのはだれか。

9 陸羯南(くがかつなん)

★10 1889年に秘密のうちに, 各国との条約改正に向けた個別交渉を進めたが, ロンドンタイムズに条約案が掲載され, その改正案を攻撃された外務大臣はだれか。

10 大隈重信(おおくましげのぶ)

11 1889年に**10**の外務大臣は, 右翼団体の一員によって爆弾を投げつけられ, 重傷を負い辞任した。この右翼の団体を何というか。

11 玄洋社(げんようしゃ)

★★12 1890年代から, 政府は, シベリア鉄道着工などロシアの南下を警戒して条約改正に好意的になったイギリスと交渉を再開したが, 来日中のロシア皇太子が傷つけられ, その事件の責任をとり外務大臣が辞職した。この外務大臣はだれか。

12 青木周蔵(あおきしゅうぞう)

★★ **13** 1891年，来日中のロシア皇太子が傷つけられた事件を何というか。 | 13 大津事件

14 13の事件でロシア皇太子を傷つけた巡査はだれか。 | 14 津田三蔵

15 13の事件による日露関係の悪化をおそれた政府は，犯人を大逆罪で死刑にしようとしたが，大審院特別法廷は無期徒刑の判決を下して司法権の独立を守った。この時の大審院長はだれか。 | 15 児島惟謙

★★ **16** 政府はイギリスとの間で，日清戦争勃発直前に，領事裁判権の撤廃と税権の一部回復を内容とする条約を締結したが，その条約を何というか。 | 16 日英通商航海条約

★★ **17** 16の条約締結の時の外務大臣はだれか。 | 17 陸奥宗光

★ **18** 16の条約が締結されたのは西暦何年か。 | 18 1894年

★ **19** 関税自主権が完全に回復されるのは西暦何年か。 | 19 1911年

★ **20** 関税自主権が回復された時の外務大臣はだれか。 | 20 小村寿太郎

朝鮮問題

★★ **1** 朝鮮政府内には保守派と改革派との対立があったが，1882(明治15)年に保守派がクーデタを決行し，日本公使館も襲撃された。この事件を何とよぶか。 | 1 壬午軍乱(壬午事変)

★ **2** 1の事件のころ，朝鮮政府内の保守派の中心人物は国王の父であったが，だれか。 | 2 大院君(テウォングン)

★ **3** 1の事件のころ，朝鮮政府内の改革派の中心人物は国王の王妃であったが，だれか。 | 3 閔妃(ミンピ)

4 朝鮮政府内で壬午軍乱後に，清国と結んで政権を握った保守派を何というか。 | 4 事大党

5 朝鮮で親日策をとり，朝鮮の近代化を進めようとした開明派を何というか。 | 5 独立党

★★ **6** 朝鮮の近代化を進めようとした5の中心人物を2人あげよ。 | 6 金玉均(キムオッキュン)・朴泳孝(パクヨンヒョ)

★★ **7** 1884年に清国がヨーロッパのある国との戦争に敗れたのを機に，朝鮮で独立党が日本公使と結んでクーデタをおこしたが，清国軍の来援で失敗した。この事件を何というか。 | 7 甲申事変

8 1884年に，清国がヨーロッパのある国に敗れた戦争とは何か。 | 8 清仏戦争

★★ **9** 甲申事変の結果，日本と清国の対立が深まり，その | 9 天津条約

3. 立憲国家の成立と日清戦争

解消のために，日清両軍が朝鮮から撤兵する内容の条約が結ばれた。この条約を何というか。

★★10　9の条約の日本側の全権はだれか。　　　　　　　　　10 伊藤博文

★★11　9の条約の清国側の全権はだれか。　　　　　　　　　11 李鴻章

★12　福沢諭吉は1885年の『時事新報』に発表した論説のなかで，日本は清国・朝鮮との連帯を強めるよりは，アジアを捨てて欧米列強側に立つべきことを説いた。これを何というか。　　12 脱亜論

★13　1889年に朝鮮の地方官が凶作を理由に大豆などの穀物の対日輸出を禁止したが，これを何というか。　　13 防穀令

日清戦争と三国干渉

★★1　1894(明治27)年に朝鮮半島南部の全羅道で農民反乱がおこり，これが崔済愚の創始した排外的な民族宗教団体と結びつき，各地に波及した。これを何というか。　　1 甲午農民戦争(東学の乱)

★★2　1の農民反乱によって清国軍と日本軍が朝鮮に出兵し，両国間の戦いが勃発したが，これを何というか。　　2 日清戦争

★3　2の戦争で，仁川港外でおこった日清両海軍による最初の戦いを何というか。　　3 豊島沖の海戦

★4　2の戦争で，清国海軍が誇った北洋艦隊が，日本海軍によって撃滅された戦いを何というか。　　4 黄海の海戦

5　1895年に北洋艦隊の基地である山東半島北端の港が陥落し，日本は賠償金支払いの保障とするためその地を占領したが，どこか。　　5 威海衛

★★6　日清戦争は，軍隊の近代化を進めていた日本の圧勝に終わったが，両国間で締結された講和条約を何というか。　　6 下関条約

★★7　日清講和会議の日本側の全権は伊藤博文とだれか。　7 陸奥宗光

★★8　日清講和会議の清国側の全権はだれか。　　　　　　　8 李鴻章

9　下関条約で清国は朝鮮について何を認めたか。　　　　9 独立国であること(属国でないこと)

★★10　下関条約で清国は日本に対して領土の割譲を認めたが，このうち，ロシアなどの圧力で返還したのはどこか。　　10 遼東半島

★★11　下関条約で日本が清国から割譲され，台北を中心に　　11 台湾

植民地支配したのはどこか。

★12 下関条約で日本が清国から割譲された小さな島々はどこか。 — 12 澎湖諸島

★13 下関条約で清国は日本に対して賠償金の支払いを認めたが，その額はいくらか。 — 13 2億両（テール）

★14 下関条約で清国は揚子江沿岸の4港の開港を認めたが，どこか。 — 14 沙市・重慶・蘇州・杭州

15 下関条約で日本領となった台湾を支配するため設置された統治機関を何というか。 — 15 台湾総督府

16 15の機関の初代の長には，当時の海軍軍令部長が任命されたが，この人物はだれか。 — 16 樺山資紀

★17 下関条約調印の6日後，ヨーロッパのある国々が，「極東ノ永久ノ平和ニ対シ障害ヲ与フル」ものとして，日本の獲得地の一部返還を勧告してきた。このことを何というか。 — 17 三国干渉

★★18 17の勧告を行った3国をあげよ。 — 18 ロシア・フランス・ドイツ

★★19 17の勧告で日本に返還が要求された地域はどこか。 — 19 遼東半島

★20 日本は遼東半島の返還要求に応じたが，国民はこれを屈辱と感じ，中国の故事を合言葉にしてロシアへの敵愾心を高めた。この言葉は何か。 — 20 臥薪嘗胆

4 日露戦争と国際関係

立憲政友会の成立

★1 1896（明治29）年に進歩党の大隈重信を外相に迎えて組閣し，松隈内閣とよばれた内閣名をあげよ。 — 1 第2次松方正義内閣

★2 松隈内閣の総辞職後，1898年に成立した内閣で，軍備拡張のため増税案を議会に提出したところ否決され，総辞職した内閣名をあげよ。 — 2 第3次伊藤博文内閣

★★3 2の内閣が否決された増税案とは何か。 — 3 地租増徴案

★★4 1898年に最初の政党内閣が成立したが，この内閣をふつう何とよんでいるか。 — 4 隈板内閣

★5 4の内閣の与党名をあげよ。 — 5 憲政党

★6 5の政党は，2つの政党が合併して成立したものであるが，2つの政党名をあげよ。 — 6 自由党・進歩党

★ 7	隈板内閣は党の分裂で，わずか4カ月で崩壊したが，この時この内閣の総理大臣であった大隈重信が党首となった政党名をあげよ。	7 憲政本党
★ 8	最初の政党内閣である隈板内閣が崩壊したあとを受けて成立した内閣は，官僚勢力の確立をはかり，種々の施策を実施した。この内閣名をあげよ。	8 第2次山県有朋内閣
★★ 9	8の内閣により，陸・海軍大臣は現役の大将・中将に限られることになったが，この制度を何というか。	9 軍部大臣現役武官制
★ 10	8の内閣は政党員が官界に進出するのを防ぐため，試験任用を拡大して，自由任用を制限する法改正を行った。この時に改正された法令を何というか。	10 文官任用令
★★ 11	8の内閣は労働運動の高揚に対し，従来の治安立法を集大成した法令を制定したが，これを何というか。	11 治安警察法
★ 12	11の法令は西暦何年に制定されたか。	12 1900年
★★ 13	議会を円滑に運営するためには，与党となる政党が必要であると考えた維新の元勲出身の政治家はだれか。	13 伊藤博文
★★ 14	13の人物を中心に組織された政党を何というか。	14 立憲政友会
★ 15	14の政党は西暦何年に結成されたか。	15 1900年
★ 16	14の政党を基礎として1900年に成立した内閣名をあげよ。	16 第4次伊藤博文内閣
★★ 17	明治政府の功労者で，第一線を退いたあと，天皇を助け重要政策の決定や首相の推薦などにあたった人々を何とよんだか。	17 元老

中国分割と日英同盟

1	先進資本主義国家の後進国への政治的・経済的侵略政策を何とよんでいるか。	1 帝国主義
2	1の動きは，世界的にはいつごろから始まったか。	2 19世紀末～20世紀初め
3	1の政策により，中国などは列強による領土の期限付き借用というかたちで侵略された。このような土地を何とよんでいるか。	3 租借地
★ 4	列強は中国分割にのり出したが，イギリスが清国から租借した山東半島北岸の港湾名を何というか。	4 威海衛
★★ 5	イギリスが清国から租借した広東省南部の地で，香	5 九竜半島

港の対岸の半島名をあげよ。

6 フランスが清国から租借した広東省西南部の港湾はどこか。

6 広州湾

7 ドイツが清国から租借した山東省西南部の港湾はどこか。

7 膠州湾

8 1898(明治31)年にロシアは清国からどこの半島の一部(先端部分)を租借したか。

8 遼東半島

9 ロシアが清国から租借した**8**の半島の主要都市を2つあげよ。

9 旅順・大連

10 列強の中国分割に対して，アメリカの国務長官は3原則を提唱したが，この国務長官名をあげよ。

10 ジョン＝ヘイ

11 **10**の人物が，中国分割に対して提唱した3原則は，中国(清国)の領土保全のほかに何か。2つあげよ。

11 門戸開放・機会均等

12 列強の中国分割に対し，山東半島では外国人排斥運動を行う白蓮教系の民間宗教団体があらわれたが，これを何というか。

12 義和団

13 **12**の団体が外国人排斥運動を進めるうえで，スローガンとしたのは何か。

13 扶清滅洋

14 **12**の外国人排斥運動はやがて北京にもおよび，列国公使館を襲撃し，さらに清国は列強に宣戦布告したが，列国は日本を中心に連合軍を組織して鎮圧した。これを何というか。

14 北清事変

15 **14**によって敗北した清国は，賠償金の支払いと北京守備兵の駐留権を認める条約を列国と結んだが，これを何というか。

15 北京議定書

16 **14**の鎮圧の際，ロシアは鉄道守備を名目として満州を占領した。これに対し日本政府の伊藤博文や井上馨らは，満韓交換を行う協定をロシアと結ぶべきと主張したが，この立場を何というか。

16 日露協商論(満韓交換論)

17 **14**の鎮圧後に，世界に数多くの利権を有するイギリスと提携すべきであるという主張が桂太郎・小村寿太郎らによってなされ，その結果，調印された条約を何というか。

17 日英同盟協約

18 **17**の条約は西暦何年に成立したか。

18 1902年

19 **17**の条約は，この後2度改定されたが，適用範囲をインドまで拡大したのは西暦何年か。

19 1905年

4. 日露戦争と国際関係

20 17の条約の改定で、ドイツの進出にも適用し、アメリカを適用外としたのは西暦何年のことか。
20 **1911年**

★★21 17の条約は、1921(大正10)年に締結された条約で廃棄されることになったが、この条約を何というか。
21 **四カ国条約**

22 日本とロシアの対立が激しくなると、対露同志会がとなえたような対露強硬論が展開されたが、これらの強硬論を何というか。
22 **主(開)戦論**

23 1903年に戸水寛人博士らが、桂首相に提出した対露強硬主張の意見書を何というか。
23 **七博士意見書**

★24 人道主義の立場や社会主義の立場で、日露戦争に反対する人たちもいたが、これらの人たちの主張を何というか。
24 **非(反)戦論**

25 はじめは日露開戦に反対の論説を掲げたが、まもなく開戦賛成の立場に転じた有力新聞は何か。
25 **万朝報**

★★26 25の新聞が開戦論に転じたため退社し、平和主義・社会主義の立場で新聞を発行して反戦論をとなえた人物を2人あげよ。
26 **堺利彦・幸徳秋水**

★27 26の人物らが中心となって組織した結社を何というか。
27 **平民社**

★28 27の結社が発行し、日露戦争で反戦論を展開した新聞名をあげよ。
28 **平民新聞**

★★29 日露戦争に際して、人道主義の立場から、あらゆる戦争に反対する主張をしたキリスト教徒はだれか。
29 **内村鑑三**

★★30 反戦運動を行い、日露戦争勃発前から『東京毎日新聞』に反戦小説『火の柱』を連載した人物はだれか。
30 **木下尚江**

★★31 日露戦争のさなか、反戦詩「君死にたまふこと勿れ」を『明星』に発表した女流詩人はだれか。
31 **与謝野晶子**

32 日露戦争のさなか、反戦詩「お百度詣で」を『太陽』に発表した女流詩人はだれか。
32 **大塚楠緒子**

日露戦争

★★1 満州をめぐる日本とロシアとの交渉は決裂し、戦争が始まったが、この戦争を何というか。
1 **日露戦争**

★2 1の戦争は西暦何年に勃発したか。
2 **1904年**

★★3 ロシアの東洋艦隊の基地を奪取するため、乃木希典の率いる軍が攻撃した戦いを何というか。
3 **旅順包囲戦**

★	4	1905(明治38)年3月，南満州の要地で日露両国軍が死力を尽して戦った。この戦いを何というか。	4 奉天会戦
★★	5	日露戦争に参加した，ロシアが誇っていたヨーロッパ艦隊を何というか。	5 バルチック艦隊
★★	6	日本の連合艦隊が総力をあげて戦い，ロシアの5の艦隊に大勝利をおさめた戦いを何というか。	6 日本海海戦
★	7	日露戦争は，アメリカ大統領の斡旋を受け入れて終結したが，この大統領とはだれか。	7 セオドア＝ローズヴェルト
★★	8	日露講和条約を何というか。	8 ポーツマス条約
★	9	8の条約は西暦何年に調印されたか。	9 1905年
★★	10	日露講和会議の日本側の全権はだれか。	10 小村寿太郎
★	11	日露講和会議のロシア側の全権はだれか。	11 ウィッテ
★★	12	日本国内では，ポーツマス条約を屈辱的なものとして反対の集会が開かれ，条約破棄を叫んで暴動化する事件に発展した。これを何というか。	12 日比谷焼打ち事件
★★	13	日露戦争の戦費は17億円余りにのぼったが，国内の増税でまかなわれたのは3億2000万円弱であった。残りの巨額の軍事費は何によってまかなわれたか。2つあげよ。	13 外国債(外債)・内国債(国債)
★★	14	ポーツマス条約で，ロシアは日本にどこの指導権を認めたか。	14 韓国
★★	15	ポーツマス条約で，ロシアから日本に譲られた満州の租借地(都市)を2つあげよ。	15 旅順・大連
★★	16	ポーツマス条約で，ロシアから日本に譲られた満州の鉄道はどこからどこまでか。	16 長春・旅順間
★★	17	ポーツマス条約で，ロシアから日本に割譲された領土はどこか。	17 北緯50度以南の樺太
★	18	ポーツマス条約で，ロシアは日本にどこの漁業権を認めたか。	18 沿海州・カムチャツカ

日露戦後の国際関係

| ★ | 1 | 1905(明治38)年に結ばれた，日本の首相と特使として来日したアメリカの陸軍長官との秘密覚書で，アメリカのフィリピン統治と，日本の韓国に対する指導権を日米両国が相互に認めあった協定を何というか。 | 1 桂・タフト協定 |

2	日本の満州独占支配などの台頭が，欧米諸国にイエロー＝ペリルとして警戒の念を与え，日米関係に亀裂が生じた。これに関係してアメリカでおこった日本人排斥問題を2つあげよ。	2 **日本人移民排斥運動・日本人学童排斥問題**
★3	日露戦争後，日露間で，満州や内蒙古の勢力範囲について秘密裏に4回の取り決めが行われたが，これを何というか。	3 **日露協約**
4	日露戦争後，イギリスは日本の韓国保護権を承認し，同盟の適用範囲をインドまで拡大した。これを何というか。	4 **第2次日英同盟**
5	1911年に，日本とイギリスとの提携はドイツの進出に対応して改定されたが，これを何というか。	5 **第3次日英同盟**
★★6	朝鮮は1897年に国号を改めたが，正式名をあげよ。	6 **大韓帝国**
7	日露戦争が勃発すると，日本は韓国との間で，韓国保全のためとして日本軍の自由行動を認め，日本に軍事上の拠点を提供する取り決めを結んだが，これを何というか。	7 **日韓議定書**
★★8	日本は韓国と3度にわたる協約を締結して，韓国を支配下においていったが，これを何というか。	8 **日韓協約**
★★9	第2次日韓協約で，外交権を行使するため，1905年に漢城（現ソウル）におかれた日本政府の代表機関を何というか。	9 **統監府**
★★10	9の機関の長官を何というか。	10 **統監**
★★11	初代の10にはだれが就任したか。	11 **伊藤博文**
★★12	1907年に韓国皇帝が日本の行為を訴えるために，オランダで開催された国際会議に使節を派遣するが，この事件を何というか。	12 **ハーグ密使事件**
★13	1907年に韓国政府が密使を派遣した国際会議の名称をあげよ。	13 **第2回万国平和会議**
★★14	第3次日韓協約による軍隊解散命令に反対した兵士を中心に，広い階層の人々が反日武装闘争を展開した。これを何とよんでいるか。	14 **義兵運動**
★★15	伊藤博文を暗殺した韓国の独立運動家はだれか。	15 **安重根**（アンジュングン）
★★16	伊藤博文が暗殺された場所はどこか。	16 **ハルビン**
★17	韓国を日本領土に編入する条約を何というか。	17 **韓国併合条約**
★18	17の条約が締結されたのは西暦何年のことか。	18 **1910年**

★★ **19** 韓国併合後の朝鮮統治のために新たにおかれた機関を何というか。 — 19 朝鮮総督府

★ **20** 19の機関の長官を何というか。 — 20 総督

★★ **21** 初代の20にはだれが就任したか。 — 21 寺内正毅

★★ **22** 韓国併合後, 総督府によって行われた朝鮮の土地所有権の確定, 価格の査定, 台帳の作成などの事業を何というか。 — 22 土地調査事業

★ **23** 1908年に朝鮮の土地開発を目的に日韓両国政府によって設立された国策会社を何というか。 — 23 東洋拓殖会社

★ **24** 旅順・大連を含む遼東半島南部の日本租借地を何とよんだか。 — 24 関東州

★★ **25** 24の日本租借地を統治するため, 1906年に旅順に設置された機関を何というか。 — 25 関東都督府

★ **26** 25の機関は, 1919(大正8)年に廃止され, 軍事部門と行政部門とに分離された。行政部門を担当した統治機関を何というか。 — 26 関東庁

★★ **27** ポーツマス条約でロシアから得た長春・旅順間の鉄道, および付属鉱山・製鉄所を経営するため, 1906年に設立された半官半民の特殊会社を何というか。 — 27 南満州鉄道株式会社(満鉄)

28 ポーツマス条約でロシアから得た鉄道は, ロシアが経営していたハルビン・旅順間の鉄道の一部であるが, この鉄道を含めロシアがウラジヴォストークから北満州を横断して敷設した鉄道を何というか。 — 28 東清鉄道

★★ **29** 1905年に中国同盟会を組織し, 民族・民権・民生の革命理論を主張した人物はだれか。 — 29 孫文

30 29の人物の革命理論を総称して何とよんでいるか。 — 30 三民主義

★★ **31** 1911年に革命派の新軍による武昌蜂起がたちまち全国に波及し, 翌年1月には臨時政府が成立し, 建国宣言がなされ, 2月には皇帝が退位して清朝は滅亡した。この変革を何というか。 — 31 辛亥革命

★★ **32** 31の変革で成立した新しい国の名を何というか。 — 32 中華民国

★★ **33** 1913年に, 32の国の大総統に最終的に就任したのはだれか。 — 33 袁世凱

桂園時代

★ **1** 日英同盟協約を締結し, 日露戦争を遂行したが, 日 — 1 第1次桂太郎内閣

比谷焼打ち事件で退陣した内閣名をあげよ。

★★ **2** 日露戦争後，第2次桂太郎内閣は国民の間に芽生えた自由主義的傾向を是正するため詔書の発布をあおいだが，この詔書を何というか。

2 戊申詔書

★★ **3** 日露戦争後の経済不況下に，疲弊した地方自治体の財政再建と農業振興，民心向上などを目的とした内務省主導の運動が推進されたが，これを何というか。

3 地方改良運動

★ **4** 立憲政友会の2代総裁が組織した内閣は，鉄道国有法を制定し，満鉄を設立したが，日本社会党の結成を承認するなど社会主義者に寛大であった。この内閣を何というか。

4 第1次西園寺公望内閣

★★ **5** 藩閥・軍閥を代表する桂太郎と立憲政友会の西園寺公望が明治時代末期に政権を交互に担当したが，これを何とよんでいるか。

5 桂園時代

6 1898（明治31）年に「社会主義の原理とこれを日本に応用するの可否」を研究する目的で結成された研究団体を何というか。

6 社会主義研究会

7 6の研究団体は1900年に，研究と宣伝のために改組されたが，その名称をあげよ。

7 社会主義協会

★ **8** アメリカ留学から帰国後，キリスト教的立場から社会主義運動に参加し，社会主義研究会や日本最初の社会主義政党の創立に加わり，また早稲田大学野球部の創立者としても有名なのはだれか。

8 安部磯雄

★★ **9** キリスト教社会主義者として，また文学者として日露戦争に反対した小説『火の柱』でも知られ，日本最初の社会主義政党の創立に参加したのはだれか。

9 木下尚江

10 中学時代にキリスト教に入信して，片山潜らと『労働世界』を発行し，日本最初の社会主義政党の創立に参加したのはだれか。

10 西川光二郎

★★ **11** 日露開戦に反対して『万朝報』を退社し，戦後渡米して，帰国後は無政府主義をとなえた，『廿世紀之怪物帝国主義』でも知られる，1911年に刑死した人物はだれか。

11 幸徳秋水

★★ **12** 日露開戦に反対して『万朝報』を退社し，『平民新聞』を発行し，その後，日本の社会主義・共産主義を指導したが，昭和初期には社会民主主義に転向したの

12 堺利彦

はだれか。

★13 片山潜・安部磯雄・幸徳秋水・木下尚江・西川光二郎・河上清（かわかみきよし）の6人が結成した，日本最初の社会主義政党を何というか。

13 **社会民主党**

14 13の政党が結成されたのは西暦何年のことか。

14 **1901年**

15 13の政党に対し，結成直後に結社禁止を命じた内閣名をあげよ。

15 **第4次伊藤博文内閣**

★16 「国法の範囲内において社会主義の実行を期す」と政府に届け出て，許可を得た日本最初の合法的社会主義政党を何というか。

16 **日本社会党**

17 16の政党は西暦何年に結成されたか。

17 **1906年**

★★18 16の政党の結成を認めた内閣総理大臣はだれか。

18 **西園寺公望**

19 16の政党はやがて党内分裂をおこすが，議会を中心に全国的組織運動を主張する片山潜ら穏健派は何とよばれたか。

19 **議会政策派**

20 16の政党内で，アメリカより帰国した幸徳秋水らは労働者のストライキによる革命的行動を主張したが，この派を何というか。

20 **直接行動派**

★★21 無政府主義者たちが明治天皇暗殺を計画したとの理由で，社会主義者ら26人が検挙され，幸徳秋水以下12人が死刑に処せられた事件を何というか。

21 **大逆事件**

★22 21の事件は西暦何年におこったか。

22 **1910年**

★★23 21の事件がおこった時の内閣名をあげよ。

23 **第2次桂太郎内閣**

★24 21の事件以後，社会主義運動は停滞するにいたったが，この時期を何とよんでいるか。

24 **冬の時代**

5 近代産業の発展

産業革命

★★1 作業機械や動力機械の発明を契機として，新しい生産様式が生み出され，生産も飛躍的に増大した。この変革を何とよんでいるか。

1 **産業革命**

2 1の変革はいつごろ，どこの国で始まったか。

2 **18世紀後半・イギリス**

3 1のような変革は，日本でもまず製糸・紡績業などで始まったが，それはいつごろか。

3 **1890年代**

4	日本では1900年代に，電力を動力源として変革が進んだが，どのような工業部門においてか。	4 **重工業部門**
★5	資本主義体制のもとで，過剰生産を主な原因としておきる経済の大混乱を何というか。	5 **恐慌**（きょうこう）
6	5のような事態のなかで産業界が行う機械の一部停止や作業時間の短縮を何というか。	6 **操業短縮**（そうぎょうたんしゅく）
★7	日本最初の恐慌は西暦何年におこったか。	7 **1890年**
8	日清（にっしん）戦争の戦勝景気の後，1900(明治33)年から反動恐慌がおきたが，これを何というか。	8 **資本主義恐慌**
9	日露（にちろ）戦争後の反動恐慌で，1907年から金融・産業部門の倒産があいつぎ，不況は慢性化した。この恐慌を何というか。	9 **明治40年の恐慌**
★★10	1897年に日清戦争の賠償金の一部を準備金として進められたもので，欧米にならって始められた貨幣制度は何か。	10 **金本位制**（きんほんいせい）
11	10の貨幣制度を実施するために制定された法令は何か。	11 **貨幣法**
12	1880年に貿易金融を目的として設立された銀行で，第二次世界大戦後に東京銀行として再発足したものは何か。	12 **横浜正金銀行**（しょうきん）
13	1897年に設立され，農工業を改良・発展させるための資金を融資した特殊銀行は何か。	13 **日本勧業銀行**（かんぎょう）
14	1902年に設立された特殊銀行で，外資導入や資本輸出に活躍した長期融資機関は何か。	14 **日本興業銀行**（こうぎょう）
15	三菱（みつびし）会社と半官半民の共同運輸会社との合併によって1885年に設立され，政府の進める海運業奨励政策にあと押しされて，1893年にはボンベイ航路，1896年には欧米への航路を開いた日本最大の海運会社は何か。	15 **日本郵船会社**（ゆうせん）
16	政府の海運業奨励政策として1896年に出されたもので，鉄鋼船の建造と外国航路への就航に奨励金を出した法令をそれぞれあげよ。	16 **造船奨励法・航海奨励法**

紡績・製糸・鉄道

★1	日本の産業革命のさきがけとなった紡績（ぼうせき）業の発展は，渋沢栄一（しぶさわえいいち）らによって1883(明治16)年に開業された会	1 **大阪紡績会社**

社の大規模経営の成功を1つの契機としている。この会社名をあげよ。

★ **2** 1の会社の生産方式が急速に普及し、従来の水車利用の紡績機を圧倒した。新しい生産方式名とそれ以前の紡績機名をあげよ。

2 機械紡績・ガラ紡

★ **3** 2の紡績機を発明した人物はだれか。

3 臥雲辰致

4 新しい生産方式により、綿糸の生産量が飛躍的に伸びたが、綿糸の国内生産高が輸入高を上まわるのは西暦何年か。

4 1890年

5 綿糸の輸出高が輸入高を上まわるのは西暦何年か。

5 1897年

★★ **6** 開国以来、重要な輸出産業であった製糸業も技術革新が行われ、1894年には新技術による生産量が、幕末以来の技術による生産量を上まわった。この新しい技術と幕末以来の技術をそれぞれ答えよ。

6 器械製糸・座繰製糸

★ **7** 1897年に日本最初の木製動力織機(国産力織機)を発明して、日本の織物業の発展に貢献したのはだれか。

7 豊田佐吉

8 1881年に華族を主体として設立され、今日の東北本線の建設を行った会社を何というか。

8 日本鉄道会社

9 東京・横浜間の鉄道開通から17年後には東京・神戸間の鉄道が全通したが、この鉄道路線を何というか。

9 東海道線

10 9の鉄道路線全通の年は鉄道営業キロ数で民営が官営を上まわった年でもあるが、西暦何年のことか。

10 1889年

★★ **11** 軍事・財政・私鉄救済の目的で、政府による民営鉄道の買収が行われたが、この鉄道の国有化をはかった法令を何というか。

11 鉄道国有法

★ **12** 11の法令の制定は西暦何年か。

12 1906年

重工業の形成

★★ **1** 日清戦争後の軍備拡張・製鋼工業振興政策によって設立・開業された官営工場を何というか。

1 八幡製鉄所

2 1の工場の開業は西暦何年か。

2 1901年

★ **3** 1の工場で使用した鉄鉱石は、清国との独占的な契約で輸入されたものであったが、清国のどこの鉄山のものか。

3 大冶

4 日露戦争後の1907(明治40)年に、三井とイギリスの

4 日本製鋼所

アームストロング・ヴィッカース両兵器会社との提携で，日本最大の民間兵器製造会社が室蘭に設立された。この会社名をあげよ。

5 工作機械の分野において，先進国なみの精度を持った旋盤が，1905年に国産化された。これを製造した会社を何というか。
　　5 池貝鉄工所

★★6 種々の産業や金融を支配下におき，一族の独占的出資のもとに産業・経済・政治をも支配するようになった大独占資本を何というか。
　　6 財閥

★★7 株式への投資および株式所有によって企業を支配する会社を何というか。
　　7 持株会社

★8 江戸時代の両替商で，1876年に銀行・商社を設立し，さらに1888年には三池炭鉱の払下げを受けた財閥を何というか。
　　8 三井(財閥)

9 8の財閥の本社として1909年に設立され，同族の共有財産として銀行・物産の株式などを保有し，王子製紙などの系列会社を統括した会社とは何か。
　　9 三井合名会社

★10 江戸時代末期に土佐藩の通商に従事した岩崎弥太郎が，日本の海運業を独占するなかで財閥を形成していった。この財閥を何というか。
　　10 三菱(財閥)

★★11 江戸時代以来の別子銅山をもとに築かれた財閥を何というか。
　　11 住友(財閥)

★12 江戸に両替店を開き，幕末・維新の混乱期に，金や太政官札の買占めで巨利を得て成長し，発展した財閥を何というか。
　　12 安田(財閥)

13 幕末・維新時の京都の糸商人が，1877年に足尾銅山，その後院内銀山・阿仁銅山を入手して形成した財閥を何というか。
　　13 古河(財閥)

14 京都の生糸商人出身で，13の財閥の創始者はだれか。
　　14 古河市兵衛

15 深川工作分局でセメント製造を始め，のち諸企業に進出して浅野財閥を形成したのはだれか。
　　15 浅野総一郎

農業と農民

★★1 地租改正・松方デフレ後に増加した，みずからは農業経営をせず，小作料による収入に依存する大土地所有者を何というか。
　　1 寄生地主

2 日露戦争後にみられた農村困窮などの社会問題に対し，第2次桂太郎内閣は内務省中心で運動をすすめた。この運動とは何か。

2 地方改良運動

社会運動の発生

★ **1** 1888(明治21)年に三宅雪嶺によって炭鉱労働者の惨状が，雑誌『日本人』に取り上げられ，問題化した。この炭鉱名をあげよ。

1 高島炭鉱

★★ **2** 銅山が有毒廃液を渡良瀬川に流し，流域の田畑に被害を与えた。この事件を何とよんでいるか。

2 足尾鉱毒事件

★★ **3** 2の事件で住民を指導し，明治天皇に直訴を試みたのはだれか。

3 田中正造

4 政府は足尾銅山に鉱毒流出防止工事を命じる一方，洪水緩和のため遊水池を設けることにした。このためわずかの買収費で廃村とされた栃木県の村名をあげよ。

4 谷中村

5 1899年の刊行物で，東京の貧民窟・下層労働者・小作人の実態を調査し，社会のひずみを訴えた書物と，その著者名をあげよ。

5 日本之下層社会・横山源之助

6 1903年の農商務省の刊行物で，全国工場労働者の実態を調査した報告書を何というか。

6 職工事情

7 1925(大正14)年の刊行で，紡績会社の苛酷な労働条件とその悲惨な生活を訴えた書物を何というか。

7 女工哀史

8 7の書物の著者はだれか。

8 細井和喜蔵

★★ **9** 1897年に労働組合結成促進をめざして組織された団体を何というか。

9 労働組合期成会

10 鉄工労働者1000余名により組織された組合を何というか。

10 鉄工組合

★★ **11** 職工義友会や労働組合期成会を組織した中心人物で，「職工諸君に寄す」の檄文を起草したのはだれか。

11 高野房太郎

12 労働組合期成会と鉄工組合が共同で日本最初の労働組合の機関紙を創刊したが，これを何というか。

12 労働世界

★ **13** 労働組合期成会の中心メンバーの一人で，12の機関紙の編集長となった人物はだれか。

13 片山潜

14 1898年に，日本最初の民間鉄道会社でも労働組合が組織されたが，この労働組合名をあげよ。

14 日本鉄道矯正会

★★ **15** 1897年頃より高まってきた労働運動や農民運動に対し、政府は集会・結社・言論の自由を抑圧する治安立法を集大成して公布した。特に17条では団結権、同盟罷業権の制限を規定しているが、この法律を何というか。　**15** 治安警察法

★ **16** 15の法律が公布されたのは西暦何年か。　**16** 1900年

★★ **17** 15の法律が公布された時の内閣総理大臣はだれか。　**17** 山県有朋

★★ **18** 工場労働者を保護するため、事業主に義務を課した日本最初の労働者保護立法を何というか。　**18** 工場法

★★ **19** 18の法律は西暦何年に公布され、また何年に施行されたか。　**19** 1911年公布・1916年施行

6 近代文化の発達

明治の文化／思想と信教

★ **1** 明治20年代より高まってきた、個人の利益よりも国家の利益を優先させる思想を何というか。　**1** 国家主義

2 独立国家として諸外国と対等の関係を保ち、さらに国家の権利や国力の充実・発展をめざす思想を何というか。　**2** 国権論

3 国民の権利を伸張し、生活を向上させることこそ国家・社会発展の基礎であるとする、1870年代から始まった運動とともに発展した思想を何というか。　**3** 民権論

4 政府の欧化主義に反対し、日本的な真善美を強調することによって国力の発展をめざす近代的民族主義思想を何というか。　**4** 国粋保存主義（国粋主義）

★★ **5** 4の思想の中心になった人物はだれか、2人あげよ。　**5** 三宅雪嶺・志賀重昂

★★ **6** 5の人物らが、1888（明治21）年に組織した結社を何というか。　**6** 政教社

★ **7** 6の結社の機関誌を何というか。　**7** 日本人

8 政府の欧化政策と条約改正案に反対して太政官を辞し、1889年に日刊新聞を発行して近代的民族主義思想としての国民主義を説いたのはだれか。　**8** 陸羯南

9 8の人物が発行した日刊新聞を何というか。　**9** 日本

★★ **10** 熊本洋学校や同志社に学び、政府の欧化主義に反対して下からの近代化と民主主義の徹底を主張したの　**10** 徳富蘇峰・平民的欧化主義（平民主義）

はだれか。またこの考え方を何とよんでいるか。

★11 10の人物は，1887年に出版社を創立し，本格的総合雑誌を発行して彼の考えを主張し，欧米の社会問題や社会主義を紹介するなど幅広く活躍した。この雑誌を何というか。

11 国民之友

12 11の雑誌を発行した出版社を何というか。

12 民友社

★13 徳富蘇峰はある事件をきっかけに従来の主張をすてて国家主義を主張するようになったが，ある事件とは何か。

13 日清戦争（三国干渉）

14 1897年に東京博文館発行の雑誌に，「君民一体，忠君愛国」など，国民精神の発揚を説いてキリスト教を排撃し，日本の大陸進出を肯定する論文が掲載されたが，その著者はだれか。

14 高山樗牛

15 14の人物がとなえた思想を何というか。

15 日本主義

★16 歴史小説『滝口入道』の著者としても有名な14の人物が主幹をつとめた東京博文館発行の雑誌は何か。

16 太陽

17 日本主義に同調した人物のなかに，ドイツ観念論の紹介者として，また『教育ト宗教ノ衝突』の著者として有名な人がいるが，だれか。

17 井上哲次郎

★18 政府の神道国教化政策に反対し，真の神仏分離，信仰の自由を主張し，仏教の復興に努力した浄土真宗の僧侶はだれか。

18 島地黙雷

19 キリスト教を批判し，東洋文明は仏教のなかにあると主張して仏教の覚醒を促し，また哲学館（現，東洋大学）を創立した仏教哲学者はだれか。

19 井上円了

20 1859（安政6）年に来日したアメリカ人宣教師・医師で，1867（慶応3）年に日本初の和英辞書を出版し，ローマ字を考案した，明治学院（現，明治学院大学）の創始者はだれか。

20 ヘボン

21 1871年に熊本藩が創立した学校の教師として招かれたアメリカ人はだれか。

21 ジェーンズ

22 21の人物が教育・経営をまかされた学校を何というか。

22 熊本洋学校

23 22の学校で学び，同志社を卒業後に伝道に専念し，神道と融合した日本的キリスト教をとなえたのはだれか。

23 海老名弾正

24 横浜で受洗し，東京富士見町教会を創立し，終生その牧師をつとめ，福音主義信仰の確立をはかり，また旧約聖書や讃美歌の翻訳にも大きな功績を残したのはだれか。

24 植村正久

教育の普及

★1 1879(明治12)年に画一的学校制度の行き詰まりを打開するため，アメリカの教育制度を参考に発令されたのは何か。

1 教育令

★2 初代文部大臣森有礼によって1886年に公布された一連の勅令で，国家主義的思想にもとづいた近代的学校体系を確立した法令を総称して何というか。

2 学校令

★3 2の法令のうち，国家にとって有為な人材を育成するための最高学府の設立に関して，1886年に公布された法令を何というか。

3 帝国大学令

★★4 3の法令にもとづいて，1886年に東京・京都などに設立された学校を総称して何というか。

4 帝国大学

5 学校令のうち，広範な教師層の育成を目的として制定された法令を何というか。

5 師範学校令

6 学校令のうち，中等教育に関して公布された法令を何というか。

6 中学校令

★7 学校令のうち，初等教育に関して公布された法令を何というか。

7 小学校令

8 7の法令で初等教育機関は2種にわかれていたが，それぞれ何というか。

8 尋常小学校・高等小学校

9 1894年以降，中学校のなかの高等中学校が分離され新しい名称となったが，何という名称の学校になったか。

9 高等学校

10 1899年に男子の中学校に相当する女子の高等普通教育を制度化した法令が出されたが，これを何というか。

10 高等女学校令

★★11 忠君愛国を教育の基本と規定した勅語を何というか。

11 教育勅語(教育に関する勅語)

★12 11の勅語はだれによって起草されたか，2人あげよ。

12 井上毅・元田永孚

★13 11の勅語は西暦何年に発布されたか。

13 1890年

★★14 1891年に第一高等中学校嘱託教員がキリスト教徒

14 内村鑑三

としての良心から，教育勅語に対し拝礼を拒否して批判を受け辞職した。この不敬事件をおこしたのはだれか。

★**15** 1886年の小学校令で3～4年，1907年に6年，1947(昭和22)年の学校教育法で9年と，児童・生徒の就学を保護者に義務づけた制度を何というか。

15 義務教育制

16 **15**の制度により児童の就学率は向上したが，就学率が97％をこえたのはいつごろか。

16 1907年(日露戦争後)

★**17** 教科書疑獄事件が契機となって，1903年から小学校教科書は文部省著作のもののみ使用できるとされたが，この制度を何というか。

17 国定教科書制度

★**18** 福沢諭吉によって設立された学校を何というか。

18 慶応義塾

19 安中藩(現，群馬県北部)を脱藩してアメリカで神学を学び，帰国後キリスト教主義の学校を設立した人物名と，その学校名をあげよ。

19 新島襄・同志社英学校

★**20** 大隈重信によって設立された学校を何というか。

20 東京専門学校

★**21** 8歳で岩倉使節団に従い渡米し，帰国後，女性教育に尽力したのはだれか。

21 津田梅子

22 **21**の人物が1900年に創立した学校名をあげよ。

22 女子英学塾

科学の発達

★**1** 1875(明治8)年に来日したドイツ人で，東京大学で内科・産科を講義し，特にその日記は当時を知る好史料とされるのはだれか。

1 ベルツ

2 1875年に来日したドイツ人で，東京大学で地質学を教授し，また各地の地質調査に従事し，フォッサ＝マグナを指摘して全国地質図を作成したのはだれか。

2 ナウマン

3 1876年に来日したイギリス人で，工学寮で地震学を教授し，日本地震学会の創立に尽力したのはだれか。

3 ミルン

4 1877年に来日したアメリカ人で，東京大学で動物学を担当し，ダーウィンの進化論の紹介や，大森貝塚の発掘で知られるのはだれか。

4 モース

★★**5** ドイツに留学してコッホに師事し，1889年に破傷風菌の純粋培養と抗毒素を発見し，帰国後に研究所の設立にあたったのはだれか。

5 北里柴三郎

6 1892年に設立され，**5**の人物が所長となった研究所

6 伝染病研究所

を何というか。

★ **7** **6**の研究所に入って細菌学を研究し，1898年に重要な細菌を発見した学者はだれか。 — **7** 志賀潔

★ **8** **7**の人物が発見した細菌とは何か。 — **8** 赤痢菌

9 伝染病研究所に入りペスト細菌学を大成し，のちにドイツで梅毒の化学療法剤サルバルサンを創製した学者はだれか。 — **9** 秦佐八郎

★ **10** ニューヨークに研究所を設立し，強心薬や消化薬など数多くの発明・発見をした応用化学者はだれか。 — **10** 高峰譲吉

11 **10**の人物が抽出した強心薬を何というか。 — **11** アドレナリン

12 **10**の人物が創製した消化薬を何というか。 — **12** タカジアスターゼ

13 渡欧して蛋白質を研究し，1910年にビタミンB_1の抽出に成功するなど，ビタミン学の基礎を確立したのはだれか。 — **13** 鈴木梅太郎

14 **13**の人物によって抽出されたビタミンB_1は何とよばれているか。 — **14** オリザニン

15 震災予防調査会を主宰し，地震計や地震についての公式を考案した国際的な地震学者はだれか。 — **15** 大森房吉

★ **16** 岩手県水沢の緯度観測所初代所長で，万国測地学協会の共同観測に参加し，緯度変化の公式にZ項を追加する修正をし，国際的な業績をあげたのはだれか。 — **16** 木村栄

★ **17** 磁気ひずみや有核原子模型の理論，原子の微細構造の解明に寄与した物理学者はだれか。 — **17** 長岡半太郎

18 日本の物理学の基礎を確立した人で，特に地磁気測定に大きな業績を残し，またメートル法・ローマ字普及にも貢献したのはだれか。 — **18** 田中館愛橘

19 『東京経済雑誌』を発刊した経済学者で，ギゾーの『ヨーロッパ文明史』の影響を受け，古代から廃藩置県までの文明の過程を，合理主義的史観で相関的・発展的に叙述したのはだれか。 — **19** 田口卯吉

20 古代から廃藩置県までの文明の過程を，合理主義的史観で叙述した**19**の人物の著書名をあげよ。 — **20** 日本開化小史

21 六国史のあとを受けて，887(仁和3)年から明治維新までの諸事件の関係史料を，編年体で掲げた日本史の基礎史料集を何というか。 — **21** 大日本史料

22 正倉院文書を中心とする編年文書，諸家・寺社に — **22** 大日本古文書

伝わる家わけ文書，幕末外国関係文書の3種からなる古文書を集大成したものを何というか。

23 **21**や**22**などの編纂を行うために，1895年に東京帝国大学に設置された組織を何というか。

23 史料編纂掛

★**24** 岩倉具視の欧米視察に随行し，『米欧回覧実記』を編集した歴史学者で，1891年に発表し翌年に転載した神道に関する論文が，神道家や国学者の攻撃を受け，東京帝国大学を辞職した人物はだれか。

24 久米邦武

25 神道家や国学者から攻撃を受けた**24**の人物の論文の題名は何か。

25 神道は祭天の古俗

ジャーナリズムと近代文学

★**1** オランダ通詞出身で，鉛製活版印刷を始めたのはだれか。

1 本木昌造

★**2** 神奈川県令の尽力により，1870(明治3)年11月に発刊された日本最初の日刊紙は何か。

2 横浜毎日新聞

3 1872年の創刊で，福地源一郎が入社してから政府を支持する御用新聞となった日刊紙は何か。

3 東京日日新聞

★**4** 1872年に創刊された，イギリス人ブラックによる邦字新聞で，民撰議院設立の建白書を掲載して反響をよんだ新聞は何か。

4 日新真事誌

5 1872年に前島密の企画によって創刊され，1882年に立憲改進党の結成とともにその機関紙となった日刊新聞は何か。

5 郵便報知新聞

6 1883年以来，国の公示事項を収載した政府の機関紙を何というか。

6 官報

7 江戸時代の伝統を継ぎ，娯楽面を重視しながら，社会の事件を庶民に伝えた新聞を一般に何とよんだか。

7 小新聞

8 **7**の新聞の元祖で，硯友社の作家が活躍し，娯楽と雑報中心で，街頭で販売された，口語体・ふりがなつきの新聞は何か。

8 読売新聞

9 1876年創刊の『大阪日報』を1888年に改題して発行し，そののち各種の新聞を合併し，東京にも進出した大新聞は何か。

9 大阪毎日新聞

10 1879年に大阪で創刊され，のち東京へ進出し，はじめは大衆的な報道が中心であったが，しだいに論説

10 朝日新聞

面を強化して大新聞となったのは何か。

11 1882年に福沢諭吉が創刊した新聞で，不偏不党の立場をとり，経済記事の充実に特色があった新聞名をあげよ。

11 時事新報

12 1890年に黒岩涙香が東京で創刊した有力紙で，日露開戦前には幸徳秋水や内村鑑三らを擁して，最初は非戦の論陣をはった新聞名をあげよ。

12 万朝報

13 1885年に女性の教養向上をめざして創刊された明治時代の婦人専門誌で，のちの『文学界』の母体となった雑誌名をあげよ。

13 女学雑誌

★14 1887年に京都で刊行された『反省会雑誌』が，のち東京に移り，1899年には仏教から社会評論・学術・思想・文芸の総合雑誌となった。この雑誌名をあげよ。

14 中央公論

★15 江戸時代の世相・人情などを中心とした遊戯的文学を総称して何というか。

15 戯作文学

16 『安愚楽鍋』など，明治の文明開化の世相を滑稽本風に描き，江戸時代の作風を継承した最後の人といわれるのはだれか。

16 仮名垣魯文

17 明治時代初期に盛んに行われた文学の翻案で，自由思想を含み，近代文学誕生のもとをなしたものを何というか。

17 翻訳小説

★18 民権運動の発生と前後して誕生し，政治思想の宣伝を目的とした小説を何とよんでいるか。

18 政治小説

19 『経国美談』で，ギリシアのテーベが専制政治を打倒し，民主政治を確立する経緯を描き，立憲政治思想を鼓舞したのはだれか。

19 矢野龍溪

20 憂国の志士が世界を周遊し，時勢を慨嘆した趣向の『佳人之奇遇』という政治小説を著わしたのはだれか。

20 東海散士

★21 1887年前後におこった，戯作や勧善懲悪を排して，現実の世相・人情をありのままに描くのが近代文学であるとした文学理論を何というか。

21 写実主義

★★22 21の文学理論を最初にとなえた人はだれか。

22 坪内逍遙

★★23 22の人物が写実主義の理論を主張した評論とその理論を実践した小説をそれぞれあげよ。

23 小説神髄・当世書生気質

★★24 従来の文語体の文章にかわって，話し言葉と同様の文章で文学が書かれるようになったが，この文体を

24 言文一致体

何というか。
- ★25 坪内逍遙の弟子で言文一致体の先駆となった小説家とその作品名をあげよ。
- ★26 1885年創設の文学団体で，欧化主義に対し伝統的な江戸趣味と近代的写実主義で文芸作品の大衆化をはかった団体名をあげよ。
- 27 26の団体の機関誌を何というか。
- ★28 26の団体を主宰した人物は，井原西鶴に傾倒し華麗な文章を書いた人として有名であるが，だれか。また，この人物の代表作をあげよ。
- 29 26の団体の創立に参加した人で，「です」調の言文一致体の短編集『夏木立』を発表し，のちに新体詩の分野でも業績を残した人はだれか。
- ★30 理想主義的な作品を数多く描き，東洋的な観念を主題とする作風を示し，尾崎紅葉と並び称されて，紅露時代を築いたのはだれか。
- 31 30の人物の代表作をあげよ。
- ★32 陸軍軍医であり，雑誌『しがらみ草紙』などで文学活動をはじめ，小説・戯曲・評論・翻訳など幅広い活動を行い，のちに文豪とあおがれたのはだれか。
- ★33 32の人物の最初の作品で，ベルリン留学の主人公と踊り子との恋愛と離別を描いた小説は何というか。
- 34 アンデルセンの原作である詩人アントニオの愛の物語を森鷗外が翻訳した作品を何というか。
- ★35 封建的な因習や貧困にうちひしがれた女性の哀愁を抒情豊かに描いた女流作家はだれか。
- 36 35の人物が，遊廓に近い下町の少年・少女の姿を美しい文体で描いた作品を何というか。
- ★★37 日清戦争前後から日露戦争にかけて，近代的自我に目覚めた人たちが，個性の尊重と解放を文学を通して主張するようになった。このような文学の主張を何というか。
- ★38 1893年に創刊の文芸雑誌は，37の主張を推し進める母体となった。この文芸雑誌名と創刊者をあげよ。
- ★★39 37の文学の風潮は，明治30年代に全盛期を迎え，特に詩歌において顕著であった。1897年出版の詩集

25 二葉亭四迷・浮雲

26 硯友社

27 我楽多文庫

28 尾崎紅葉・金色夜叉

29 山田美妙

30 幸田露伴

31 五重塔

32 森鷗外

33 舞姫

34 即興詩人

35 樋口一葉

36 たけくらべ

37 ロマン主義

38 文学界・北村透谷

39 島崎藤村・若菜集

6. 近代文化の発達　239

で，近代詩を開拓したのはだれか。また，その人物の最初の詩集名をあげよ。

40 男性的な漢文調の近代詩で独自の詩風を確立し，1899年に処女詩集『天地有情』を残したのはだれか。

40 土井晩翠

★★41 新詩社同人の女性で，大胆に人間の官能と解放の歌をつくり，日露戦争を批判する詩でも知られるのはだれか。また，その短歌集をあげよ。

41 与謝野晶子・みだれ髪

42 新詩社からは，1900年にロマン主義の詩歌で知られる機関誌が発刊されたが，この機関誌名と中心人物名をあげよ。

42 明星・与謝野鉄幹（寛）

43 42の機関誌に官能的な詩を発表して認められ，短歌・詩・童謡など各方面に名作を残した詩人・歌人はだれか。

43 北原白秋

44 尾崎紅葉の弟子で，独特の美的世界を華麗な文章で描き，高野山の旅僧が飛驒山中で経験した神秘的な短編小説『高野聖』の作者はだれか。

44 泉鏡花

45 『自然と人生』で自然詩人の名をほしいままにしたが，夫婦の愛情が封建的家族制度の犠牲となるロマン主義の小説『不如帰』を発表したのはだれか。

45 徳冨蘆花

★★46 日露戦争のころから，ゾラやモーパッサンの影響を受け，現実に目を向け，人間社会をありのままに観察しようとする文学的立場があらわれてきた。これを何というか。

46 自然主義

★47 46の文学を確立する先駆となった1906年発刊の，被差別部落出身の瀬川丑松の生き方を取り扱った島崎藤村の作品名を何というか。

47 破戒

★★48 1907年に，小説家の内弟子へのとげられない愛欲と身辺描写を克明に著わした作品『蒲団』を発表したのはだれか。

48 田山花袋

49 日清戦争に従軍し，『愛弟通信』を発表して注目された人で，ロマン主義から自然主義へ傾き，晩年には社会批判の方向を示した小説家はだれか。

49 国木田独歩

50 49の人物が文壇で認められた作品で，自然美をつづった散文詩的短編集を何というか。

50 武蔵野

51 49の人物が1901年に発表した作品で，理想と現実を標題とした作品名をあげよ。

51 牛肉と馬鈴薯

#	問題	解答
52	尾崎紅葉の弟子で，心理葛藤描写にすぐれた『黴』など，自己の生活を題材にした作品が多い自然主義文学の代表的作家はだれか。	52 徳田秋声
53	インテリの苦悶を描いた『何処へ』など，懐疑的傾向の作品を多く残し，戯曲や評論の分野でも活躍した自然主義文学の作家はだれか。	53 正宗白鳥
54	醜い現実暴露を否定し，博識と広い視野に立つ理知的・倫理的な文学的立場を何とよんでいるか。	54 反自然主義（余裕派）
★55	54の文学的立場の作家で，多くの作品を残した近代文学史上の文豪はだれか。	55 夏目漱石
★56	『ホトトギス』に連載された55の人物の出世作を何というか。	56 吾輩は猫である
57	55の人物の作品で，松山中学校での経験を素材に無鉄砲な青年教師の姿をユーモラスに描いた作品は何か。	57 坊っちゃん
58	55の人物の作品で，主人公"先生"の心理を通して，人間のエゴイズムを巧みに描いた作品を何というか。	58 こころ
59	55の人物の作品で，自我の追求の最後の到達点を示すと期待された未完の大作をあげよ。	59 明暗
★★60	窮乏生活のなかから社会的関心を深め，3行書きによる生活派短歌を試み，大逆事件を契機として社会主義への傾斜を強めた歌人はだれか。また，その代表的歌集を何というか。	60 石川啄木・一握の砂
61	60の人物の晩年の評論で，時代の行き詰まりと国家権力への直観的批判を示したものを何というか。	61 時代閉塞の現状
★★62	短詩型文学である俳句や短歌の革新運動を展開したのはだれか。	62 正岡子規
63	62の人物が俳句や短歌の革新運動を展開した雑誌名をあげよ。	63 ホトトギス
64	俳句革新運動の精神は，写生と17文字の定型と季題の伝統を守ることにあったが，この精神を守りつづけた俳人で，正岡子規の門人はだれか。	64 高浜虚子
65	短歌では万葉調と写生が歌壇の主流を占めるようになったが，この動きを進めた短歌の雑誌名をあげよ。	65 アララギ
66	根岸短歌会に参加し，写生風の短歌をつくり，「冴え」と「品位」を主張した歌人で，小説『土』でも知ら	66 長塚節

67 正岡子規の弟子で，根岸短歌会の機関誌『馬酔木』の創刊や小説『野菊の墓』を著わした歌人はだれか。　67 伊藤左千夫

明治の芸術／生活様式の近代化

1 明治になって，伝統的演劇の歌舞伎にも新たな趣向が取り入れられ，また改革も試みられた。内容・扮装など史実を重んじた歴史劇を何というか。　1 活歴物（活歴劇）

★2 江戸時代後期には世話物で，また明治に入ると新時代の傾向の歌舞伎(散切物・活歴物)の脚本を書き，活躍したのはだれか。　2 河竹黙阿弥

3 1886(明治19)年に西洋演劇にならった急進的な改革を試みる会が結成されたが，このような動きを何というか。　3 演劇改良運動

4 1889年に落成した歌舞伎座を中心に，歌舞伎の一大全盛期がおとずれた。この全盛期を築いたのは，市川団十郎とだれか，2人あげよ。　4 尾上菊五郎・市川左団次

5 明治時代中期の歌舞伎の全盛時代を，当時活躍していた役者の名前から何というか。　5 団・菊・左時代

6 1888年に自由党員が自由民権思想の大衆普及と浮浪壮士に職を与える目的で始めた素人演劇を何というか。　6 壮士芝居（書生芝居）

7 自由と民権を宣伝し，時局を風刺するオッペケペー節を創始して人気を博し，壮士芝居を演じたのはだれか。　7 川上音二郎

★8 壮士芝居は，日清戦争に際しては戦争劇を，やがて当時の評判小説を演じて歓迎され，商業演劇としての基礎を築いた。この演劇を歌舞伎に対して何とよぶようになったか。　8 新派劇

★9 歌舞伎などに対して，ヨーロッパ近代劇の影響を受けておこった演劇を何というか。　9 新劇

★10 1906年，文芸一般の革新を目的として結成されたが，のち新劇発展の基礎を築いた演劇団体を何というか。　10 文芸協会

★11 10の団体のリーダーは坪内逍遙であったが，もう一人の中心人物はだれか。　11 島村抱月

12 10の団体は，イプセンの『人形の家』などを上演し　12 松井須磨子

たが，ノラの役で有名になった女優はだれか。

★13 1909年にヨーロッパ留学から帰国した歌舞伎俳優が，小山内薫(おさないかおる)とともに西洋近代劇の移植，日本人の創作劇上演のための劇団を結成した。この劇団名を何というか。

13 自由劇場

14 小山内薫とともに13の劇団を結成した歌舞伎俳優はだれか。

14 2代目市川左団次

15 アメリカに留学し，帰国後に文部省教科書編集局長となり，西洋音楽の移植につとめ，『小学唱歌集』を編集したのはだれか。

15 伊沢修二(いざわしゅうじ)

★★16 1887年に国立の音楽教育機関が設立されたが，これを何というか。

16 東京音楽学校

★17 1901年に文部省の留学生としてドイツに学んだが，病を得て帰国後に死去した作曲家で，「箱根八里」「花」などの曲を残した人物はだれか。

17 滝廉太郎(たきれんたろう)

18 17の人物の代表的歌曲で，郷里の城郭を題材としたものは何か。

18 荒城の月(こうじょうのつき)

★★19 1878年に来日し，東京大学で哲学・政治学などを講義し，日本古美術の価値を強調したアメリカ人はだれか。

19 フェノロサ

★★20 19の人物に師事・協力して日本美術の復興に努力し，のち明治美術の父と称されたのはだれか。

20 岡倉天心(覚三)(おかくらてんしん かくぞう)

★★21 欧化主義に反対して国粋保存運動が高まると，政府は日本美術の奨励策をとり，1887年に美術教育のための学校をフェノロサや岡倉天心の尽力で創立した。その学校名をあげよ。

21 東京美術学校

★22 21の学校の日本画教授として迎えられ，内国勧業博覧会に「竜虎図(りゅうこず)」という六曲一双の屛風絵(びょうぶえ)を発表した画家はだれか。

22 橋本雅邦(はしもとがほう)

★23 人間の母性愛を象徴的に描いた「悲母観音(ひぼかんのん)」で著名な日本画家はだれか。

23 狩野芳崖(かのうほうがい)

★★24 1898年に岡倉天心を中心にして，橋本雅邦ら26人の日本画家・彫刻家らが結成した在野の美術団体を何というか。

24 日本美術院

★25 東京美術学校の卒業生で，洋画の技法を取り入れて伝統的日本画の革新につとめ，「落葉(らくよう)」「黒き猫」な

25 菱田春草(ひしだしゅんそう)

	どの作品を描いたのはだれか。	
★26	政府は開化策の一環として，1876年に工部省工学寮内に美術学校を開設し，イタリア人画家を招き洋画を学ばせた。この学校を何というか。	26 工部美術学校
27	1876年に26の学校に招かれたイタリア人画家はだれか。	27 フォンタネージ
28	1875年に大蔵省に招かれて来日し，紙幣・切手・有価証券などの原版を作成し，銅版画技術を指導したイタリア人はだれか。	28 キヨソネ
★29	川上冬崖やイギリス人ワーグマンに師事し，明治期の洋画の開拓者といわれ，代表作「鮭」を残した画家はだれか。	29 高橋由一
30	東京美術学校に西洋絵画・彫刻科がおかれなかったため，1889年に設立された日本最初の洋画団体を何というか。	30 明治美術会
★31	30の団体の設立の中心になり，フォンタネージの画風をひき継ぎ，農民を写実的に描いた「収穫」の作者はだれか。	31 浅井 忠
32	フランスの印象派の強い影響のもと，空気と光，影に青や紫を用いる画法を特徴とする画派を何というか。	32 外光派（紫派）
★★33	32の画派の一人で，フランスに留学してラファエル＝コランに師事し，清新で明るい画風を始め，「読書」「舞妓」で有名な画家はだれか。	33 黒田清輝
★34	33の人物の代表作で，箱根芦ノ湖畔に涼をとる夫人を描いた，1897年の作品を何というか。	34 湖畔
★35	黒田清輝や久米桂一郎を中心として，1896年に設立された洋画団体を何というか。	35 白馬会
★36	東京美術学校在学中に白馬賞を受賞し，インドや日本の神話，上代の生活を色調豊かに描き，明治のロマン的風潮を代表した画家はだれか。	36 青木 繁
★37	36の代表作で，大魚をかつぐ漁師の裸像群を描いた作品名をあげよ。	37 海の幸
38	日本画から転向し，「天平の面影」，雑誌『明星』や与謝野晶子の『みだれ髪』の表紙を描いた画家はだれか。	38 藤島武二
39	東京美術学校在学中，第1回文展において「南風」で	39 和田三造

最高賞を受賞し，渡仏して洋画と工芸図案を研究した画家はだれか。

40 1876年に工部美術学校の教授として招かれ，日本の洋風彫刻の基礎を築いたイタリア人彫刻家はだれか。

40 ラグーザ

41 フランス・ドイツに留学し，ベルリン美術学校教授ヘルラルに師事し，洋風彫刻と天平彫刻とを融合しようとした「ゆあみ」の作者はだれか。

41 新海竹太郎

★★**42** ロダンの「考える人」に感銘を受けて彫刻に転じ，「坑夫」などの本格的な近代彫刻の作品を制作し，彫刻界に転機をもたらしたのはだれか。

42 荻原守衛

★**43** **42**の人物の代表作品を，「坑夫」以外に1つあげよ。

43 女

★**44** 伝統的木彫の技法に写実性を加え，伝統彫刻の近代化に努力したのはだれか。

44 高村光雲

★**45** **44**の人物の代表作で，シカゴ万国博覧会で優勝した作品は何か。

45 老猿

★**46** 1877年に来日したイギリス人で，工部大学校で教師として造家学科を担当し，日本の洋風建築の発達に尽力したのはだれか。

46 コンドル

47 **46**の人物の代表的建築物で，1891年に東京神田駿河台に建てられたものは何か。

47 ニコライ堂

★★**48** 工部大学校の第1回卒業生で，イギリスに留学後，教育者・設計家として活躍し，東京駅などの設計で知られるのはだれか。

48 辰野金吾

★**49** **48**の人物の代表的建築で，1896年に東京日本橋に完成したものは何か。

49 日本銀行本店

★**50** 工部大学校の第1回卒業生で，宮廷建築家として活躍し，ヴェルサイユ宮殿を模した耐震2階建ての本格的西洋建築の設計者として知られるのはだれか。

50 片山東熊

51 **50**の人物が設計した本格的西洋建築物で，現在の迎賓館は何か。

51 赤坂離宮

52 1880年代に上野ではじめて点灯し，大都市で実用化された照明は何か。

52 電灯

第10章 二つの世界大戦とアジア

1 第一次世界大戦と日本

大正政変

★★ 1 大日本帝国憲法の解釈で，統治権は法人である国家にあり，天皇はその最高機関として統治権を行使するという憲法学説を何というか。

1 天皇機関説（国家法人説）

★★ 2 1の学説を『憲法撮要』などでとなえ，国民に新しい政治を期待させた東京帝国大学教授・憲法学者はだれか。

2 美濃部達吉

★★ 3 1911(明治44)年8月に成立した内閣は，財政の立て直しのため緊縮財政の方針をとり，辛亥革命に触発される抗日運動対策として2個師団増設を主張する陸軍の要求を退けた。この内閣名をあげよ。

3 第2次西園寺公望内閣

★★ 4 陸軍は2個師団をどこに配置することを要求していたか。

4 朝鮮

★ 5 第2次西園寺公望内閣が2個師団増設を退けると，陸軍大臣は帷幄上奏を行い辞任したが，この大臣はだれか。

5 上原勇作

★★ 6 西園寺公望首相は辞職した陸軍大臣の後任大臣の推薦を求めたが，陸軍はいわゆる「陸軍のストライキ」を行い推薦を拒絶し，このため第2次西園寺公望内閣は総辞職に追い込まれた。これはどのような制度があったからか。

6 軍部大臣現役武官制

★ 7 陸軍の要求した2個師団の増設を，1915(大正4)年に実現した内閣名をあげよ。

7 第2次大隈重信内閣

★★ 8 陸軍の圧力で退陣した西園寺公望内閣のあと，内大臣・侍従長として宮中にあった人物が首相に推薦されたが，この時に大正天皇の詔勅を受けて組閣した内閣名をあげよ。

8 第3次桂太郎内閣

★★ 9 8の内閣の成立は軍部・元老の横暴と受けとられ，首相の退陣を要求する運動が全国的に広まった。この運動を何とよんでいるか。

9 第一次護憲運動

★★ 10　9の運動のスローガンを2つあげよ。　　　　　　　　　　10 **閥族打破・憲政擁護**

★★ 11　9の運動の先頭に立った政治家を2人あげよ。　　　　　　11 **尾崎行雄・犬養 毅**

★★ 12　9の運動に対して，桂太郎首相は新しく政党を組織　　　　12 **立憲同志会**
　　　して衆議院で多数の獲得をはかったが失敗した。こ
　　　の新しい政党を何というか。

★★ 13　数万の群衆が議事堂を取り囲むなかで，第3次桂太　　　　13 **大正政変**
　　　郎内閣は総辞職し，53日間で崩壊した。この一連の
　　　事件を何とよんでいるか。

★★ 14　13の事件のあと，立憲政友会を与党とし，薩摩閥　　　　14 **第1次山本権兵衛内**
　　　の海軍の長老が組閣したが，この内閣を何というか。　　　　**閣**

　 15　14の内閣のもとで軍部大臣の任用に関する制度が　　　　15 **予備役・後備役**
　　　改正されたが，現役武官以外に任用が認められたも
　　　のを2つあげよ。

　 16　14の内閣は政党員の上級官吏任用へ道を開いたが，　　　16 **文官任用令**
　　　何という法令を改正したか。

★★ 17　14の内閣は1914年，軍艦購入などに関する贈収賄　　　　17 **ジーメンス事件**
　　　事件の責任をとって辞職した。この事件を何という
　　　か。

第一次世界大戦

★★ 1　19世紀後半に国内を統一したドイツは，ビスマルク　　　　1 **三国同盟**
　　　の外交政策によって，オーストリア・イタリアとの
　　　間に，1882年に相互防衛条約を締結した。これを何
　　　というか。

★ 2　英・露・仏は1891年の露仏同盟を軸に，1904年に英　　　　2 **三国協商**
　　　仏協商，1907年に英露協商を結んで3国の関係を強
　　　めた。これを何というか。

★★ 3　汎ゲルマン主義と汎スラブ主義がバルカン半島で激　　　　3 **第一次世界大戦**
　　　しく対決するなか，ボスニアの州都サライェヴォで
　　　オーストリアの帝位継承者夫妻が暗殺される事件が
　　　おこった。これを契機に勃発した戦争を何というか。

★★ 4　3の戦争は西暦何年に勃発したか。　　　　　　　　　　　4 **1914年**

日本の中国進出

★ 1　第一次世界大戦の勃発後，将来の東アジアにおける　　　　1 **第2次大隈重信内閣**
　　　日本の地位の強化をはかるべきであると判断し，参

戦を決定した内閣名をあげよ。

★ **2** 第一次世界大戦勃発時の外務大臣はだれか。

2 加藤高明

★ **3** 第一次世界大戦中に、日本は日英同盟を理由にドイツに宣戦を布告し、ドイツの中国における根拠地を占領したが、何という都市か。

3 青島（チンタオ）

★★ **4** 中国からドイツの勢力を駆逐した日本は、ドイツが中国に所有していた権益の継承と懸案事項の解決のため、1915（大正4）年1月に中華民国政府に5号21カ条からなる要求を行った。これを何というか。

4 二十一カ条の要求

5 4の要求の1つに、中国の鉄鉱石・石炭の採掘と製鉄を主とする会社を、日中合弁にしようとするものがあったが、この会社名をあげよ。

5 漢冶萍公司（かんやひょうコンス）

6 日本は最後通牒を発して、二十一カ条の要求を第5号を除き袁世凱政権に承認させたが、中国はこの要求を受諾した5月9日を抗日運動のための記念日とした。これを何というか。

6 国恥記念日

★ **7** 中華民国の北京政権の実権を握り、内閣を組織して日本から財政的援助を受けた軍閥はだれか。

7 段祺瑞（だんきずい）

★ **8** 日本は、7の北京政権に多額の借款を与えて権益の拡大をはかった。この借款を何というか。

8 西原借款

★★ **9** 8の借款を行った内閣名をあげよ。

9 寺内正毅内閣

★ **10** 日露戦争後の日本の満州独占経営、さらに二十一カ条の要求などによる中国進出に対し、アメリカとの関係が急速に悪化した。このため、1917年に日本は特派大使を送り、アメリカ国務長官と妥協点を探りあったが、この大使名と国務長官名をあげよ。

10 石井菊次郎・ランシング

★ **11** 1917年に、アメリカは中国における日本の特殊権益を、日本は中国における領土保全・門戸開放・機会均等の三原則を承認する日米の共同宣言が調印された。これを何というか。

11 石井・ランシング協定

★★ **12** 11の協定は、こののちある条約の調印にともない廃棄されたが、その条約を何というか。また、西暦何年に廃棄されたか。

12 九カ国条約・1922年

★ **13** 1917年にロシアでニコライ2世のロマノフ王朝が倒され、さらに同年、レーニンが率いるボリシェヴィキが政権を獲得した一連の革命を何というか。

13 ロシア革命

★14	13の革命によって成立した政権を何というか。	14 **ソヴィエト政権**
★15	日・米・英・仏軍が13の革命に干渉するため軍隊を派遣したが,この派兵を何とよんでいるか。	15 **シベリア出兵**
★16	15の派兵はどこの国の軍隊の救出を名目として行われたか。	16 **チェコスロヴァキア軍**
★17	15の派兵は西暦何年に行われたか。	17 **1918年**
★★18	15の派兵を行った時の日本の内閣名をあげよ。	18 **寺内正毅内閣**
19	日本軍による15の派兵に際し,1920年にニコライエフスクの日本守備兵がパルチザンとの協定を無視したため,多数の日本人将兵と居留民が殺害された。この事件を何というか。	19 **尼港事件**
★20	15の派兵について,日本軍の出兵はいつまでつづいたか。	20 **1922年**

大戦景気

★★1	第一次世界大戦によって,日本は経済不況と財政危機とを一挙にふきとばし,未曽有の好景気を迎えた。これを何とよんでいるか。	1 **大戦景気**
★2	第一次世界大戦による世界的な船舶不足で,日本の海運・造船業は活気づき,巨利を得るものがあらわれた。これを何とよんだか。	2 **船成金**
3	第一次世界大戦による好景気で鉄鋼業でも生産高が飛躍的に伸びたが,それは特に二十一カ条の要求で得た採掘権をもとに満鉄が設立した大製鉄所に負うところが大きかった。この製鉄所名をあげよ。	3 **鞍山製鉄所**
★★4	第一次世界大戦によるドイツからの輸入途絶のため,国内自給の体制が整えられ,新興産業として発展し始めたのは,どのような工業部門か。	4 **化学工業**
★5	第一次世界大戦による好景気を契機に工業原動力の転換も進んだ。何から何へ転換していったか。	5 **蒸気力から電力へ**
★6	資本輸出の例で,第一次世界大戦後,日本の紡績会社が中国各地に建設した紡績工場を何とよんでいるか。	6 **在華紡**

政党内閣の成立

★★1	産業の発展や市民社会の成立,第一次世界大戦当時	1 **大正デモクラシー**

1. 第一次世界大戦と日本

	の世界的自由主義の風潮を背景に，高揚した大正期の自由主義・民主主義的風潮を何とよんでいるか。	
★★ 2	1916（大正5）年に，「憲政の本義を説いて其有終の美を済すの途を論ず」と題する論文が雑誌『中央公論』に発表されたが，これを発表したのはだれか。	2 吉野作造
★★ 3	2の人物は，主権がどこにあるかということを別にして，政治の目的は民衆の福利にあり，政策決定は民衆の意向によるべきだとした。この主張を何というか。	3 民本主義
★ 4	2の人物の論文「憲政の本義を説いて其有終の美を済すの途を論ず」の具体的なねらいは何であったか。	4 政党政治・普通選挙の実現
★★ 5	1916年に，第2次大隈重信内閣のあとを受けて，非立憲的藩閥内閣を組織した内閣名をあげよ。	5 寺内正毅内閣
★★ 6	大戦景気による物価上昇や，シベリア出兵などから米価が急騰し，そのため米価引下げ・米の安売りを要求して，1道3府35県で暴動がおこった。これを何というか。	6 米騒動
7	6の暴動のきっかけとなったのは主婦たちの行動であったが，これを何とよぶか。	7 越中女一揆（女房一揆）
★★ 8	6の暴動が始まったのは何県か。	8 富山県
★ 9	6の暴動がおこったのは西暦何年か。	9 1918年
★★ 10	1918年に，立憲政友会の総裁で，華族でも藩閥出身でもない人物が総理大臣になったが，だれか。	10 原敬
★★ 11	10の人物は華族でも藩閥出身でもないため，何とよばれたか。	11 平民宰相
★★ 12	10の人物は陸軍大臣・海軍大臣・外務大臣以外はすべて立憲政友会の党員で組閣したが，このように議会内多数党により組織された内閣を何というか。	12 政党内閣
★★ 13	野党（憲政会）は普通選挙法案を提出したが，原敬内閣では納税資格の引下げを行うにとどまった。いくらからいくらに引き下げたか。	13 10円以上から3円以上に
★ 14	1921年に原敬が東京駅で刺殺されたあと，立憲政友会の総裁として内閣をひき継いだが，閣内不統一のため翌年辞職したのはだれか。	14 高橋是清
★ 15	海軍大将でワシントン会議の全権をつとめ，立憲政友会の支持を受けて組閣し，陸軍軍縮・シベリア撤	15 加藤友三郎

兵を実現したのはだれか。

2 ワシントン体制

パリ講和会議とその影響

★★ 1 ドイツの無条件降伏により，第一次世界大戦は終結したが，1919(大正8)年に開かれたこの講和会議を何というか。

1 パリ講和会議

★ 2 1の講和会議にあたって，14カ条からなる平和の原則を提示したアメリカ大統領はだれか。

2 ウィルソン

★★ 3 第一次世界大戦のドイツと連合国との講和条約を何というか。

3 ヴェルサイユ条約

★ 4 第一次世界大戦の講和条約がもとになってつくられたヨーロッパの国際秩序を何というか。

4 ヴェルサイユ体制

★ 5 パリ講和会議に参加した日本の首席全権はだれか。

5 西園寺公望

★★ 6 アメリカ大統領ウィルソンが提案し，1920年に発足した最初の国際平和維持機関を何というか。

6 国際連盟

★★ 7 6の国際機関は総会・理事会・事務局から構成されていたが，理事会を構成する常任の4カ国をあげよ。

7 英・仏・伊・日

★ 8 6の国際機関の理事会を構成する常任の4カ国は何とよばれたか。

8 常任理事国

9 6の国際機関設立の提案を行ったアメリカは，ある宣言に抵触するとして上院が批准を拒否し，当初加盟しなかった。その宣言を何というか。

9 モンロー宣言

★10 第一次世界大戦後，6の国際機関から日本に支配をまかされた地域はどこか。

10 赤道以北旧ドイツ領南洋諸島

★11 6の国際機関から支配をまかされた地域およびその権限は，それぞれ何とよばれるか。

11 委任統治領・委任統治権

★★12 パリ講和会議では，二十一カ条の要求を無効とする中国の要求が無視されたため，北京の学生集会を契機に，反日・反帝国主義運動が中国全土に展開された。これを何というか。

12 五・四運動

★★13 ウィルソン14カ条の民族自決主義をきっかけに，朝鮮全土で発生した独立運動を何というか。

13 三・一独立運動(万歳事件)

★14 13の独立運動がおきた時の日本の首相はだれか。

14 原敬

ワシントン会議と協調外交

★★1	第一次世界大戦後、国際協調によって戦争を回避しようと、軍備縮小などを目的として、アメリカ大統領ハーディングの提唱で開かれた国際会議を何というか。	1 ワシントン会議
★2	1の会議は西暦何年に開催されたか。	2 1921〜22年
★3	1の会議の日本全権は徳川家達、幣原喜重郎とあと一人はだれか。	3 加藤友三郎
★★4	1の会議では、太平洋諸島に対する相互の権利尊重、問題の平和的解決が約束されたが、この条約を何というか。	4 四カ国条約
★★5	4の条約により、廃棄されることになった条約は何か。	5 日英同盟
★★6	ワシントン会議では、中国の主権尊重・門戸開放・機会均等について条約の締結がなされたが、この条約を何というか。	6 九カ国条約
★7	6の条約により、廃棄されることになった協定は何か。	7 石井・ランシング協定
★★8	ワシントン会議の結果、形成された国際秩序を何というか。	8 ワシントン体制
★★9	ワシントン会議におけるアメリカの主要目的は、日米両国の建艦競争を抑止することにあったが、いわゆる5大国(米・英・日・仏・伊)で締結された軍備縮小の条約を何というか。	9 ワシントン海軍軍縮条約
10	9の条約の軍備縮小は、何を対象にして行われたか。	10 主力艦(戦艦、巡洋艦など)
11	9の条約で主力艦の保有率は、5大国間でどのように定められたか。	11 英米5・日3・仏伊1.67
12	9の条約の有効期間は何年間とされたか。	12 10年間
★★13	中国への進出をめぐり、欧米との武力対立を避け、経済的進出をはたそうとする外交政策を何というか。	13 協調外交
★★14	大正から昭和にかけて協調外交政策を推進した外務大臣はだれか。	14 幣原喜重郎
15	1925年には、上海の在華紡でのストライキをきっかけに大規模な反帝国主義闘争が中国全土に広がった	15 五・三〇事件

16 1925年に加藤高明内閣の陸軍大臣によって，4個師団の削減とともに兵備の近代化が進められたが，この陸軍の軍縮を行った陸軍大臣はだれか。

16 宇垣一成

17 陸軍の軍縮で職を失った将校の救済と，学生の軍事思想向上のために，中等学校以上に配属将校がおかれて，正課として実施されたのは何か。

17 軍事教練

社会運動の勃興と普選運動

★★ 1 1912(大正元)年に，労働者階級の地位の向上と労働組合の結成とを目的とする労働団体が設立された。これを何というか。

1 友愛会

★ 2 1の労働団体を設立した初代会長はだれか。

2 鈴木文治

3 1の労働団体は労働組合の全国組織へと発展したが，1919年には何と改称されたか。

3 大日本労働総同盟友愛会

★ 4 3により日本最初の労働者の祭典メーデーが行われたのは西暦何年か。

4 1920年

★ 5 3は労資協調主義から，明確な階級闘争主義に転じ，1921年には何と改称されたか。

5 日本労働総同盟

6 1925年に日本労働総同盟を除名された左派が，日本共産党の影響の下に設立した団体は何か。

6 日本労働組合評議会

★★ 7 戦後恐慌は小作農の生活を窮迫させ，各地で小作料引下げを要求する運動が1921年以降激化した。これを何とよんでいるか。

7 小作争議

★★ 8 1922年に小作人組合の全国機関が誕生したが，これを何というか。

8 日本農民組合

★ 9 8の機関はだれによって設立されたか。2人あげよ。

9 賀川豊彦・杉山元治郎

10 激化した小作争議のために，当事者の申立てで裁判所が調停を行う法律が1924年に成立したが，これを何というか。

10 小作調停法

11 1918年に，吉野作造，麻生久など民本主義をとなえる自由主義者・進歩的学者らによって，デモクラシー思想の発展・普及のために結成された団体は何か。

11 黎明会

12 1918年，吉野作造の指導下で東京帝国大学の学生が思想運動団体を結成したが，これを何というか。

12 東大新人会

13	大正デモクラシーの風潮のもとで,社会主義運動も復活した。1920年に,資本主義に反対するさまざまな思想を持つ人たちによって結成された社会主義団体を何というか。	**13** 日本社会主義同盟
14	1920年に『経済学研究』に掲載した東京帝国大学助教授のロシアの無政府主義者に関する研究論文が危険思想と見なされ,東大を休職処分にされる事件がおきた。この学者はだれか。	**14** 森戸辰男(もりとたつお)
15	14の人物が東京帝国大学を休職処分とされた論文は,ロシアの何という思想家についての研究論文か。	**15** クロポトキン
16	社会主義者のなかで,国家権力をはじめいっさいの権威を否定し,自由人の自由な結合による理想社会をめざす思想がとなえられたが,このような考え方を何というか。	**16** 無政府主義(アナーキズム)
★**17**	16の考え方の中心人物で,労働組合運動と結びつけたアナルコ=サンディカリズムをとなえた人物はだれか。	**17** 大杉 栄(おおすぎさかえ)
18	1919年にモスクワで結成された,世界の革命政党や組織の指導機関を何というか。	**18** コミンテルン(第3インターナショナル)
★★**19**	1922年に,18の日本支部として,ボルシェビズムの考え方に立ち,労働組合や革命勢力を統合し指導するために非合法裏に設立された政党を何というか。	**19** 日本共産党
★★**20**	19の政党の委員長になったのはだれか。	**20** 堺 利彦(さかいとしひこ)
21	19の政党の創設に参画したが,1923年には解党を主張し,のち離党して労農派(ろうのうは)の中心的理論家として活躍したのはだれか。	**21** 山川 均(やまかわひとし)
★★**22**	女性解放運動は,1911(明治44)年に,「女性文学の発達をはかり,各天賦の特性を発揮せしめ,他日女性の天才を生まん事を目的とす」という文学団体に始まったが,この団体を何というか。	**22** 青鞜社(せいとうしゃ)
★★**23**	22の団体の中心人物はだれか。	**23** 平塚らいてう(雷鳥,明)(ひらつか はる)
★★**24**	創刊号において23の人物が「元始(げんし),女性は実に太陽であった」と宣言した雑誌を何というか。	**24** 青鞜
★★**25**	1920年に,女性の政党加入・政治演説会参加を禁じ	**25** 新婦人協会

	た法律第5条の修正運動を展開する新しい団体が結成されたが,この団体を何というか。	
★★26	25を平塚らいてうらと結成し,のちに婦人参政権獲得期成同盟会を結成したのはだれか。	26 市川房枝
★★27	第5条で女性の政治活動を禁止していた法律とは何か,法律名をあげよ。	27 治安警察法
28	27の法律が改正されて女性の政治演説会参加が認められたのは西暦何年か。	28 1922年
29	1921年に,山川菊栄・伊藤野枝らにより結成された女性の社会主義団体を何というか。	29 赤瀾会
30	1924年に,普選運動の活発化にともなって,市川房枝らを中心に,女性の参政権を要求する団体が結成されたが,これを何というか。	30 婦人参政権獲得期成同盟会
31	大正時代に被差別民自身により主体的に差別撤廃をはかろうとする運動が始められたが,この運動を何というか。	31 部落解放運動
★★32	1922年に,31の運動を展開するために結成された団体を何というか。	32 全国水平社
★★33	1923年9月1日に発生した大災害は何か。	33 関東大震災
★34	33の大災害の最中に組閣し,震災内閣の異名をとった内閣名をあげよ。	34 第2次山本権兵衛内閣
35	関東大震災に際し,行政・司法権を軍の支配下におく天皇の勅令が出されたが,これを何というか。	35 戒厳令
36	関東大震災の混乱のなかで数千人も殺害されたのはどのような人々か。	36 朝鮮人
37	関東大震災の混乱のなかで組織された住民の自衛組織を何というか。	37 自警団
38	関東大震災の混乱下に労働運動指導者10人が警察署で軍隊と警察に殺される事件がおきたが,この事件を何というか。	38 亀戸事件
39	関東大震災の混乱下で無政府主義者の大杉栄・伊藤野枝夫妻が憲兵大尉に殺害された事件を何というか。	39 甘粕事件
40	1923年12月に,帝国議会の開院式に臨む摂政宮が無政府主義者の一青年に狙撃される事件がおきたが,この事件を何というか。	40 虎の門事件
41	40の事件で狙撃された摂政宮とはだれか。	41 裕仁親王

42	40の事件で摂政宮を狙撃した無政府主義者はだれか。	42	難波大助

護憲三派内閣の成立

★★ 1	虎の門事件で退陣した第2次山本権兵衛内閣のあと、貴族院を中心に超然内閣を組織した枢密院議長はだれか。	1	清浦奎吾
★ 2	1の内閣はたびたび議会を無視したことから、1924（大正13）年に超然内閣打倒のスローガンを掲げた倒閣運動が展開された。この運動を何というか。	2	第二次護憲運動
★★ 3	2の運動を展開したのは、立憲政友会、革新倶楽部ともう1つは何か。	3	憲政会
★ 4	2の運動に対して政府は議会を解散し、総選挙に臨んだが敗れ、野党3派が政党内閣を組織した。この内閣を何とよんだか。	4	護憲三派内閣
★★ 5	4の内閣の首相はだれか。	5	加藤高明
★★ 6	4の内閣のうち、立憲政友会と革新倶楽部の党首をそれぞれあげよ。	6	高橋是清・犬養毅
★★ 7	4の内閣成立から1932（昭和7）年に犬養内閣が倒れるまで、衆議院で多数を占めた政党が組閣する慣例がつづいた。これを何とよんだか。	7	憲政の常道
★★ 8	4の内閣によって、1925年に改正された衆議院議員選挙法は、通称で何とよばれるか。	8	普通選挙法
★★ 9	1925年に、日ソ国交樹立後の社会運動の活発化を見越して制定された社会運動取締法を何というか。	9	治安維持法
10	9の最高刑は懲役・禁錮10年であったが、のちに死刑が追加された。西暦何年のことか。	10	1928年
★ 11	日ソ国交が樹立した、1925年に北京で調印された条約を何というか。	11	日ソ基本条約
★★ 12	11の条約を締結した時の外相はだれか。	12	幣原喜重郎

3 市民生活の変容と大衆文化

都市化の進展と市民生活

1	大正から昭和初期に都市を中心に増加した、事務系の職場で働くホワイトカラーの人々を何というか。	1	俸給生活者（サラリーマン）

2	大正から昭和初期，タイピストや電話交換手などの職種に進出した働く女性を何とよんだか。	2 職業婦人
★3	大正から昭和初期に，郊外に住む中流階級の間で流行した和洋折衷の住宅を何というか。	3 文化住宅
4	洋服を着たり断髪したりなど，当時流行のファッションに身をつつんだ女性を称してよんだ，昭和初期の流行語は何か。	4 モダンガール
5	私鉄が経営し，私鉄沿線に建てられた百貨店のことを何というか。	5 ターミナルデパート
6	阪急電鉄社長小林一三が組織した女性だけの劇団を何というか。	6 宝塚少女歌劇団(宝塚歌劇団)

大衆文化の誕生

★★1	大正から昭和初期の文化の特徴として，活字文化の広まりや放送の開始などによる一般国民の文化参加・創造をあげることができる。こうした文化は何とよばれるか。	1 大衆文化
2	小説や随筆などの軽い読み物から，論文や社会評論まで，さまざまな情報を加えて総合的に編集された雑誌を何というか。	2 総合雑誌
3	一週間に１回発行される，1922(大正11)年刊行の『週刊朝日』や『サンデー毎日』などの雑誌を何というか。	3 週刊誌
★4	吉野作造の民本主義を説く論文などを掲載して，大正デモクラシーの論壇の中心になった総合雑誌は何か。	4 中央公論
★5	社会改造を民衆に求めるという編集方針で，社会主義者などの論文発表の場となった山本実彦が発行した総合雑誌は何か。	5 改造
★★6	大日本雄弁会講談社が"日本一面白くて為になる"雑誌界の王をめざして創刊した大衆娯楽雑誌は何か。	6 キング
★7	夏目漱石の門下生で，その作風は情緒的・唯美的であったが，のちに童話作家として活躍し，児童詩の普及に貢献した人物はだれか。	7 鈴木三重吉
★8	7の人物が1918年に創刊した児童雑誌名をあげよ。	8 赤い鳥
★9	関東大震災後の不況下で，改造社が『現代日本文学	9 円本

『全集』を1冊1円で刊行して成功し、この方式が昭和初期の出版界に流行した。このような出版物を何というか。

10 内外の古典などを手軽なかたちで世に紹介した本の形式は何とよばれたか。 … 10 文庫本

11 **10**の形式の本のなかで、ドイツのレクラム文庫を範として、1927(昭和2)年に最初に創刊されたものを、その出版社名から何というか。 … 11 岩波文庫

★★12 高等学校令や大学令を出して高い教育を求める民衆の要求にこたえた内閣は何か。 … 12 原敬内閣

★13 帝国大学以外に、公立・私立大学や単科大学の設立も認めた1918年の法令を何というか。 … 13 大学令

14 東京芝の愛宕山の東京放送局でラジオの本放送が開始されたのは何年か。 … 14 1925年

★15 大衆娯楽として成立した映画は、大正期においてはセリフや音がない無声映画であったが、1930年代になると画面と音が一体化するようになった。こうした有声映画は何とよばれたか。 … 15 トーキー

学問と芸術

★★1 階級闘争によるプロレタリア革命を必然とする、近代労働者解放の科学的理論・労働運動の指導理論は何か。 … 1 マルクス主義(マルキシズム)

2 貧困層の現状・原因・救済策を『朝日新聞』に連載し、大きな反響をよんだ京都帝国大学教授・経済学者はだれか。 … 2 河上肇

3 **2**の人物が京都帝国大学教授時代に『朝日新聞』に連載した代表的著作を何というか。 … 3 貧乏物語

4 **2**の人物が、その後、雑誌『社会問題研究』で紹介した労働価値説に立って資本主義を分析した社会主義経済学は何か。 … 4 マルクス主義経済学

5 マルクスの説いた歴史発展の諸段階のなかに、明治維新以降の日本の近代社会を位置づける立場から編集・刊行された書物は何か。 … 5 日本資本主義発達史講座

6 マルクス主義の理論家で、**5**の書物を企画・編集したが、日本共産党員として活動中に逮捕され、獄死 … 6 野呂栄太郎

したのはだれか。

★ 7　ドイツ観念論哲学に禅などの東洋思想を加味して，独自の観念論的体系をうち立て，『善の研究』を著わしたのはだれか。

7　西田幾多郎

8　ニーチェなどの西洋哲学や日本思想を研究し，『古寺巡礼』や『風土』などを著わした倫理学者はだれか。

8　和辻哲郎

★ 9　歴史学者で『古事記』『日本書紀』の文献学的批判を行い，『神代史の研究』『古事記及日本書紀の研究』などを著わして古代史の解明に貢献し，1940（昭和15）年には国粋主義者から不敬と非難され，著書発禁処分を受けたのはだれか。

9　津田左右吉

★10　民間伝承・風習・祭礼などを通して生活変遷のあとを訪ね，民衆文化を明らかにしようとする学問を何というか。

10　民俗学

★★11　雑誌『郷土研究』を発行し，無名の民衆（「常民」）の生活史の解明につとめ，10の学問を開拓したのはだれか。

11　柳田国男

12　児童中心主義に立ち，その個性・自発性を尊重し，学習即生活を目的に，画一的教育に反対した教育運動を何というか。

12　自由教育運動

13　児童の生活体験に即した綴り方を通して，思想・感情を形成する教育法の実践運動が行われたが，この運動を何というか。

13　綴方教育運動

14　欧米，特にドイツに学び，東北帝国大学教授となり，鉄鋼・合金の研究を行い，物理冶金学を開拓して世界的業績をなしたのはだれか。

14　本多光太郎

15　14の人物の業績をあげよ。

15　KS磁石鋼の発明

★16　伝染病研究所で北里柴三郎に師事し，ロックフェラー医学研究所員となり，現在のガーナで，研究中の病原菌に感染して死亡したのはだれか。

16　野口英世

17　16の人物の業績をあげよ。

17　黄熱病の研究

18　産業界・学界の要請で，高度・精密な研究施設を備えた研究機関が，1917（大正6）年以降多く設立されたが，のちに，コンツェルンを形成し新興財閥の母体となった研究機関は何か。

18　理化学研究所

★★19　明治末期の文壇を風靡した自然主義文学にかわって，

19　白樺派

人道主義・新理想主義・個人主義を尊重して大正文学の主流となった文学流派を何というか。

★20 **19**の文学流派理論的指導者で，理想主義的人道主義実践の場として，1918年宮崎県に「新しき村」を建設し，『お目出たき人』や，戦争で盲目となった画家と妹とが人間的葛藤に苦しむ姿を戯曲化した『その妹』などを残したのはだれか。

20 武者小路実篤

★★21 **19**の文学流派中随一のリアリストで，唯一の長編『暗夜行路』でも冷徹な目で簡潔な描写を行い，強い個性的な倫理観を示した作家はだれか。

21 志賀直哉

★22 **19**の文学流派作家で，『或る女』や『カインの末裔』などを残し，社会主義的人道主義と自分が上層階級の出身であることとの矛盾に苦悩し，軽井沢で自殺したのはだれか。

22 有島武郎

★23 現実を直視し醜い面ばかりを描く自然主義の反動として，芸術至上主義を主張し，風俗・官能・詩情の世界にひたった文学流派を何というか。

23 耽美派（唯美派）

★24 **23**の文学流派の作家で，刺青を彫った一女性の病的な官能美を描いた作品『刺青』を出世作とし，その後も『痴人の愛』など特異な官能描写による作品を発表したのはだれか。

24 谷崎潤一郎

★25 はじめゾラに傾倒し自然主義的作風を示したが，欧米から帰国後は，『あめりか物語』で耽美派を代表する作家となり，花柳界の人情の機微を描いた『腕くらべ』などを残したのはだれか。

25 永井荷風

26 大正中期以降，文壇の主流となったのは新現実派であった。この派のうち，現実の矛盾を理知的にえぐり出し表現した文学流派を何というか。また，その同人雑誌を何というか。

26 新思潮（新理知）派・新思潮

★27 **26**の文学流派の作家で，『今昔物語集』などに素材を求めた『羅生門』『鼻』など，数々の傑作を生み出したのはだれか。

27 芥川龍之介

★28 **26**の文学流派の作家で，はじめ常識的で明快なテーマ小説を発表し，のち通俗小説家となり，1919年，九州耶馬溪の洞門にまつわる『恩讐の彼方に』を発表し，1923年に雑誌『文藝春秋』を創刊したのはだれか。

28 菊池寛

★29	大正末期から昭和初期にかけて、プロレタリア文学とならんで、『文芸時代』によって文学技法や表現の革命をめざし、既成文壇に対抗した文学流派を何というか。	29 新感覚派
30	出世作『日輪』や『機械』『旅愁』で知られる、29の文学流派の中心人物はだれか。	30 横光利一
★31	29の文学流派の作家で、『雪国』などを著わし、1968年のノーベル文学賞を受賞したのはだれか。	31 川端康成
32	31の人物が1926(昭和元)年に『文芸時代』に発表した、伊豆を舞台とした旅情と青春の哀歓を描写した作品を何というか。	32 伊豆の踊子
33	大正末期から新聞や大衆雑誌などを発表の場として、広範な小市民階級の要求にこたえる読み物が発表されるようになった。こうした文学を何とよんでいるか。	33 大衆文学
★34	剣客机竜之助が幕末を舞台に活躍する波瀾の時代小説『大菩薩峠』を著わしたのはだれか。	34 中里介山
35	大作『宮本武蔵』など、多くの時代小説を創作した大衆文学の第一人者はだれか。	35 吉川英治
36	娯楽雑誌に『鞍馬天狗』を発表して成功し、『赤穂浪士』などで大衆文学の地位を確立したのはだれか。	36 大佛次郎
37	1923年に『二銭銅貨』を発表して以来、日本における探偵小説・推理小説の基礎を築いたのはだれか。	37 江戸川乱歩
38	大衆小説家・文芸評論家として活躍し、その死後、大衆小説家の登竜門として賞にその名を残すことになったのはだれか。	38 直木三十五
★★39	第一次世界大戦後のデモクラシーの風潮と労働者の増加により階級対立が激しくなり、その結果、大正末期から昭和にかけて無産階級文学運動がおこったが、この文学運動を何とよんでいるか。	39 プロレタリア文学運動
40	1921年に発刊された、39の運動の出発点となった雑誌名をあげよ。	40 種蒔く人
41	プロレタリア文学運動は分裂し、急進的な傾向を示す人たちによって1928年に新たに機関誌が発刊され、『種蒔く人』をひき継いだ『文芸戦線』と対立した。その機関誌は何か。	41 戦旗

42	41 は何という団体の機関誌か。	全日本無産者芸術連盟(ナップ)
43	早稲田大学を中退後に下級船員となり労働運動に参加し、のちに作家として雑誌『文芸戦線』を中心に活躍し、『海に生くる人々』を著わした作家はだれか。	葉山嘉樹
★44	雑誌『戦旗』を中心に作品を発表し、『一九二八年三月十五日』で認められ、1933年に官憲の拷問で虐殺されたプロレタリア作家はだれか。	小林多喜二
★45	44 の代表作で、オホーツク海へ出漁する労働者の様子を描いたプロレタリア文学の代表作は何か。	蟹工船
★46	プロレタリア作家徳永直の代表作品で、共同印刷争議を題材としたものを何というか。	太陽のない街
★47	東京美術学校を卒業後、欧米に学びロダンに傾倒したが、帰国後に、享楽主義詩人として詩作を開始し、やがて理想主義の傾向を強め、独自の力強い男性的詩風を完成した詩人・彫刻家はだれか。	高村光太郎
48	自由詩と象徴詩の結合により口語詩を完成し、『月に吠える』を残した詩人はだれか。	萩原朔太郎
49	雑誌『アララギ』を継承し、大正・昭和の歌壇の中心となった、最初の歌集『赤光』でも知られる歌人はだれか。	斎藤茂吉
50	1913年に、文芸協会の後身として評論家島村抱月、女優松井須磨子を中心に組織された新劇団体を何というか。	芸術座
★★51	1909(明治42)年に、2代目市川左団次と自由劇場を創立したが、渡欧してモスクワ芸術座に傾倒し、帰国後に新設の劇場で多数の翻訳劇を演出したのはだれか。	小山内薫
★★52	前売券制度や椅子席の観劇を採用し、近代的方法を実現した「演劇の実験室」として 51 の人物らによって建設された劇場を何というか。	築地小劇場
53	52 の劇場の建設に際し私財を投じ、新劇運動とくにリアリズム演劇の確立につとめ、のちに新築地劇団を創立し、プロレタリア演劇に進出したのはだれか。	土方与志
★54	日本最初の交響楽団を結成し、日本交響楽協会を組	山田耕筰

織するなど交響楽運動の推進につとめた，童謡「赤とんぼ」などの作曲でも知られる人はだれか。

55 日本最初のオペラ『オルフェウス』に出演し，『蝶々夫人』を2000回主演した日本の国際的オペラ歌手はだれか。

55 三浦(芝田)環

56 1907年に，勅令によって文部省が主催する美術展覧会が創始され，新人登場の場ともなり，美術界に大きな影響を与えた。この展覧会を何というか。

56 文展

57 1919年に，勅令で設立された帝国美術院によって催された展覧会を何というか。

57 帝展

58 1898年に岡倉天心らが創立したあと，明治末に不振となっていたが，1914年に再興された日本美術院主催の展覧会は何とよばれるか。

58 院展

59 官立の文部省主催の展覧会に不満を持つ旧日本美術院派の人々は，1914年に **58** の展覧会を再興したが，その中心人物で，岡倉天心の弟子の日本画家はだれか。

59 横山大観

60 沢の水が大河となり海にそそぐ変化をロマン的タッチで描いた **59** の人物の水墨画の大作を何というか。

60 生々流転

61 狩野芳崖・橋本雅邦に師事し，院展でも活躍し，「大原御幸」「天心先生」の作品で知られる日本画家はだれか。

61 下村観山

★62 文展洋画部に，第1部(日本画)と同様に一科(旧派)・二科(新派)の設置を要求して拒絶された人々が，1914年に設立した在野の洋画団体を何というか。

62 二科会

63 **62** の団体設立の中心人物で，浅井忠に学び，渡仏してルノアールに学び，「紫禁城」などを描き東洋風の豪華な画風で知られるのはだれか。

63 梅原龍三郎

★64 浅井忠に学び，渡仏後，ミレーやピサロ，特にセザンヌの感化を受け，滞欧中に描いた作品を二科展に出品して認められたのはだれか。

64 安井曽太郎

65 **64** の人物が独自の画風を示した女性の肖像画の傑作をあげよ。

65 金蓉

66 1914年に再興された院展の洋画部と日本画部との対立から，1922年に独立・設立された洋画団体を何というか。

66 春陽会

67	はじめ外光派を学んだが，後期印象派の影響を受け，さらに写実主義に進み草土社を設立した後，**66**の団体の客員として参加活躍し，「麗子像」などを描いたのはだれか。	67 岸田劉生
68	ロマン的美人画で大衆の心をとらえ，「黒船屋」「灯籠流し」などを描いた大正期の抒情画家はだれか。	68 竹久夢二
69	東京美術学校を卒業後，文展にたびたび入賞し，母校の教授として写実風の巧みな作風で後進の指導にあたり，「墓守」などを残した彫刻家はだれか。	69 朝倉文夫

4 恐慌の時代

戦後恐慌から金融恐慌へ

★★1	1920(大正9)年，株式の大暴落を契機に，繊維・米をはじめとする商品価格が大暴落をつづけた。この恐慌を何というか。	1 戦後恐慌
★2	1923年におこった関東大震災の際，政府は震災地から振り出されていた手形を補償する処置をとって混乱を収拾したが，この手形を何というか。	2 震災手形
★★3	**2**の手形の補償が不況のためなかなか進まず，この手形をかかえた銀行の経営が悪化していくなかで，1926(昭和元)年に成立し，この手形の処理にのり出した内閣を何というか。	3 第1次若槻礼次郎内閣
4	議会で**2**の手形の処理案が審議されている時，大蔵大臣の失言から，取付け騒ぎがおこり，中小銀行が休業することになったが，その大蔵大臣はだれか。	4 片岡直温
★5	1877(明治10)年に設立され，第一次世界大戦中に飛躍的に成長し，戦後恐慌で打撃を受け倒産した神戸の総合商社を何というか。	5 鈴木商店
★★6	植民地におかれた紙幣発行権を持つ銀行で，**5**の総合商社への不健全融資が原因で休業することになった銀行を何というか。	6 台湾銀行
★★7	片岡直温の失言から取付け騒ぎがおき，その後各地の銀行・会社・商店の倒産が相ついだが，この事態を何とよんでいるか。	7 金融恐慌
★★8	第1次若槻礼次郎内閣の外交政策に不満を持つ野党	8 枢密院

と結んだ機関が，内閣の求めた台湾銀行救済の緊急勅令案を否決したことが総辞職のきっかけとなったが，その機関を何というか。

★★ **9** 第1次若槻礼次郎内閣は金融界の混乱を収拾できずに退陣したが，そのあと組閣した陸軍大将で長州閥の後継者であった立憲政友会総裁はだれか。　**9** 田中義一

★ **10** 9の内閣が金融恐慌の収拾のために緊急勅令によって出した命令は何か。　**10** モラトリアム（支払猶予令）

★ **11** 9の内閣の大蔵大臣として，金融恐慌の沈静化に成功したのはだれか。　**11** 高橋是清

★ **12** 金融恐慌後，預金は大銀行に集中し，政府も銀行法を改正して弱小銀行を整理・統合する方針を打ち出したため，特定の銀行が金融界を支配するようになった。いわゆる五大銀行をあげよ。　**12** 三井・三菱・住友・安田・第一

★ **13** 五大銀行を中心とした金融独占資本により，産業界では部門別の企業連合も結成されたが，これを何というか。　**13** カルテル（企業連合）

14 同一産業部門の企業合同のことを何というか。　**14** トラスト（企業合同）

15 種々の産業が同一系統の資本に支配される独占の形態を，何というか。　**15** コンツェルン

社会主義運動の高まりと積極外交への転換

★ **1** 第1回普通選挙に向けて社会主義者・労働運動家・知識人などにより政党の結成が進んだが，これらの政党を総称して何というか。　**1** 無産政党

2 1のうち，最初に結成された政党は，1925（大正14）年に農民組合が中心となり，日本労働組合評議会系・日本労働総同盟系を除いたものであったが，即日禁止された。この政党を何というか。　**2** 農民労働党

★ **3** 1のうち，1926（昭和元）年に杉山元治郎らを中心に右派・中間派によって結成された政党を何というか。　**3** 労働農民党

4 左派の加入要求から3の政党が分裂し，中間派の麻生久・浅沼稲次郎らが1926年に結成した政党を何というか。　**4** 日本労農党

5 3の政党の分裂後，右派の安部磯雄・片山哲らが1926年に結成した政党を何というか。　**5** 社会民衆党

6	無産政党は，田中義一内閣のもとで実施された最初の普通選挙で8人の当選者を出したが，この選挙は西暦何年に行われたか。	6 **1928年**
★★ 7	無産政党の進出に衝撃を受けた田中義一内閣は，日本共産党に対し，1928年と翌29年の2度にわたって弾圧を加えた。これらの弾圧事件をそれぞれ何というか。	7 **三・一五事件，四・一六事件**
★★ 8	1928年に全国に設置された，思想・言論・政治行動などを取り締まる機関を何というか。	8 **特別高等警察（特高）**
★ 9	田中義一内閣は欧米に対しては協調外交を継承し，アメリカ大統領クーリッジの提案を受けて，補助艦制限を目的とする国際会議に代表を派遣したが，不調に終わった。この会議を何というか。また，西暦何年に開催されたか。	9 **ジュネーヴ軍縮会議・1927年**
10	パリで開催された国際会議では，国策の手段としての戦争の放棄を約した条約が結ばれたが，この国際会議は西暦何年に開催されたか。	10 **1928年**
★★ 11	パリの国際会議で結ばれた条約は，条文中の「人民ノ名ニ於テ」が国内で問題化し，田中義一内閣が「この一文は日本には適用されない」と条件をつけて批准した。この条約を何というか。	11 **不戦条約**
12	11の条約に調印した日本の首席全権はだれか。	12 **内田康哉**
13	1924年，「連ソ・容共・扶助工農」のスローガンを掲げる中国共産党との提携を決意した中国の政党名をあげよ。また，この提携を何とよぶか。	13 **(中国)国民党・第1次国共合作**
★ 14	中国国民党が，中国南部の広東で1925年に発足した政権を核に，1927年に南京で樹立した政府を何というか。	14 **国民政府**
★★ 15	14の政府の主席はだれか。	15 **蔣介石**
16	1925年に上海で在華紡のスト弾圧に抗議した学生・民衆のデモに，イギリス租界警察が発砲し死傷者が出たことから，中国全土に激しい反帝国主義運動がおこった。この事件を何というか。	16 **五・三〇事件**
★ 17	16の事件を機に蔣介石は中国統一をめざし，1926年には北方軍閥の支配地域に進撃を開始したが，これを何というか。	17 **北伐**

18	田中義一内閣は，中国に対する従来の外交方針を変更し，中国統一をめざす北伐軍を阻止する方針を定めたが，この外交を何というか。	18 積極(強硬)外交
★19	18の外交方針にのっとり，日本は1927年5月に居留民保護を名目として中国の青島・済南などへの出兵を強行した。これを何というか。	19 (第1次)山東出兵
★20	1928年の，第2次山東出兵の際には日本軍と中国軍との衝突事件がおこったが，この事件を何というか。	20 済南事件
21	第1次山東出兵のあと，田中義一内閣は大陸関係の外交官や軍人を召集して，対中国積極策の基本政策を決定したが，この会議を何というか。	21 東方会議
★22	1928年6月に，日本と密接な関係を持っていた満州軍閥の巨頭が関東軍により爆殺されたが，この人物はだれか。	22 張作霖
★23	22の人物の爆殺事件の真相は国民に隠されたため，この事件は当時日本で何とよばれたか。	23 満州某重大事件

金解禁と世界恐慌

★★1	経済的不況を乗り切るために，財政緊縮など3大政策を掲げて1929(昭和4)年に成立した内閣を何というか。	1 浜口雄幸内閣
★★2	1の内閣の与党をあげよ。	2 立憲民政党
★★3	1の内閣の3大政策の1つに，1917(大正6)年に停止した金本位制への復帰があるが，この政策を何というか。	3 金解禁(金輸出解禁)
4	3の政策は西暦何年に実施されたか。	4 1930年
★5	浜口雄幸内閣の3大政策の1つで，不健全な企業の整理や経営の効率化を何というか。	5 産業合理化
★6	5の政策を実行するために，1931年に公布された法律は何か。	6 重要産業統制法
★★7	財政緊縮・産業合理化・金解禁の3大政策を実施した，浜口雄幸内閣の大蔵大臣はだれか。	7 井上準之助
★★8	ニューヨークのウォール街における株価の暴落を契機として，恐慌が全資本主義国に波及した。これを何というか。また，いつのことか。	8 世界恐慌・1929年
9	8の恐慌に対し，アメリカのフランクリン＝ローズ	9 ニューディール政策

ヴェルト大統領は新規まきなおし政策をとり，不況を克服しようとした。この政策を何というか。

10 8の恐慌に対してイギリスは帝国経済会議を開き，イギリス本国と属領間に特恵関税を設定したが，この政策を何というか。

10 ブロック経済

★★11 8の恐慌の時期に金解禁を行ったため，正貨の流出・企業倒産・賃金引下げなどをまねき，日本経済は大不況におちいったが，この恐慌を何というか。

11 昭和恐慌

12 8の恐慌によりアメリカ向けの生糸輸出が激減し繭価が下落し，また1930年の豊作による米価の下落も重なって，農家が危機的状況におちいったことを何というか。

12 農業恐慌

協調外交の挫折

★★1 イギリス首相マクドナルドの提案で，補助艦の制限が話し合われた会議を何というか。

1 ロンドン海軍軍縮会議

★★2 米・英・日で補助艦の制限を定めた条約名をあげよ。

2 ロンドン海軍軍縮条約

3 ロンドン海軍軍縮会議は西暦何年に開催されたか。

3 1930年

★★4 ロンドン海軍軍縮会議には首席全権として元首相が派遣されたがだれか。

4 若槻礼次郎

★5 ロンドン海軍軍縮条約の批准をめぐって，海軍や右翼・野党などが激しく政府を攻撃したが，彼らが政府を攻撃した根拠は何か。

5 統帥権干犯

★★6 ロンドン海軍軍縮条約を調印したのは何内閣か。

6 浜口雄幸内閣

★★7 6の内閣の外務大臣で，協調外交を推進したのはだれか。

7 幣原喜重郎

5 軍部の台頭

満州事変

★★1 満州某重大事件のあと，満州を国民政府に合流させたのはだれか。

1 張学良

★★2 中国で国権回復運動が高まるなかで，陸軍は奉天郊外で満鉄線の爆破事件をおこし，満州への軍事行動を開始した。この事件を何というか。

2 柳条湖事件(南満州鉄道爆破事件)

★ 3	2の事件は西暦何年のことか。	3 **1931年**
★★ 4	2の事件をおこした日本陸軍を何というか。	4 **関東軍**
★ 5	4の軍の参謀で,『満蒙問題私見』や『世界最終戦論』を著わし,この軍事行動計画の中心となった人物はだれか。	5 **石原莞爾**
★ 6	柳条湖事件の勃発に対し,政府は不拡大方針を発表したが,その時の内閣名をあげよ。	6 **第2次若槻礼次郎内閣**
★★ 7	柳条湖事件後の政府の不拡大方針にもかかわらず,関東軍は軍事行動を拡大しつづけた。こうしてひきおこされた戦争を何というか。	7 **満州事変**
★ 8	1932(昭和7)年1月に,日本人僧侶が殺害されたことを口実に,日本軍が中国のある都市に出兵し,日中両軍が衝突事件をおこした。これを何とよんでいるか。	8 **第1次上海事変**
★★ 9	中国東北部の主要地域をほぼ占領した関東軍は,新国家を樹立したが,この日本の傀儡国家を何というか。	9 **満州国**
★10	9の国の元首となった人物はだれか。	10 **溥儀**
★11	9の国の元首の地位を建国当初は何というか。	11 **執政**

政党内閣の崩壊と国際連盟からの脱退

★ 1	ロンドン軍縮問題・満州事変を契機に,国粋的・保守的思想を持って行動する民間人の運動が急速に活発化した。このような思想で行動する人々を一般に何というか。	1 **右翼**
2	1930(昭和5)年に,橋本欣五郎を中心として参謀本部や陸軍省の青年将校らが結成した秘密結社を何というか。	2 **桜会**
★ 3	1930年ごろから活発となる,右翼や青年将校・国家主義者らが現状打破をめざした革新運動を何というか。	3 **国家改造運動**
★ 4	1931年に,桜会が宇垣一成を首班とする軍部内閣,また荒木貞夫を首班とする軍部内閣の樹立をはかったが,未遂に終わった。これらの事件を何というか。発生した順に2つあげよ。	4 **三月事件・十月事件**
5	猶存社を組織し,4の事件にも加担した民間右翼の	5 **大川周明**

指導者はだれか。

★6 青年将校らに思想的影響を与えた国家社会主義者で、のちに二・二六事件に関与して処刑された人物はだれか。 — 6 北一輝

★7 6の人物が1919（大正8）年に著わし、のち改稿して1923年に刊行した日本の国家改造計画に関する著書を何というか。 — 7 日本改造法案大綱

★8 井上日召を中心に、一人一殺主義で、政界・財界の要人を暗殺した右翼団体を何というか。 — 8 血盟団

★9 1932年2月に、8の団員によって暗殺された、浜口雄幸・若槻礼次郎内閣の大蔵大臣はだれか。 — 9 井上準之助

★10 1932年3月にある財閥の理事長が8の団員に暗殺されたが、だれか。 — 10 団琢磨

11 10の人物は何という会社の理事長であったか。 — 11 三井合名会社

★12 井上準之助・団琢磨が暗殺された事件を何とよんでいるか。 — 12 血盟団事件

★13 1932年5月に、海軍の青年将校らは首相官邸を襲撃し、時の首相を射殺したが、この事件を何というか。 — 13 五・一五事件

★14 13の事件で射殺された首相はだれか。 — 14 犬養毅

★15 13の事件により、「憲政の常道」といわれた政治的慣行は終わったが、具体的には何の終焉を指すか。 — 15 政党内閣

★16 13の事件後、挙国一致内閣を組織したのはだれか。 — 16 斎藤実

★17 16の内閣が満州国を承認した条約を何というか。 — 17 日満議定書

★18 満州国の成立について、中国の訴えと日本の意向で国際連盟は調査団を派遣し報告書を作成したが、この調査団の団長はだれか。 — 18 リットン

★19 国際連盟で、18の報告書とそれにもとづく対日勧告案が採択された際の日本の対応はどのようなものであったか。 — 19 国際連盟を脱退した

★20 18の報告書が国際連盟の総会で採択された時の日本代表はだれか。 — 20 松岡洋右

21 18の報告書が国際連盟の総会で採択されたのは西暦何年のことか。 — 21 1933年

★22 満州事変を処理するため、日本と中国国民政府間で結ばれた停戦協定を何というか。 — 22 塘沽停戦協定

恐慌からの脱出

★1 世界恐慌による輸出不振と激しい金の流出にみまわれたために，政府は金本位制を再び放棄することになった。この政策を何というか。

★★2 昭和恐慌打開のために**1**の政策をとった内閣名をあげよ。

3 **1**の政策は西暦何年に行われたか。

★4 **1**の政策を行った大蔵大臣はだれか。

★5 1931年に，銀行券の金兌換も停止されたが，政府が通貨の最高発行額を統制する制度を何というか。

6 金輸出再禁止を予測した財閥が，円の低落に先立って多額の円をドルに交換したが，これを何というか。

7 高橋是清蔵相のもとで進行した大幅な円安を利用して，輸出が飛躍的に伸び，日本は綿織物では世界一の輸出国になったが，イギリスなどの列強はこれを何とよんで非難したか。

★★8 財閥を中心とする重化学工業の発達をもたらすことになった，重要産業統制法を公布したのは何内閣の時か。

9 1934（昭和9）年に製鉄会社の大合同によって創設され，鉄鋼生産の90％を占めた半官半民の会社を何というか。

★★10 化学工業では，満州事変以来，軍需工業を中心に国策に協力しつつ成長した勢力があるが，これを何というか。

★11 **10**のうち，鮎川義介が満州の重化学工業を独占支配した財閥名を何というか。

★12 **10**のうち日本窒素肥料会社を中心とし，朝鮮の水力発電・化学工業を開発・支配した財閥名を何というか。

13 **12**の母体である日本窒素肥料会社の創設者はだれか。

14 農業恐慌から脱却するため，内務省や農林省が進めた農村の自力更生と隣保共助をはかろうとした運動を何というか。

---

1 **金輸出再禁止**

2 **犬養毅内閣**

3 **1931年**

4 **高橋是清**

5 **管理通貨制度**

6 **ドル買い**

7 **ソーシャル＝ダンピング**

8 **浜口雄幸内閣**

9 **日本製鉄会社**

10 **新興財閥**

11 **日産コンツェルン**

12 **日窒コンツェルン**

13 **野口遵**

14 **農山漁村経済更生運動**

転向の時代

1 共産主義者が弾圧などによって保守主義者に転じることを、何とよんだか。 — **1 転向**

2 1933(昭和8)年に、獄中でコミンテルンを批判し、一国社会主義の実現をめざす国家社会主義に転じる声明を出した共産党幹部を2人あげよ。 — **2 佐野学・鍋山貞親**

3 無産政党も国家社会主義に転じたが、赤松克麿により結成され、資本主義体制打破と国際的領土再分割を主張した政党を何というか。 — **3 日本国家社会党**

★ 4 自由主義・民主主義的な思想・学問も弾圧され、1933年に京都帝国大学教授が著書『刑法読本』などによって、休職処分になったが、この教授はだれか。 — **4 滝川幸辰**

★ 5 滝川事件の時の斎藤実内閣の文部大臣はだれか。 — **5 鳩山一郎**

二・二六事件

1 陸軍が1934(昭和9)年10月に、国防軍事優先の国家建設のため、統制経済の実現などを主張するパンフレットを発行したが、これを何というか。 — **1 国防の本義と其強化の提唱(陸軍パンフレット)**

★★ 2 1935年に貴族院で菊池武夫議員が、元東京帝国大学教授の憲法学説を反国体的であるとして非難し、政治問題となったが、これを何というか。 — **2 天皇機関説問題**

★★ 3 2の政治問題で、その学説が批判された憲法学者はだれか。 — **3 美濃部達吉**

★ 4 2の政治問題について、政府はこの憲法学説を否定する声明を出したが、この声明を何というか。 — **4 国体明徴声明**

★★ 5 4の声明を2度にわたって出した内閣名をあげよ。 — **5 岡田啓介内閣**

6 東京帝国大学で憲法を講じ、絶対主義的解釈で君主権を強調し、美濃部達吉と論争を展開した学者はだれか。 — **6 上杉慎吉**

7 6の人物がとなえた君主権絶対の学説を何というか。 — **7 天皇主権説**

★★ 8 1934年の士官学校事件以来、陸軍内における派閥の対立が激しくなった。その派の1つで永田鉄山軍務局長を中心として合法的手段による軍部中心の政権樹立をめざした派を何というか。 — **8 統制派**

★★ 9 陸軍内における派閥で、直接行動により政権奪取を — **9 皇道派**

めざした派を何というか。

★10 9の派閥の青年将校らは，兵1400人余りを率いて首相官邸や警視庁などを襲撃したが，この事件を何というか。　10 二・二六事件

★11 10の事件は西暦何年におこされたか。　11 1936年
★12 10の事件で官邸を襲撃された首相はだれか。　12 岡田啓介
★13 10の事件で殺害された大蔵大臣はだれか。　13 高橋是清
★14 10の事件で殺害された内大臣はだれか。　14 斎藤実
★15 10の事件のあとに組閣した内閣名をあげよ。　15 広田弘毅内閣
★16 15の内閣は，軍の要求をいれて軍部大臣に関する制度を復活したが，この制度を何というか。　16 軍部大臣現役武官制

17 15の内閣は陸海軍による帝国国防方針の改定を受け，対ソ戦略(北進論)に加え，南進論を併記したが，これを何というか。　17 国策の基準

★18 広田弘毅内閣の総辞職，宇垣一成内閣の成立失敗のあとを受けて，財界と軍部の調整(軍財抱合)をめざした内閣名をあげよ。　18 林銑十郎内閣

6 第二次世界大戦

三国防共協定

★1 資本主義の危機的段階に出現する反民主主義の全体主義的な独裁政治を何というか。　1 ファシズム
★2 ファシズム体制を最初にとったのはどこの国か。　2 イタリア
★3 イタリアで一党独裁のファシズム体制を確立したのは何という政党か。　3 ファシスト党
★4 3の政党を率いて政権を握ったのはだれか。　4 ムッソリーニ
★5 ドイツで一党独裁のファシズム体制をつくった政党を何というか。　5 ナチ党(国民〈国家〉社会主義ドイツ労働者党)

★6 5の政党の党首はだれか。　6 ヒトラー
★7 1937(昭和12)年，前年に日本とドイツが結んだコミンテルンの活動に対する共同防衛措置を規定した協定にイタリアも参加したが，これを何というか。　7 日独伊三国防共協定

★8 7の協定を結んだ時の日本の首相はだれか。　8 近衛文麿
★9 日独伊三国防共協定により，3カ国の政治ブロック　9 枢軸国

が成立したが、これを西欧民主主義国に対して何とよんだか。

日中戦争

★1 1935(昭和10)年以降、関東軍が進めた、中国のチャハル・綏遠・河北・山西・山東の5省を国民政府から切り離して支配しようとする政策を何というか。

1 華北分離工作

★2 日本の侵略に対し、中国の抗日救国運動が高まり、1936年には、張学良が蔣介石を監禁し、共産党との内戦の停止を要求する事件がおこった。この事件を何というか。

2 西安事件（シーアン）

★3 2の事件の結果、1937年に中国共産党と国民党の提携が実現したが、これを何というか。

3 第2次国共合作

★4 1937年9月、中国で抗日運動のための組織が結成されたが、これを何というか。

4 抗日民族統一戦線

★★5 1937年6月に広い階層から期待を受けて、貴族院議長であった人物が組閣した内閣名をあげよ。

5 第1次近衛文麿内閣

★6 5の内閣が成立して1カ月後の1937年7月7日、北京郊外で日中両国軍による武力衝突事件がおこったが、これを何というか。

6 盧溝橋事件

★★7 6の事件に対し、内閣は最初不拡大方針をとったが、軍部強硬派の圧力もあり、中国との全面戦争に突入することになった。この戦争を何というか。

7 日中戦争

8 7の戦争は戦前の日本では何とよばれたか。はじめの呼称と、戦火が拡大した後の呼称と2つあげよ。

8 北支事変・支那事変

9 1937年12月に日本軍が中国の首都を占領し、おびただしい数の中国人難民・婦女子や武器を捨てた兵士たちを殺害した。これを何とよんでいるか。

9 南京事件（ナンキン）

★★10 首都を占領しても、日中戦争を収拾する機会をつかむことができなかった日本は、1938年1月、政府が「国民政府を対手とせず」の声明を発表し、事態をさらに悪化させた。この声明を何というか。

10 第1次近衛声明

★11 1938年11月の第2次近衛声明では、日中戦争を日満華3国提携による経済的・政治的結束と繁栄・防共の体制をつくり出すためのものと発表したが、この体制を何とよんだか。

11 東亜新秩序

★★ 12	第2次近衛声明に応じて、重慶から脱出した中国国民政府の要人はだれか。	12 汪兆銘(汪精衛)
13	日本政府は1940年に、12の人物に傀儡政権を樹立させたが、この政府を何というか。	13 新国民政府(南京政府)

戦時統制と生活

★ 1	日中戦争にともない、戦争遂行の物資動員計画や経済統制を行うため、1937(昭和12)年に設置された機関は何か。	1 企画院
2	日中戦争にともない、軍需産業に資金や輸入資材を集中的に割り当てるために、1937年に制定された法律を2つあげよ。	2 臨時資金調整法・輸出入品等臨時措置法
★★ 3	中国との戦争が長期化するのにともない、政府は議会の承認なしに、勅令によって人的・物的資源を統制・運用できる法律を制定したが、これを何というか。	3 国家総動員法
★★ 4	3の法律は西暦何年、何内閣の時に成立したか。	4 1938年・第1次近衛文麿内閣
★ 5	3の法律にもとづき、翌年、一般国民を軍需産業に動員することができる勅令が出されたが、これを何というか。	5 国民徴用令
★ 6	3の法律にもとづき、原則として1939年9月18日の価格から物価値上げを禁止し、戦時適正価格(公定価格)制を実施する勅令が出されたが、これを何というか。	6 価格等統制令
7	電力会社を単一の国策会社(日本発送電会社)に統合し、電力の国家管理を行う目的で、国家総動員法と同時に制定された法律を何というか。	7 電力(国家)管理法
★★ 8	戦時体制が強化されるなかで、日用品の統制のために、1941年に米に適用された制度を何というか。	8 配給制
9	1940年に出された、高級衣料や装飾品など贅沢品の製造・販売を禁止した制限規則を何というか。	9 七・七禁令
★10	1938年に、資本家や労働者が一体となって各職場につくった組織を何というか。	10 産業報国会
★★11	すべての国民諸組織を戦時体制に動員し、日本精神の高揚をはかった第1次近衛文麿内閣による運動を	11 国民精神総動員運動

何というか。

12 1937年，日本は天皇を中心とする家族国家であるというような思想を広めるために，文部省が発行したテキストを何というか。 | **12** 国体の本義

★**13** 植民地経済政策の研究者で，大陸政策を批判し，1937年，その論説「国家の理想」が反戦思想と攻撃されて東京帝国大学を追われた学者はだれか。 | **13** 矢内原忠雄

14 1938年に，『ファシズム批判』などが発禁となり，東京帝国大学を休職させられた自由主義経済学者はだれか。 | **14** 河合栄治郎

★★**15** 1937年12月，戦争反対・ファシズム反対をよびかけていた日本無産党・日本労働組合全国評議会が突如解散させられ，関係者400人余りが検挙された。さらに翌年2月には東京帝国大学教授らが検挙されたが，この事件を何というか。 | **15** 人民戦線事件

★**16** 15の事件で検挙された東京帝国大学教授で，労農派の指導的理論家として活躍していたのはだれか。 | **16** 大内兵衛

戦時下の文化

1 1930年代後半には日本の伝統文化を重視する傾向が強まったが，仏教美術や思想に傾倒した亀井勝一郎や，古典に関心を持った保田与重郎らが刊行した雑誌は何か。 | **1** 日本浪曼派

2 徐州作戦を描きベストセラーとなった戦争文学『麦と兵隊』の作者はだれか。 | **2** 火野葦平

3 日本軍の残虐行為の描写で発禁処分となった『生きてゐる兵隊』の作者はだれか。 | **3** 石川達三

4 1942年，政府の外郭団体として結成された小説家による戦争協力のための組織を何というか。 | **4** 日本文学報国会

第二次世界大戦の勃発

★**1** 1939(昭和14)年に，枢密院議長を首班として成立した内閣は，ドイツが防共協定の仮想敵国であるソ連と条約を結ぶという世界情勢の激変に対応できず，「欧州情勢は複雑怪奇」として総辞職したが，この内閣を何というか。 | **1** 平沼騏一郎内閣

★★ **2** 1939年に，**1**の内閣が総辞職したが，その原因となった，国際条約を何というか。

2 独ソ不可侵条約

★★ **3** 日本は仮想敵国であるソ連と，1938年から1939年にかけて紛争をひきおこした。ソ満国境の東部での紛争と，満州西北部の満蒙国境での紛争名をそれぞれあげよ。

3 張鼓峰事件・ノモンハン事件

4 1939年に，日本が南シナ海の中国の海南島を占領し南方進出の姿勢を示すと，アメリカは日本との条約を破棄する通告をした。この条約を何というか。

4 日米通商航海条約

★★ **5** 1939年9月に，ドイツのポーランド侵入に対する英・仏の対独宣戦布告で開始された戦争を何というか。

5 第二次世界大戦

★ **6** 1939年に，欧州戦争に不介入，日中戦争解決に邁進する旨の声明を発表した内閣名をあげよ。

6 阿部信行内閣

★ **7** 1940年7月に，日独伊三国軍事同盟締結に反対したため，陸軍の協力が得られず，総辞職した内閣名をあげよ。

7 米内光政内閣

★★ **8** 第二次世界大戦勃発後，ヨーロッパでのドイツ優位のなかで，欧米列強の植民地支配からアジアを開放し，日本を盟主とする共存共栄の秩序の確立がとなえられた。この構想は何か。

8 大東亜共栄圏

9 議会において，軍・政府の中国での戦争政策を批判する反軍演説を行い，衆議院議員を除名された立憲民政党所属の議員はだれか。

9 斎藤隆夫

新体制と三国同盟

★★ **1** 1940(昭和15)年，枢密院議長を辞した人物が新しい国民組織をつくるための運動を始めると，軍部もこれを支持し，この人物が組閣した。この内閣名をあげよ。

1 第2次近衛文麿内閣

★ **2** **1**の内閣が推進した新しい国民組織をつくる運動を何というか。

2 新体制運動

★★ **3** **2**の運動の結果，首相を総裁，道府県知事を支部長とする官製の全国組織が成立したが，この組織を何というか。

3 大政翼賛会

★ **4** 5～10戸ほどで構成される，**3**の組織の最末端組織

4 隣組

	を何というか。	
★5	都市や村において，4の上部におかれた組織を何というか，2つあげよ。	5 町内会・部落会
6	大政翼賛会の傘下におさめられた婦人団体の統合組織を何というか。	6 大日本婦人会
★★7	労働組合や労働団体が解散して，工場ごとに新たな組織を結成し，その全国連合体が1940年に成立した。大政翼賛会傘下のこの団体を何というか。	7 大日本産業報国会
★★8	1941年に，小学校はナチ党の教育制度を模倣して8年制の義務教育となり，何と改称されたか。	8 国民学校
★9	1939年に，朝鮮では姓名を日本風に改名することが強制されたが，このことを何というか。	9 創氏改名
★★10	戦時体制が強まるなかで，朝鮮や台湾で，9の強制や，日本語使用や宮城遙拝・神社参拝などが強制されたが，この政策を何というか。	10 皇民化政策
★★11	第2次近衛文麿内閣は懸案の枢軸国との相互援助の協定を締結したが，これを何というか。また，西暦何年に結ばれたか。	11 日独伊三国同盟・1940年
★12	11の同盟締結の直前に，日本は英・米が行っていた重慶の蔣介石政権への援助阻止と南方進出を目的として，ハノイへ軍を進めたが，これを何というか。	12 北部仏印進駐
★13	日中戦争で英・米が行っていた中国の重慶への援助ルートを何とよぶか。	13 援蔣ルート

太平洋戦争の始まり

★1	対米開戦を避けようとした第2次近衛文麿内閣は，1941(昭和16)年4月から駐米特命全権大使に日米交渉を開始させたが，この大使名とアメリカ側代表名をあげよ。	1 野村吉三郎・ハル
★★2	日米交渉に強く反対した第2次近衛文麿内閣の外務大臣はだれか。	2 松岡洋右
★3	第2次近衛文麿内閣は，ソ連との間で中立友好と領土保全・不可侵を約した条約を締結したが，この条約を何というか。	3 日ソ中立条約
4	3の条約は西暦何年に締結されたか。	4 1941年

★5 独ソ開戦に刺激された陸軍は，対ソ武力行使を予想して，1941年7月に，満州に兵力を集結し演習を行ったが，これを何とよんでいるか。 — 5 関東軍特種演習(関特演)

★6 陸海軍の代表や首相をはじめ，政府代表が参加する大本営政府連絡会議に天皇が臨席する場合，この会議は何とよばれたか。 — 6 御前会議

★7 1941年に行われた，現在のベトナム南部への軍事進出を何というか。 — 7 南部仏印進駐

8 日本による7の軍事行動に対して，アメリカは在米日本人の資産を凍結するとともに，あるものの対日輸出を禁止した。それは何か。 — 8 石油

★9 7などの日本による南進政策に対し，1941年以降に強化された米・英・中・蘭の対日包囲網を何とよんだか。 — 9 ABCD包囲陣

10 1941年9月6日の御前会議では，10月上旬までに対米交渉がまとまらない場合に対米・英・蘭開戦を決定したが，この御前会議での決定を何というか。 — 10 帝国国策遂行要領

★★11 日米交渉は失敗に終わり，1941年10月に新内閣が成立したが，この内閣の首相はだれか。 — 11 東条英機

★★12 アメリカの国務長官が提出した，満州事変以前の状態への復帰を求める米国側最終提案を，何とよんでいるか。 — 12 ハル＝ノート

★★13 1941年12月8日に，日本が米・英に宣戦を布告して始まった戦争を何というか。 — 13 太平洋戦争

★★14 1941年12月8日に，日本海軍機動部隊はアメリカに対し奇襲攻撃を敢行したが，これを何とよんでいるか。 — 14 真珠湾攻撃

戦局の展開

★★1 第二次世界大戦で日・独・伊を中心とする国に対し，米・英・ソを中心とする国を何というか。 — 1 連合国

★2 1942(昭和17)年の選挙に際して，東条英機内閣は大政翼賛会・財界などの代表を招いて協議会を結成し，候補者を推薦して選挙に臨んだが，この選挙を何というか。 — 2 翼賛選挙

★3 1942年の選挙で推薦を受けて当選した議員(翼賛議 — 3 翼賛政治会

員)を中心に，東条英機首相の指示で結成された政治結社を何というか。

★★ 4 太平洋戦争の戦局は，1942年6月に行われた海戦で日本が大敗北を喫して制空・制海権を失うと，大きく転換した。この戦いを何というか。

4 ミッドウェー海戦

★★ 5 マリアナ諸島のある島が，アメリカ軍に占領され，アメリカ軍機の日本爆撃の基地となったが，この島を何というか。

5 サイパン島

★ 6 5の島が陥落したあと，東条英機内閣は総辞職したが，そのあとに首相になった人物はだれか。

6 小磯国昭

★★ 7 日本は，太平洋戦争中の1943年にアジア諸国の代表者を集めて東京で会議を開いたが，この会議を何というか。

7 大東亜会議

8 日中戦争において，中国共産党が華北の農村地帯に解放区を設定してゲリラ戦を展開したが，日本軍の抗日ゲリラ掃討作戦を中国側では何とよんだか。

8 三光作戦

9 日中戦争では毒ガスも使用され，細菌兵器の研究も行われたが，ハルビン郊外におかれた細菌戦研究の特殊部隊は一般に何とよばれるか。

9 731部隊

国民生活の崩壊

★ 1 戦線の拡大と戦争の長期化にともない，戦力・労働力の不足が生じ，学生・生徒や女性を軍需工場などへ動員したが，これを何というか。

1 勤労動員

★ 2 1943(昭和18)年以降，未婚の女性たちを軍需工場に動員したが，これを何というか。

2 女子挺身隊

★★ 3 1943年9月には，文科系大学生の徴兵猶予が停止され，戦場へ送られることになったが，これを何というか。

3 学徒出陣

★ 4 空襲被害を避けるために大都市の学童は地方へ集団で移動させられたが，これを何というか。

4 学童疎開

★ 5 1944年6月にマリアナ群島中にあった日本の拠点サイパン島が陥落したため，日本の主要都市が米軍のB29爆撃機により空襲を受けるようになった。この空襲を何とよんだか。

5 本土空襲

★★ 6 1945年3月10日，米軍機の首都圏への爆撃は，10万

6 東京大空襲

人以上の死者と11万人以上の負傷者を出した。この爆撃を何とよんでいるか。

敗戦

★★1 1945(昭和20)年4月に米軍が上陸を開始し、激しい地上戦が展開され、軍人・民間人18万人余りが犠牲となり、6月末には占領されたのはどこか。

★2 1945年4月に成立した内閣の総理大臣で、主戦派をおさえてポツダム宣言の受諾を決定したのはだれか。

★3 1943年11月に、米・英・中の首脳が会談して対日戦争の遂行・処理案を決定・発表したが、これを何というか。

★★4 3の宣言について話し合った会談に参加した米・英・中の首脳の名をあげよ。

★5 1945年2月、米・英・ソ連の首脳がクリミア半島で会談し、ソ連の対日参戦を決定する秘密協定を結んだが、これを何というか。

★★6 1945年7月、米・英・ソ連の首脳がベルリン郊外で会談し、米・英・中の3国の名で日本の戦後処理方針と日本軍隊の無条件降伏を勧告する宣言を発表したが、これを何というか。

★7 ヤルタ・ポツダムの会談に参加したソ連の首脳はだれか。

★★8 ポツダム会談に参加したアメリカの大統領はだれか。

★★9 原子爆弾がはじめて投下された都市はどこか。

★★10 9に原子爆弾が投下されたのは西暦何年何月何日か。

★★11 2つ目の原子爆弾が投下された都市はどこか。

12 1945年8月に中立条約を破棄して日本に宣戦布告し、満州・朝鮮に侵攻した国はどこか。

13 ポツダム宣言を受諾したことは、1945年8月15日正午に、国民に対してどのような方法で伝えられたか。

★14 1945年9月2日には、アメリカ軍の戦艦上で、降伏文書の調印が行われたが、この戦艦名を何というか。

15 降伏文書に署名した政府代表で、東久邇宮稔彦内閣の外務大臣はだれか。

1 沖縄本島

2 鈴木貫太郎

3 カイロ宣言

4 ローズヴェルト・チャーチル・蔣介石

5 ヤルタ協定

6 ポツダム宣言

7 スターリン

8 トルーマン

9 広島

10 1945年8月6日

11 長崎

12 ソ連

13 天皇のラジオ放送(玉音放送)

14 ミズーリ号

15 重光葵

第11章 占領下の日本

1 占領と改革

戦後世界秩序の形成

1 1945(昭和20)年に，連合国50カ国が国際平和確立のためにサンフランシスコ会議を開いたが，その席上採択された憲章を何というか。 | 1 国際連合憲章

★★ 2 **1**を批准した51カ国で発足した，国際機構を何というか。 | 2 国際連合

★ 3 **2**の国際機構の中心的機関で，平和の破壊や侵略に対し，軍事的制裁措置を決定できる機関を何というか。 | 3 安全保障理事会

★★ 4 第二次世界大戦後の世界は，軍事力と経済力を有する2大国を軸に展開することになったが，その2国をあげよ。 | 4 アメリカ・ソ連

★ 5 日本の占領地域で，大戦後にスカルノを中心に独立を宣言し，オランダとの間で独立戦争を戦った国はどこか。 | 5 インドネシア

★ 6 日本の占領地域で，大戦後に独立を宣言し，フランスとの間で独立戦争を戦った国はどこか。 | 6 ベトナム

★★ 7 日本の降伏とともに北緯38度線で米・ソに分割占領され，統一的な独立ができなかったのはどこか。 | 7 朝鮮

初期の占領政策

★★ 1 ポツダム宣言の受諾によって，日本は連合国軍の占領下におかれたが，連合国軍最高司令官総司令部の略称をあげよ。 | 1 GHQ／SCAP

★★ 2 連合国軍最高司令官総司令部の最高司令官に就任したのはだれか。 | 2 マッカーサー

★ 3 ワシントンに設置された，連合国11カ国(のち13カ国)からなる占領政策の最高決定機関を何というか。 | 3 極東委員会

★ 4 東京に設置された，米英中ソ4カ国からなるGHQの諮問機関を何というか。 | 4 対日理事会

★ **5** 降伏直後に成立した内閣は，治安維持法の廃止や内務省の解体（人権指令）をためらったため，GHQの圧力で総辞職に追い込まれたが，この内閣の総理大臣はだれか。

5 **東久邇宮稔彦**

★★ **6** 戦前に外務大臣として協調外交を推進し，**5**の内閣にかわって内閣を組織したのはだれか。

6 **幣原喜重郎**

★★ **7** GHQは**6**の内閣に対して，婦人の解放や労働組合の結成奨励・教育の自由主義化・圧政的諸制度の廃止・経済の民主化についての指令を発したが，これを何というか。

7 **五大改革指令**

8 戦後，思想・言論など市民的自由が保障されたものの，占領軍に対する批判は禁止された。GHQによる新聞・出版に対する検閲の基準を何というか。

8 **プレス＝コード**

★★ **9** 戦争犯罪人（戦犯）とされた者のうち，「平和に対する罪」を問われた人々を何というか。

9 **A級戦犯**

★★ **10** **9**の戦犯に対する連合国の裁判を何というか。

10 **極東国際軍事裁判（東京裁判）**

★★ **11** GHQの指令で，戦争協力者・職業軍人・国家主義者などが政界・官界・財界・言論界などから排除されたが，これを何というか。

11 **公職追放**

12 戦後，天皇が神格を否定した宣言を行ったが，これを何というか。

12 **天皇の人間宣言**

13 **12**は西暦何年に出されたか。

13 **1946年**

民主化政策

★★ **1** GHQが軍国主義の基盤になっていたと考えたもののうち，経済を民主化するためにその解体をはかったものがあるが，2つあげよ。

1 **寄生地主制・財閥**

★★ **2** GHQの指令により，1945（昭和20）年に三井・三菱・住友・安田などの資産が凍結され，翌年にそれらの持株を管理・公売する改革が行われたが，これを何というか。

2 **財閥解体**

★ **3** **2**を行う際，持株を管理・公売した機関を何というか。

3 **持株会社整理委員会**

★★ **4** カルテル・トラストなどの企業結合や，不公正な取引を禁止した法律を何というか。

4 **独占禁止法**

5	**4**の法は，西暦何年に出されたか。	5 **1947年**
★★6	1947年に公布された経済民主化のための法律に，各産業部門の巨大独占企業を分割させる目的を持ったものがあるが，この法律を何というか。	6 **過度経済力集中排除法**
★★7	寄生地主と高率小作料から農民を解放し，自作農創設を目的として2次にわたり実施されたものを何というか。	7 **農地改革**
8	第一次の**7**にあたって改正された法律を何というか。	8 **農地調整法**
★9	第二次の**7**を実施するための基本的な法律を何というか。	9 **自作農創設特別措置法**
★10	第二次の**7**で，国家によって全貸付地を強制的に買収されたのはどのような人々か。	10 **不在地主**
★11	第二次の**7**で，国家によって1町歩(北海道は4町歩)をこえる貸付地を強制的に買収されたのはどのような人々か。	11 **在村地主**
12	**7**の改革で，農地の買収や売渡しなどを実施するため，各市町村に設けられた機関を何というか。	12 **農地委員会**
★★13	1945年12月に制定され，労働者の団結権・団体交渉権・争議権の保障などを定めた法律を何というか。	13 **労働組合法**
★14	1946年に制定され，労働争議の調整方法や争議行為の制限を内容とする法律を何というか。	14 **労働関係調整法**
★★15	1947年に制定され，週48時間労働や年次有給休暇など，労働条件の最低基準を規定した法律を何というか。	15 **労働基準法**
★16	1945年から1947年にかけて，労働者の保護のため制定された3つの法律を総称して何とよんでいるか。	16 **労働三法**
★17	1946年に，産業別に統合された労働組合の全国組織を何というか。	17 **全日本産業別労働組合会議(産別)**
★18	1946年に成立した，都道府県別に連合した労働組合の全国的組織を何というか。	18 **日本労働組合総同盟(総同盟)**
★19	1950年に，産別を脱退した組合や中立組合などが反共民主労組として結成した全国組織を何というか。	19 **日本労働組合総評議会(総評)**
★★20	1946年に，GHQの招請で，教育の民主化を勧告するために来日した使節団を何というか。	20 **アメリカ教育使節団**
★★21	1947年3月に制定され，教育勅語にかわって教育の機会均等や男女共学の原則をうたった，教育に関	21 **教育基本法**

する法律を何というか。

★22 1947年3月に、六・三・三・四の新学制を定めた法律を何というか。
22 学校教育法

★★23 教育基本法によって義務教育は何年に延長されたか。
23 9年

★★★24 教育行政の地方分権化をはかるため、1948年に設置された機関を何というか。
24 教育委員会

25 24の機関の委員の選出方法は、1956年の改正により大きく変化したが、どのように改正されたか。
25 公選制から任命制へ

政党政治の復活

★★1 1945（昭和20）年に、徳田球一・志賀義雄らを中心に、はじめて合法政党として活動を開始したのは何党か。
1 日本共産党

★2 1945年に、翼賛選挙の非推薦議員が旧無産政党各派を統合し、片山哲を書記長として結成された政党を何というか。
2 日本社会党

★3 1945年に、翼賛選挙の非推薦議員が旧立憲政友会系を統合して結成された政党を何というか。
3 日本自由党

★★4 3の党の初代総裁に就任したのはだれか。
4 鳩山一郎

★★5 1945年に、旧立憲民政党系の翼賛選挙の推薦議員を中心に結成された政党を何というか。
5 日本進歩党

★6 1945年結成の政党で、協同組合主義・労使協調を主張した中間的保守政党を何というか。
6 日本協同党

7 戦後、民主化政策の推進にともなって、女性参政権を認めるなど、議会の議員選挙も新しくなったが、この時に改正された法律を何というか。
7 衆議院議員選挙法

★★8 女性参政権を認めた7の選挙法の公布は西暦何年に公布されたか。
8 1945年

★★9 7の選挙法改正で、有権者は何歳以上とされたか。
9 20歳以上

★★10 1946年、新選挙法による総選挙の結果、第1党になった政党名をあげよ。
10 日本自由党

★★11 前総裁が公職追放を受けたあと日本自由党総裁となり、5次にわたって内閣を組織した人物はだれか。
11 吉田 茂

日本国憲法の制定

1 GHQによる憲法改正の指示を受け、幣原喜重郎内閣が松本烝治国務大臣を長として設置した組織を
1 憲法問題調査委員会

	何というか。	
2	森戸辰男や高野岩三郎ら学識経験者7名で結成された民間組織で,「憲法草案要綱」を作成したのは何という組織か。	2 憲法研究会
★★ 3	マッカーサー草案をもとに政府は帝国憲法改正草案要綱を発表し,衆議院・貴族院で修正可決されたが,この新憲法の正式名称を何というか。	3 日本国憲法
★ 4	3の憲法の公布は西暦何年何月何日であったか。	4 1946年11月3日
★ 5	新憲法の3原則は何か。	5 主権在民・平和主義・基本的人権の尊重
★★ 6	新憲法第9条は何についての条文か。	6 戦争放棄
★ 7	新憲法では,天皇のあり方はどのように定められたか。	7 国民統合の象徴
8	新憲法により,国権の最高機関と規定されたのは何か。	8 国会
★★ 9	8の機関は,国民の選挙による議員で構成される2院からなるが,それぞれ何というか。	9 衆議院・参議院
10	新憲法で,最高司法機関として設けられたものを何というか。	10 最高裁判所
★11	新憲法の精神にもとづいて,男女同権や相続など個人尊重の理念に従って大改正された法律を何というか。	11 (新)民法
12	11の改正により,戸主が家族を統率・支配する権限が否定されたが,旧民法において戸主が家族についての権利を独占的に相続することを何というか。	12 家督相続
★13	戦後,地方公共団体の権限が強化され,地方公共団体の首長も公選されることになったが,これらの基本となった法律を何というか。	13 地方自治法
★14	人口5000人以上の市町村長の所轄とし,市町村公安委員会によって運営された警察を何というか。	14 自治体警察
★15	首相に直属し国家公安委員会によって運営され,14が設置されない地域を所轄した警察を何というか。	15 国家地方警察
★★16	戦前に地方行政や警察に権力をふるってきたが,GHQの命令で廃止された省庁は何か。	16 内務省

生活の混乱と大衆運動の高揚

★ 1 武装解除された日本軍人や兵隊が各自の家庭に帰り,平時の生活に戻ることを何とよんだか。

1 復員

★ 2 敗戦時にアジア諸地域に在留した民間人は,敗戦によって日本本土へ帰国することになったが,この海外在留日本人の帰国を何というか。

2 引揚げ

★ 3 敗戦の混乱のなかで,各地に生まれた露店形式で,公定価格外の自由取引市場のことを何というか。

3 闇市

★ 4 敗戦の混乱のなかで,深刻な食糧不足から,人々は農村へ食糧購入に出かけたが,これを何というか。

4 買出し

★★ 5 敗戦後のインフレ阻止のため1946(昭和21)年2月に公布され,預金を封鎖して新銀行券と旧円を交換した法律を何というか。

5 金融緊急措置令

★ 6 戦後,鉄鋼・石炭などの基礎資材を増産するため,これらに資金・労働力などを優先的に集中投入した政策を何というか。

6 傾斜生産方式

★ 7 1947年に設立され,石炭・鉄鋼・電力などの基幹産業に資金を提供した政府の金融機関を何というか。

7 復興金融金庫

★★ 8 戦後の労働運動の高まりのなかで,官公庁の組合を中心に大規模なゼネストが計画されたが,決行前日に中止された。これを何というか。

8 二・一ゼネスト計画

9 8の計画を進めた組織名をあげよ。

9 全官公庁共同闘争委員会

10 8が計画されたのは西暦何年のことか。

10 1947年

★11 8に対し中止を命じた機関は何か。

11 GHQ

12 強権的な農産物の供出や地主の土地取上げの反対などのために,1946年に結成された,戦後の農民運動の中心的組織を何というか。

12 日本農民組合

13 1947年に,農民の農業経営や生活擁護の活動のために,各地に設立された組織を何というか。

13 農業協同組合

★★14 日本社会党は,新憲法公布後の総選挙で第1党となり,1947年に同党を中心とする連立内閣をつくったが,その首班はだれか。

14 片山哲

★★15 日本進歩党は1947年に民主党となり,翌年連立内閣を成立させたが,昭和電工事件で倒れた。この内閣

15 芦田均

の首班はだれであったか。
- ★16 片山哲内閣・芦田均内閣で、与党となって労使協調を主張した政党を何というか。　　16 国民協同党

2　冷戦の開始と講和

冷戦体制の形成と東アジア

- ★★1 第二次世界大戦後、資本主義陣営（西側）と社会主義陣営（東側）とが国際間の重要問題について鋭く対立した状態を、実際の戦争に対して何とよんだか。　　1 冷戦（冷たい戦争）
- ★2 1947（昭和22）年に、アメリカ大統領がアメリカの安全のため、ソ連「封じ込め」政策の必要を宣言したが、これを何というか。　　2 トルーマン＝ドクトリン
- ★★3 1947年に、アメリカは共産主義勢力の国際的進出に対抗して、西欧諸国の経済再建を援助する方針をとったが、これを何というか。　　3 マーシャル＝プラン
- ★4 1949年に、アメリカは西欧諸国とともに、ソ連「封じ込め」の一環として共同防衛組織を結成したが、これを何というか。　　4 北大西洋条約機構（NATO）
- 5 1947年に、ソ連が中心となって西欧陣営に対抗して結成された、ヨーロッパ諸国の共産党・労働者党情報局の略称を何というか。　　5 コミンフォルム
- ★6 ソ連は1949年に原爆を開発し、1955年には東ヨーロッパ8カ国で東欧8カ国友好協力相互援助条約を締結した。この条約による集団安全保障機構を何というか。　　6 ワルシャワ条約機構
- 7 東西二大陣営の対立が頂点に達した1948年から1949年にかけて、ドイツでおきた事件名をあげよ。　　7 ベルリン封鎖事件
- 8 7の事件が契機となって、1949年にドイツは西ドイツと東ドイツに分立することになった。それぞれの正式国名を順にあげよ。　　8 ドイツ連邦共和国・ドイツ民主共和国
- ★★9 日中戦争終了後、中国で1945年11月から内戦を再開した2つの勢力をあげよ。　　9 国民党（国民政府）・共産党
- ★★10 9の勢力のうち、中国内戦でアメリカの援助を受けた勢力の主席はだれか。　　10 蔣介石
- ★★11 1949年に、中国共産党によって樹立された国を何と　　11 中華人民共和国

	いうか。	
★12	1949年に，11の国の国家主席に就任したのはだれか。	12 毛沢東
★13	1948年に，朝鮮半島南部の米軍占領地に成立した国を何というか。	13 大韓民国
★14	1948年に，朝鮮半島北部のソ連占領地に成立した国を何というか。	14 朝鮮民主主義人民共和国
★15	1948年に朝鮮半島に成立した，2つの国の境界線はどこか。	15 北緯38度線

占領政策の転換

★1	1948(昭和23)年に，GHQの指令を受け芦田均内閣は，労働運動の是正のため，国家公務員のスト(争議)を禁止する政令を出したが，この政令を何というか。	1 政令201号
2	1の政令にもとづき改正された，公務員の争議権を否定することを明記した法律を何というか。	2 国家公務員法
★3	日本経済自立のため，1948年12月に，GHQが予算の均衡・徴税強化・賃金安定などの指示を行ったが，これを何というか。	3 経済安定九原則
★4	GHQの招きで1949年に来日したアメリカの特別公使が示した経済政策を何というか。	4 ドッジ＝ライン
★5	4の政策で，円とドルの換算について単一為替レートが採用されたが，1ドルは何円に固定されたか。	5 360円
★6	日本経済の自立のために，アメリカが派遣した使節団による税制改革の勧告を何というか。	6 シャウプ勧告
★7	ドッジ＝ラインが強行されるなかで不況が深刻化し，労働運動が激化した。そのような情勢のなか，国鉄の人員整理の発表直後に，国鉄総裁が轢死体で発見されたが，この事件を何というか。	7 下山事件
★8	国鉄の人員整理が進むなかで，東京都のある駅構内で無人電車が暴走した事件を何というか。	8 三鷹事件
★9	国鉄の人員整理が進むなかで，福島県のある駅付近でおこった列車転覆事件を何というか。	9 松川事件
★10	7・8・9など国鉄をめぐる真相不明の事件は，西暦何年におこったか。	10 1949年

朝鮮戦争と日本

★★ 1 北緯38度線を境に南北に分立した国家の間で発生した戦争を何というか。

1 朝鮮戦争

★ 2 1の戦争が発生したのは西暦何年か。

2 1950年

★ 3 1の戦争で韓国を援助した軍事力を何というか。その主力となった国も答えよ。

3 国連軍・アメリカ

★★ 4 朝鮮民主主義人民共和国を援助した軍事力を何というか。

4 中国人民義勇軍

★ 5 朝鮮戦争は1953(昭和28)年7月に休戦したが、この交渉地となった北緯38度線上の地名をあげよ。

5 板門店(パンムンジョム)

6 1953年に締結した、朝鮮戦争を一時停止することを約束した取り決めを何というか。

6 朝鮮休戦協定

★★ 7 二大陣営の対立激化や中国革命の進展にともない、アメリカは対日政策を転換して、日本を「反共の防壁」とするようになった。このためGHQの指令で朝鮮戦争直前に共産党幹部の追放や、官公庁その他で共産主義者が追放されたが、これを何というか。

7 レッド゠パージ

★★ 8 朝鮮戦争の勃発直後、在日米軍の朝鮮出動の軍事的空白をうめる目的で、第3次吉田茂内閣に対するマッカーサーの指令により新設されたものを何というか。

8 警察予備隊

講和と安保条約

★ 1 日本の独立を認めるための連合国との間の講和会議はどこで開催されたか。

1 サンフランシスコ

★ 2 1の講和会議は西暦何年に開かれたか。

2 1951年

★★ 3 1の講和会議における日本の主席全権はだれか。

3 吉田茂

★★ 4 日本と連合国48カ国との間で調印された平和条約を何というか。

4 サンフランシスコ平和条約

5 アメリカを中心とする対日平和条約に反対し、調印しなかった参戦国で社会主義国はどこか。3つあげよ。

5 ソ連・チェコスロヴァキア・ポーランド

★★ 6 代表権問題で米・英が対立したために、サンフランシスコ講和会議に招かれなかったアジアの主要参戦国を2つあげよ。

6 中華民国・中華人民共和国

★7	米・英を中心として進められた講和に反対し，交戦国すべての国との講和と厳正中立を要求する日本国内の主張を何というか。	7 全面講和論
★★8	1951(昭和26)年の平和条約調印と同じ日に調印され，日本国内とその周辺にアメリカ軍の駐留を認めた条約を何というか。	8 日米安全保障条約
★★9	1952年に，日米間で，駐留米軍に基地(施設・区域)の提供と駐留費用の分担を約束した取り決めを何というか。	9 日米行政協定

占領期の文化

1	科学の発達とその行政・産業・国民生活への反映を目的として，1949(昭和24)年に設置された学界の代表機関を何というか。	1 日本学術会議
★★2	1949年に，日本人ではじめてノーベル賞を受けた理論物理学者はだれか。	2 湯川秀樹
★★3	1949年の法隆寺金堂壁画焼損をきっかけに，国宝やその他芸能などの国家的保護を行うため，翌年に制定された法律を何というか。	3 文化財保護法
4	映画は1896(明治29)年に，ラジオ放送は1925(大正14)年に始まったが，ラジオの民間放送が始まったのは西暦何年か。	4 1951年
★★5	1950年に，「羅生門」でベネチア国際映画祭グランプリを受賞し，以後も多くの話題作を制作した映画監督はだれか。	5 黒澤明

第12章 高度成長の時代

1 55年体制

冷戦構造の世界

1 軍拡競争は宇宙開発競争へと進んだが，1957(昭和32)年に，ソ連がはじめて地球のまわりを回る軌道に打上げたものを何というか。
1 人工衛星

2 1969年に，アメリカの宇宙船によって，人類がはじめて月に到達したが，この宇宙船を何というか。
2 アポロ11号

3 1950年代半ばから東西対立を緩和する動きが生まれたが，この緩和の動きを何というか。
3 雪どけ

4 3の動きは1955年7月の首脳会談をきっかけとして始まるが，この会談を何というか。
4 ジュネーヴ四巨頭会談

5 3の動きを推進したソ連の書記長はだれか。
5 フルシチョフ

★6 1963年にモスクワで米・英・ソ3国外相が調印した核兵器に関する条約は，一般的に何とよばれているか。
6 部分的核実験禁止条約

★7 1968年に，核兵器所有国の非所有国への供与禁止と非所有国の製造禁止を内容とする条約が締結されたが，この条約を何というか。
7 核兵器拡散防止条約

8 西欧6カ国の経済統合のための機構が1957年に調印されたが，この機構名と略称をあげよ。
8 ヨーロッパ経済共同体・EEC

9 1967年に，経済のみならず政治面も視野に入れた西側ヨーロッパの協力機構が成立したが，これを何というか。
9 ヨーロッパ共同体(EC)

★10 1961年に成立した，自由主義諸国の発展途上国援助・開発促進のための機構の名称と略称をあげよ。
10 経済協力開発機構・OECD

11 1956年に，フルシチョフの平和共存提唱とスターリン批判を機に，中国がソ連を修正主義と非難し，両国の関係が悪化して互いに批判し始めた。これを何というか。
11 中ソ対立(論争)

12 中国の劉少奇国家主席の進める資本主義を導入した近代工業化策に，毛沢東らが反対したことをきっ
12 文化大革命

かけとして，1960年から1976年にかけて毛らを中心に中国全土で展開された思想運動・政治権力闘争を何というか。

13 **12**の初期に，毛沢東主義を掲げ他の思想を排撃した学生主体の団体を何というか。

★**14** 1954年，中国とインドの首相が主権尊重・相互不可侵・内政不干渉・平等互恵・平和共存の平和五原則を確認し合い，大きな反響をよんだ。この時の中国の首相とインドの首相名をあげよ。

★**15** 1955年4月に，インドネシアで開催された有色人種29カ国による会議で，反植民地主義と平和共存の宣言が決議されたが，この会議を何というか。

★**16** **15**の会議はインドネシアのどこで開催されたか。

17 長く西欧諸国の支配下にあったアジアの諸民族は，第二次世界大戦後，次々と独立をはたしたが，ベトナムで1945年に成立した国を何というか。

18 **17**の国の大統領に就任した指導者はだれか。

19 フランスはベトナム支配の復活をねらい，1946年以来戦争をつづけたが，この戦争を何というか。

20 1954年にスイスで開かれた国際会議で，インドシナ休戦協定が成立したが，この都市はどこか。

★**21** ベトナムにおいて，北部のベトナム民主共和国とともに，南部のベトナム共和国に対して解放闘争を展開した勢力を何というか。

★★**22** 1964年のトンキン湾事件を口実に，翌年から北部のベトナム民主共和国に空軍による大規模な攻撃（北爆）を行った国はどこか。

★★**23** 1965年の北爆によって，**22**の国とベトナム民主共和国および南ベトナム解放民族戦線との戦争が始まったが，この戦争を何というか。

★**24** **23**の戦争は西暦何年に終結したか。

25 **23**の戦争の終結を取り決めた協定を何というか。

13 紅衛兵

14 周恩来・ネルー

15 アジア＝アフリカ会議

16 バンドン

17 ベトナム民主共和国

18 ホー＝チ＝ミン

19 インドシナ戦争

20 ジュネーヴ

21 南ベトナム解放民族戦線

22 アメリカ

23 ベトナム戦争

24 1973年

25 ベトナム和平協定

独立回復後の国内再編

1 1952（昭和27）年のメーデーで，デモ隊と警察隊とが皇居前広場で衝突し，大乱闘になったが，この事件

1 血のメーデー事件（皇居前広場事件）

	を何というか。	
2	1の事件をきっかけに，暴力的破壊活動を行った団体を取り締まる法律が制定されたが，これを何というか。	2 破壊活動防止法
★★ 3	1952年のサンフランシスコ平和条約の発効とともに警察予備隊が改組され，名称も改められたが，その名称をあげよ。	3 保安隊
4	1954年に，新警察法が公布されて警察の一本化がはかられ，警察庁指導下の警察となったが，この警察を何というか。	4 都道府県警察
★ 5	1954年に，日本は防衛力を増強することを条件に，アメリカの武器援助や経済援助を受ける協定を結んだが，この協定を何というか。	5 MSA協定(日米相互防衛援助協定)
★★ 6	5の協定の結果，日本の防衛組織は陸・海・空の3部から構成されるようになり，その名称は何と改められたか。	6 自衛隊
7	6の組織を統轄するため新設された官庁を何というか。	7 防衛庁
★★ 8	1954年にアメリカの水爆実験が行われた中部太平洋上の場所をあげよ。	8 ビキニ環礁
★★ 9	8での水爆実験で被爆した日本の漁船を何というか。	9 第五福龍丸
10	9の船が被爆した放射能の灰を一般に何とよんだか。	10 死の灰
★★ 11	9の船の被爆事件後，1955年には原水爆の禁止を訴える国際大会が開催されたが，これを何というか。	11 第1回原水爆禁止世界大会
★★ 12	原水爆の禁止を訴える運動を何というか。	12 原水爆禁止運動
★★ 13	アメリカ軍の日本における軍事施設や演習場の設置に対する反対運動を何というか。	13 基地反対闘争
★ 14	13が全国的規模に広がるきっかけとなった，1953年の石川県の米軍試射場に対する反対運動のなかでおこった事件を何というか。	14 内灘事件
★ 15	1955年，東京都下の米軍基地の拡張に対する反対運動のなかでおこった流血事件を何というか。	15 砂川事件

55年体制の成立

★★ 1	平和条約締結の是非をめぐって左右に分裂していた日本社会党が1955(昭和30)年に統一され，これに刺	1 保守合同

激されて日本民主党と日本自由党も合同したが、この合同を何とよんでいるか。

★★ 2　1955年に1の合同によって成立した政党の名称をあげよ。　　2 自由民主党

★★ 3　2の党の初代の総裁はだれか。　　3 鳩山一郎

★★ 4　衆議院議員の3分の2を占めて政権を保持する自由民主党と、3分の1を占める野党の日本社会党が議会で対立するという体制を何というか。　　4 55年体制

★★ 5　戦後、放置されていた社会主義諸国との関係も、「自主外交」のスローガンのもとで、その改善がはかられた。日ソ間で締結された、戦争終結宣言を何というか。　　5 日ソ共同宣言

6　5の宣言は西暦何年に締結されたか。　　6 1956年

★★ 7　モスクワで、5の宣言に署名した首相はだれか。　　7 鳩山一郎

★★ 8　5の宣言により、ソ連の反対がなくなり、日本が加盟した国際機関は何か。　　8 国際連合

9　5の宣言のなかで平和条約締結後に、ソ連が返還を約束した北方領土はどことどこか。　　9 歯舞群島・色丹島

10　日本固有の領土として返還を要求している北方領土のうち、5の宣言でソ連が平和条約締結後の返還を約束しなかったのはどことどこか。　　10 国後島・択捉島

安保条約の改定

★★ 1　1957(昭和32)年に成立し、日米安全保障条約を改定したのは何という内閣か。　　1 岸信介内閣

★ 2　1の内閣による日米安全保障条約の改定は、西暦何年に行われたか。　　2 1960年

★★ 3　1960年に改定された新安保条約の正式名称を何というか。　　3 日米相互協力及び安全保障条約

★ 4　新安保条約が衆議院で強行採決される前後から、改定阻止・民主主義擁護・内閣打倒を叫ぶ運動が急速に盛り上がり、安保改定阻止国民会議を中心に全学連や市民も激しく反対運動を展開した。この運動を何というか。　　4 安保闘争

保守政権の安定

1. 1960(昭和35)年に岸信介内閣にかわり,「寛容と忍耐」をとなえて登場した内閣を何というか。 — **池田勇人内閣**

2. 1961年から1970年の間に1人当りの国民所得を2倍にしようとした1の内閣の政策を何というか。 — **所得倍増政策**

3. 1964年11月から1972年7月まで,戦前・戦後を通じて7年8カ月の歴代最長内閣を組織し,ノーベル平和賞を受賞した内閣総理大臣をあげよ。 — **佐藤栄作**

4. 3の内閣の時,韓国との国交回復がはかられたが,韓国との間に締結された条約を何というか。 — **日韓基本条約**

5. 4の条約は西暦何年に締結されたか。 — **1965年**

6. 1945年4月以降米軍の軍政下にあり,その後,アメリカの施政権下となっていた日本領が,1972年に正式に返還され本土に復帰した。それはどこか。 — **沖縄**

7. 1971年に,佐藤栄作内閣とアメリカ政府間で,6の返還に関する正式協定書が調印されたが,これを何というか。 — **沖縄返還協定**

8. 沖縄や小笠原諸島の返還にあたり,佐藤栄作内閣がアメリカとの交渉のなかで明確にした「(核兵器を)もたず,つくらず,もち込ませず」という原則があるが,それを何というか。 — **非核三原則**

9. 1960年に,社会党右派が脱退して西尾末広を党首として結成された政党を何というか。 — **民主社会党**

10. 1964年に,創価学会を支持母体として結成された新党を何というか。 — **公明党**

2 経済復興から高度成長へ

朝鮮特需と経済復興

1. 不況に苦しんでいた日本経済に,朝鮮戦争によって好景気がもたらされたが,この好景気を何とよんだか。 — **特需景気**

2. 1の好景気のなかで日本は,1952(昭和27)年にあいついで2つの国際金融機関に加盟したが,この2つをあげよ。 — **国際通貨基金(IMF)・世界銀行(IBRD)**

★ **3** MSA協定や朝鮮復興資材の輸出などによってもたらされた，1955年から1957年の好景気を何というか。 — **3 神武景気**

4 1958年から1961年にかけて，従来以上の大型の好景気がおとずれたが，これを何というか。 — **4 岩戸景気**

5 戦後，不足していた食糧は，アメリカの資金援助による緊急輸入で確保されたが，占領地行政救済資金を何というか。 — **5 ガリオア資金**

6 戦後のアメリカの資金援助で，占領地域経済復興援助資金を何というか。 — **6 エロア資金**

高度経済成長

★★ **1** 食糧事情・経済情勢も好転し，生活水準も回復したことを受けて，1956(昭和31)年の『経済白書』に記された有名な言葉をあげよ。 — **1 「もはや戦後ではない」**

★★ **2** 1955年から1973年にかけての日本経済は，年平均10％以上の成長率を示したが，このような状況をどうよんでいるか。 — **2 高度経済成長**

★ **3** 1965年から1970年にかけての好景気を何というか。 — **3 いざなぎ景気**

★ **4** 1968年に，日本はアメリカについでGNP第2位に達したが，GNPとは何か。 — **4 国民総生産**

★ **5** 高度経済成長を支えたのは，産業・経済上の画期的な進歩や，それを導入するための工場などの近代化であったが，この技術の進歩と近代化のための投資を何というか。 — **5 技術革新と設備投資**

6 高度経済成長期には，新しいエネルギーへの転換が急速に進んだが，新しいエネルギーとは何か。 — **6 石油**

★ **7** 第2次池田勇人内閣のもとで，1961年に食糧需要調整と農業所得安定をめざして農業の近代化と構造改革をはかるために制定された法は何か。 — **7 農業基本法**

8 政府が米や麦などの主要食糧を統制・管理する制度とは何か。 — **8 食糧管理制度**

9 高度成長期に，日本は欧米諸国の要求に応じて1960年と1964年に，日本経済開放のための自由化にふみきった。それぞれ何の自由化か。 — **9 貿易・為替の自由化と資本の自由化**

★ **10** 日本は1964年から国際収支を理由に為替管理を行えない国となったが，このような国を何というか。 — **10 IMF8条国**

★**11** 日本は1964年にはOECDに加盟し，資本の自由化を実現したが，OECDの正式名をあげよ。　　**11 経済協力開発機構**

12 開放経済体制のもと，大型企業の合併が進み，終身雇用・年功序列型賃金の日本的経営が成立したが，三井・三菱など六大都市銀行が，系列企業への融資を通じて6つのグループを形成した。これらのグループを何というか。　　**12 企業集団**

大衆消費社会の誕生

1 高度経済成長にともない人口の都市部への集中が進み，周辺部に高層アパート群が建設された。それにともない，一世帯の平均人数も低下し，夫婦と少人数の子どもで構成される家族が多くなったが，そのような家族を何というか。　　**1 核家族**

2 高度経済成長にともない，衣・食・住をはじめ電気器具・自動車などの保持率が急激に高まったが，このような消費生活水準の向上を何というか。　　**2 消費革命**

★**3** 「電化元年」といわれた1953（昭和28）年以降，家庭電化製品が急速に普及したが，当時，白黒テレビ・洗濯機・冷蔵庫の3つを何と総称したか。　　**3 三種の神器**

4 1960年代後半から70年代にかけて普及した新三種の神器（3C）とは，自動車と何か。2つあげよ。　　**4 カラーテレビ・クーラー**

5 1965年，最初に開通した自動車専用高速道路の名称をあげよ。　　**5 名神高速道路**

★★**6** 1964年に自動列車制御装置など最新の技術を導入し，東京・新大阪間に開通したのは何か。　　**6 東海道新幹線**

7 自家用車が急速に普及し，交通手段の主力となったことを何というか。　　**7 モータリゼーション**

★★**8** 1953年に放送が始まり，1960年代に多くの家庭に普及し，日常生活に欠かせないものになったメディアは何か。　　**8 テレビ**

★**9** 『点と線』で有名な社会派推理作家はだれか。　　**9 松本清張**

10 『坂の上の雲』など多くの歴史小説を著わしたのはだれか。　　**10 司馬遼太郎**

11 日本人のなかに広がった，人並みの生活階層に属しているという意識を何というか。　　**11 中流意識**

12 伝統ある文化財を保護し，文化を振興するために1968年に設立された官庁を何というか。 | **12** 文化庁

13 湯川秀樹について，1965年にノーベル物理学賞を受賞したのはだれか。 | **13** 朝永振一郎

★14 新感覚派の代表的作家で，1968年にノーベル文学賞を受賞したのはだれか。 | **14** 川端康成

15 半導体の理論をもとに，エサキダイオードを開発し，1973年にノーベル物理学賞を受賞したのはだれか。 | **15** 江崎玲於奈

16 フロンティア電子論で注目され，1981年にノーベル化学賞を受賞したのはだれか。 | **16** 福井謙一

17 免疫グロブリン可変部の遺伝子の単離に成功し，1987年にノーベル生理学・医学賞を受賞したのはだれか。 | **17** 利根川進

18 1994(平成6)年に，日本人として2人目のノーベル文学賞を受賞したのはだれか。 | **18** 大江健三郎

★19 1964年に，アジアではじめての世界的スポーツ大会が日本で開催されたが，これを何というか。 | **19** 東京オリンピック（オリンピック東京大会）

★20 1970年に，「人類の進歩と調和」というテーマで大阪で開かれた世界的な文化事業を何というか。 | **20** 日本万国博覧会

高度成長のひずみ

★1 高度経済成長がひきおこしたさまざまな問題のなかで，都市への人口集中現象と農山村の人口流出現象があるが，それぞれ何とよばれるか。 | **1** 過密化・過疎化

★★2 公害対策のために，1967(昭和42)年に制定された法律を何というか。 | **2** 公害対策基本法

★★3 1971年に新設された公害行政のための官庁を何というか。 | **3** 環境庁

★★4 四大公害訴訟のうち，水俣病の被害者がおこした訴訟は何県のものか，2つあげよ。 | **4** 熊本県・新潟県

★★5 四大公害訴訟のうち，富山県と三重県で発生した公害病はそれぞれ何か。 | **5** イタイイタイ病・四日市ぜんそく

6 1946年に，被差別部落の差別解消運動が再出発したが，何という組織の結成により進められたか。 | **6** 部落解放全国委員会

7 1955年に，**6**の組織は何と改称されたか。 | **7** 部落解放同盟

8 1969年に，同和対策審議会の答申により，同和地区の生活環境の改善・社会福祉の向上などを内容とする法律が定められたが，その法律名は何か。

8 同和対策事業特別措置法

9 1982年に制定された，同和地区の生活改善をめざす法律を何というか。

9 地域改善対策特別措置法

10 高度経済成長のひずみへの住民の反発は，大都市に社会党・共産党系の首長を登場させたが，このような首長を何というか。

10 革新首長

11 10のような首長のうち，1967年に東京都知事に当選したのはだれか。

11 美濃部亮吉

第13章 激動する世界と日本

1 経済大国への道

ドル危機と石油危機

1 1972(昭和47)年に、中国を突然に訪問し、米中国交の正常化をはたしたアメリカ大統領はだれか。 — 1 **ニクソン**

2 1の大統領は、1971年に金・ドルの交換を停止する政策を発表したが、この政策による衝撃をどう表現しているか。 — 2 **ニクソン=ショック**

3 1の大統領の政策に対して、先進10カ国蔵相会議は通貨調整を行い、日本も従来1ドル=360円の為替レートを308円に改めた。これを何とよんでいるか。 — 3 **円切上げ(ドル切下げ)**

4 1973年2月から日本も為替レートが実勢に応じて変動する体制に入った。この体制を何というか。 — 4 **変動為替相場制**

5 1973年に、米大統領はアメリカ経済を圧迫したベトナム戦争を終わらせるための協定を結び、戦争を終結させた。この協定を何というか。 — 5 **ベトナム和平協定**

6 1973年10月、第4次中東戦争が勃発すると、OAPECはイスラム支援国に対する石油輸出の制限と価格の引上げを実施し、石油不足と価格の高騰は、世界経済に深刻な影響を与えた。この事態を何というか。 — 6 **第1次石油危機(石油ショック)**

7 6や変動為替相場制を契機とした世界不況打開のため、1975年以来、米・英・仏・独・伊・日の6カ国(翌1976年からカナダが加わる)首脳が毎年会議を開催しているが、この会議を何というか。 — 7 **先進国首脳会議(サミット)**

高度経済成長の終焉

1 佐藤栄作内閣の退陣後、列島改造論を掲げて成立した内閣を何というか。 — 1 **田中角栄内閣**

2 1の内閣の首相はみずから北京におもむき、不正常な状態にあった両国の関係を正常化したが、この時、発表されたものを何というか。 — 2 **日中共同声明**

3 2の声明は、西暦何年に調印されたか。 — 3 **1972年**

1. 経済大国への道　301

★★ **4** 田中角栄首相は，太平洋ベルト地帯に集中した産業を全国に分散させ，新幹線や高速道路で結ぶという考え方を打ち出したが，これを何というか。 — **4** 日本列島改造論

★ **5** 第1次石油危機による原油価格暴騰で，激しいインフレが発生し，人々は異常な物価上昇に苦しんだが，これを何というか。 — **5** 狂乱物価

★ **6** 田中角栄内閣の時の経済混乱のなかで，日本の経済成長率は戦後はじめてマイナスとなり，以後低成長がつづいたが，マイナス成長になったのは西暦何年か。 — **6** 1974年

★ **7** 田中角栄首相が金脈問題で退陣したあと，「クリーン政治」をスローガンとして組閣したのはだれか。 — **7** 三木武夫

★ **8** 7の内閣の時，田中角栄元首相と航空業界をめぐる汚職事件が暴露されたが，この事件を何というか。 — **8** ロッキード事件

★ **9** 自民党内の抗争激化と総選挙敗北の責任をとって，退陣した前内閣のあとを受けて1976(昭和51)年に組閣したのはだれか。 — **9** 福田赳夫

★ **10** 1978年に，第2条でアジア・太平洋地域での覇権反対を表明した条約が，日本の園田直外相と中国の黄華外相との間で調印されたが，この条約を何というか。 — **10** 日中平和友好条約

★ **11** 1978年に自由民主党の総裁選挙で勝利した後，組閣し，1980年の総選挙中に急死したのはだれか。 — **11** 大平正芳

★ **12** 11の首相の急死後，1980年に組閣したのはだれか。 — **12** 鈴木善幸

経済大国の実現

1 世界不況からいち早く脱出した日本は，1979(昭和54)年のイラン革命による第2次石油危機を乗り切り，低い成長率であったが確実な伸びを示した。この時期の経済成長をどうよんでいるか。 — **1** 安定成長

2 低い経済成長のなかで利益をあげるため，企業は省エネルギー・人員削減・ME技術の導入でコスト削減をはかった。このような経営手法を何というか。 — **2** 減量経営

★★ **3** 「スト権スト」の敗北以降，労働運動は後退し，1989(平成元)年に労使協調的な全国組織が結成された。この全国組織を何というか。 — **3** 日本労働組合総連合会(連合)

4 安定成長下の産業では自動車・電気機械のほか、半導体・ＩＣ（集積回路）・コンピュータなどが生産を伸ばし、貿易黒字を拡大した。このような産業分野を何というか。 | **4** ハイテク（先端技術）分野

★ **5** 貿易黒字の拡大は、欧米諸国との間に経済問題を発生させたが、これを何というか。 | **5** 貿易摩擦

6 貿易黒字の拡大により円為替相場も大きくかわったが、どのようになったか。 | **6** 円高

★ **7** 経済大国化した日本は、発展途上国に対する政府の資金供与も1989年に世界第１位となったが、その供与を何というか。 | **7** 政府開発援助（ODA）

8 1988年、すでに結ばれていた九州に加え、北海道・本州・四国が陸路で結ばれた。北海道と本州を結んだ陸路の名称をあげよ。 | **8** 青函トンネル

9 1978年に、新たに開港した空港名をあげよ。 | **9** 新東京国際空港

バブル経済と市民生活

★ **1** アメリカからの農産物輸入自由化の要求を受け、1988（昭和63）年に輸入自由化を受け入れた産物は何か、２つあげよ。 | **1** 牛肉・オレンジ

2 経済摩擦に不満をもつアメリカが、自由な貿易をはばむ日本の構造障壁撤廃をめざして、1989（平成元）年より開始した日米協議を何というか。 | **2** 日米構造協議

3 発展途上国のうち1970年代に急速な経済成長をとげた国・地域を、どのようによんでいるか。 | **3** NIES（新興工業経済地域）

★ **4** 1985年に、ニューヨークで開かれた５カ国蔵相会議で、ドル高是正のための協調介入の合意がなされ、以後、急速に円高が進んだが、その合意を何というか。 | **4** プラザ合意

★★ **5** 1987年ころから、金融機関や企業にだぶついた資金の流入から、地価や株価が投機的高騰を始めたが、このような経済を何とよんでいるか。 | **5** バブル経済

★★ **6** 1982年に、「戦後政治の総決算」をとなえて行財政改革・教育改革・税政改革を推進した内閣を何というか。 | **6** 中曽根康弘内閣

★★ **7** **6**の内閣は電電公社・専売公社・国鉄の民営化を実 | **7** NTT・JT・JR

現したが，それぞれ現在の会社を略称で順にあげよ。

★ **8** 1988年に，新しい税制度を導入したが，これに対する反発やリクルート事件により退陣した内閣を何というか。

8 竹下 登 内閣

★★ **9** 1989年に，**8**の内閣が実施した新しい税を何というか。

9 消費税

2 冷戦の終結と日本社会の動揺

冷戦から内戦へ

1 アメリカのレーガン大統領やイギリスのサッチャー首相らは，ケインズ政策を批判して，政府支出を抑制し「小さな政府」の実現をめざした。このような主義を何というか。

1 新自由(新保守)主義

★ **2** 1985(昭和60)年にソ連共産党書記長となり，ペレストロイカ(改革)・グラスノスチ(情報公開)などの改革を実施し，新思考外交を展開した人物はだれか。

2 ゴルバチョフ

★ **3** **2**の人物とレーガン米大統領との首脳会談のあと，1987年に，ある核兵器の全廃条約が締結されたが，この条約名をあげよ。

3 中距離核戦力(INF)全廃条約

★ **4** ゴルバチョフソ連共産党書記長のもとで，ソ連は1979年以来，親ソ政権擁護のため侵攻していたある国から撤兵したが，その国はどこか。

4 アフガニスタン

★ **5** 1989年12月には，ゴルバチョフソ連共産党書記長とブッシュ米大統領が地中海のマルタ島で会談を持ち，画期的なことが宣言されたが，その内容は何か。

5 冷戦終結

★★ **6** **5**が宣言された後，東西ドイツの統一が実現するが，西暦何年のことか。

6 1990年

★★ **7** 冷戦終結後，ソ連の経済再建・政治改革はうまく進まず，ソ連邦・ソ連共産党は崩壊したが，これは西暦何年のことか。

7 1991年

★★ **8** 1990年に，イラクがクウェートに侵攻し，国連決議を背景にアメリカ軍を中心とする多国籍軍がイラク軍を攻撃して，クウェートの占領を解除した。この戦争を何というか。

8 湾岸戦争

★★ **9** **8**の戦争に際して，アメリカから「国際貢献」を求め

9 PKO

れた日本は，国連平和維持活動に協力し，自衛隊の海外派兵を可能とする法律を1992(平成4)年に制定した。国連平和維持活動をアルファベット3文字で何というか。

55年体制の崩壊／平成不況下の日本経済

1. 1989(平成元)年に，リクルート事件で退陣した竹下登内閣のあとに成立したが，参議院議員選挙で自民党が過半数を割るという大敗で辞職した内閣を何というか。

★ 2. 1989年に組閣し，湾岸戦争の際に多国籍軍に90億ドルの支出を行った内閣を何というか。

★ 3. 1992年に，国連平和維持活動(PKO)協力法を成立させ，カンボジアに自衛隊を派遣したが，1993年の総選挙で与党自民党が分裂して過半数を失い，総辞職した内閣を何というか。

★★ 4. 1992年に，日本新党を結党し，政治改革を旗印に1993年，非自民8党派連立内閣で首相となり，55年体制を崩壊させたのはだれか。

★★ 5. 1994年6月に，羽田孜内閣の総辞職後，自民党・社会党の連合で総理に指名された日本社会党の委員長はだれか。

★ 6. 1996年に，自社連立で，自民党総裁を総理とする内閣が成立したが，総理大臣になったのはだれか。

7. 1994年に二大政党制をめざし，野党4党によって結党され，その後1997年には6党に分裂した政党を何というか。

8. バブル経済は，まず株価が，つづいて地価が下落して，出口の見えない深刻な複合不況に突入したが，それは西暦何年のことか。

9. 複合不況下で企業は事業の整理，人員削減により大胆な経営の効率化をはかり，大量の失業者が生まれたが，この経営の効率化を何というか。

日本社会の混迷と諸課題

★ 1. 1995(平成7)年1月に，神戸市やその南部で発生し，

1. 宇野宗佑内閣
2. 海部俊樹内閣
3. 宮沢喜一内閣
4. 細川護熙
5. 村山富市
6. 橋本龍太郎
7. 新進党
8. 1991年
9. リストラ
1. 阪神・淡路大震災

	約6400人の死者を出した災害は何か。	
2	1995年，オウム真理教が東京でおこしたテロ事件を何とよぶか。	**2 地下鉄サリン事件**
3	橋本龍太郎内閣がクリントン米大統領との間で，アジア・太平洋地域安定のため米軍兵力の維持を確認する宣言が出され，これにより「日米防衛協力のための指針」（ガイドライン）の見直しが行われた。この宣言を何というか。	**3 日米安保共同宣言**
★4	橋本龍太郎内閣により消費税は何％から何％に定められたか。	**4 ３％から５％に**
5	1997年，地球温暖化を防止することを目的に，温暖化ガス削減目標を定めた議定書を何というか。	**5 京都議定書**
★6	橋本龍太郎内閣のあとを受け，自民党単独内閣をスタートさせた人物はだれか。	**6 小渕恵三**
7	6の内閣は野党の反対を押し切り，3つの法案を制定し，日本がアメリカ軍を支援する体制を整えたが，その3法を何と総称するか。	**7 新ガイドライン関連法**
★8	「日の丸」を国旗，「君が代」を国歌とする国旗・国歌法を制定した内閣を何というか。	**8 小渕恵三内閣**
★★9	森喜朗内閣が低支持率のなかで退陣に追い込まれ，構造改革や郵政民営化をとなえる人物が2001年4月に内閣を組織したが，だれか。	**9 小泉純一郎**
★10	9の首相が国交正常化交渉のため2002年9月に訪問し，日本人拉致問題について話し合った国はどこか。	**10 朝鮮民主主義人民共和国（北朝鮮）**
11	2001年9月に，アメリカで世界貿易センタービルや国防総省などに対する同時多発テロがおきたが，この時のアメリカ大統領はだれか。	**11 ブッシュ**
12	アメリカは同時多発テロ事件の報復としてテロ組織アルカイダの本拠を攻撃したが，それはどこの国か。	**12 アフガニスタン**
★13	2009年，衆議院総選挙で民主党が圧勝し，民主党政権が誕生したが，組閣した首相はだれか。	**13 鳩山由紀夫**
★14	2011年3月11日に東北地方の太平洋沖を震源とする大地震が発生し，地震による巨大な津波で深刻な被害をもたらした災害を何というか。	**14 東日本大震災**

山川 一問一答日本史

2015年 2月25日　第1版第1刷発行
2016年10月31日　第1版第3刷発行

編者	日本史一問一答編集委員会
発行者	野澤伸平
印刷所	明和印刷株式会社
製本所	有限会社　穴口製本所
発行所	株式会社　山川出版社
	〒101-0047　東京都千代田区内神田1-13-13
	電話 03(3293)8131(営業)　03(3293)8135(編集)
	http://www.yamakawa.co.jp/
	振替口座 00120-9-43993
表紙デザイン	菊地信義
本文デザイン	中村竜太郎

©2015　Printed in Japan　ISBN978-4-634-01046-8

本書の全部または一部を無断で複写複製（コピー）・転載することは，著作権法上での例外を除き，禁じられています。

● 造本には十分注意しておりますが，万一，落丁・乱丁などがございましたら，営業部宛にお送りください。送料小社負担にてお取り替えいたします。
● 定価はカバーに表示してあります。
● 暗記用シートは，実用新案登録第3110283号